本书由福建师范大学教育学部出版资助

本科教育中院校支持的
构成与影响

The Composition and Effect of College Support
in Undergraduate Education of China

连志鑫 著

社会科学文献出版社
SOCIAL SCIENCES ACADEMIC PRESS (CHINA)

前　　言

大学扩招以来，中国高等教育总体规模快速扩大。数据显示，2019年中国高等教育首次迈入普及化阶段。面对规模的快速扩大，《中国教育现代化 2035》提出在 2035 年迈入教育强国行列的总体目标，并部署了推动各级教育高水平、高质量普及的战略任务。党的十九届五中全会更明确了"建设高质量教育体系"的政策导向和重点要求。研究发现，尽管国家近年来对高等教育的投入持续增加，但高等教育生均教育经费实际增长速度缓慢并远低于发达国家水平，可以预计高等教育资源紧缺在今后一段时间内还会存在。如何在资源紧缺的同时提升教育质量，成为中国高等教育进入普及化阶段后面临的一大难题。

院校支持是院校对学生的帮助支持，是院校将所具有的资源投入相应方面转化而来。国内外众多研究证明，院校支持对学生学习发展具有重要影响。为此，本书通过对中国本科教育中院校支持的综合分析，总结出能引发学生更多的学习行为、更强的学习兴趣的院校支持因子，以促进学生更好的发展。另外，目前中国本科教育中院校支持存在一些问题，亟须补不足、抓关键，合理分配有限的资源，不断调整改进。

院校支持是现今高等教育领域的热点研究话题，但对其概念目前缺乏明确统一的定义。另外，已有研究提出的院校支持构成因子多是基于个人经验的概括总结，未经严谨地归纳和检验，对其影响及影响机制更缺乏深入而系统的研究。因此，本研究在梳理国内外相关研究文献的基础上，对中国本科教育中的院校支持进行概念定义。通过对不同地区和不同类型的 6 所院校的 36 名高年级大学生进行深入访谈，结合对大学生学习与发展追踪研究调查（China College Student Survey，CCSS）的数据分析，归纳验证中国本科教育中的院校支持构成因子，分析其具体情况和特点，并探索其对学生学习发展的影响及影响机制。

具体来说，本书共有 9 个章节，各章节的主要内容如下。

第 1 章为高等教育普及化时代的院校支持。强调了中国高等教育高速发展、高等教育资源紧缺和高等教育质量问题被广泛关注的时代背景，进而引出研究问题，并总结研究的理论与实践意义。

第 2 章为相关文献综述。首先通过梳理国内外相关文献基本情况，对院校支持的研究概况进行分析；随后对院校支持的国内外相关文献进行综述，具体分为对院校支持构成的探索、对院校支持影响的研究和对院校支持影响机制的探究三部分；最后进行小结。

第 3 章是研究思路与过程。具体介绍研究思路和相关过程准备。研究从定量研究和质性研究两方面展开，定量研究方面具体包含数据的来源准备与处理，质性研究方面包含访谈对象的选取、访谈提纲的制定、分析工具和具体过程。

第 4 章是院校支持概念溯源与辨析。通过对本研究的核心概念——院校支持进行概念的溯源，并对院校影响、社会支持、学生支持服务等相关或相似概念进行辨析，总结指出院校支持的特征特点，定义中国本科教育中院校支持的概念。

第 5 章是中国本科教育中院校支持的构成分析。首先采用质性研究的方法，编码访谈资料，提炼归纳院校支持的构成因子。接着基于本研究对中国本科教育中院校支持的定义选取问卷调查相关题项，使用因子分析的方法，探索院校支持的构成因子，并进行验证。两者互为补充、相互验证，以明晰院校支持的构成。

第 6 章为中国本科教育中院校支持的现状分析。基于前文对院校支持构成的研究结果，首先对本科教育中院校支持的整体概况进行分析，随后对各院校支持构成因子进行解析并探讨其在不同学生群体间的差异。另外基于学生访谈反馈的情况，进一步挖掘本科教育中院校支持存在的具体不足，作为深入了解本科教育中院校支持现状的有益补充。

第 7 章为基于大学教育力理论的学生分类与分析。本章借助大学教育力理论，对学生进行分类，并对不同类型学生的分布特征和其学习行为、学习兴趣、学生发展方面的情况进行分析，为更为有意义地、深入透彻地探讨院校支持的影响机制打下基础。

第 8 章是中国本科教育中院校支持的影响及影响机制探索。基于前文研究分析，使用结构方程模型方法构建院校支持影响机制模型，而后进行模型检验和解析，并探讨院校支持对不同类型学生的影响及影响机制。

第 9 章是结语。总结研究结果，回应研究问题，并基于研究结果，对中国本科教育中院校支持的发展提出建议。最后，总结本研究的创新与贡献、局限与未来研究方向。

总的来说，中国本科教育中的院校支持内容丰富，对学生学习与发展的影响十分广泛。通过对其构成与影响的研究，主要有以下一些发现：（1）其构成因子可以归纳为资金设施、教师教学、课外活动、教务管理、就业支持、生师交流、生生互助、学术科研八个因子。（2）其现状有较好的方面，但也有不足的方面。其中课外活动和教师教学支持情况较为良好，教务管理和资金设施支持水平较为一般，生生互助、就业支持和学术科研支持水平较差，而生师交流支持水平最差。此外通过学生访谈发现，西部地区院校对学生的资金设施支持与发达地区院校相比有不小差距，不少院校存在校区间资源分配不均的问题。（3）其对学生学习行为、学习兴趣和发展具有显著正向影响。八个院校支持构成因子中，就业支持、生生互助和与教师相关的教师教学、生师交流支持对学生发展的效应值较大。（4）其对不同类型学生的影响机制存在明显差异。基于大学教育力理论将学生进行分类，对高度匹配型学生，院校支持对学生发展的影响路径最多；而对其他类型学生，院校支持仅能直接或通过学生学习兴趣间接影响学生发展，其他类型学生的学习行为对学生发展没有显著影响。

　　最后需要指出的是，对于中国本科教育中院校支持的构成与影响，本人投入了大量的时间和精力进行严谨认真的探索研究，但本人的学识和水平有限，书中定有一些舛漏之处，恳请广大同仁和读者不吝赐教、批评指正。谢谢！

2021 年 6 月

目　　录

第1章
高等教育普及化时代的院校支持

1.1 规模快速扩大带来的教育质量担忧

本科教育是现代高等教育的重要基础，更是我国高等教育院校的立校之基、办学之本。大学扩招以来，我国高等教育毛入学率和总体规模实现了快速增长。自 1999 年教育部出台《面向 21 世纪教育振兴行动计划》，我国大学扩招迅速拉开序幕。截至 2019 年，教育部数据显示我国普通本科在校学生数已达 1750.82 万人（见图 1-1），高等教育毛入学率达到 51.6%（教育部，2020）。根据 Martin Trow 的高等教育发展阶段理论，我国高等教育已快速渡过大众化阶段，首次迈入普及化阶段。

从世界范围看，高等教育在从精英化向大众化的转型过程中一般都伴随着日益凸显的教育质量问题，这个问题在我国表现得更加突出（周廷勇等，2012）。面对扩招后迅速进入大众化阶段的高等教育，教育部于 2001 年印发《关于加强高等学校本科教学工作提高教学质量的若干意见》，提出高等学校要把提高教育质量放在更加突出的位置；教育部于 2005 年印发的《关于进一步加强高等学校本科教学工作的若干意见》明确指出"在规模持续发展的同时，把提高质量放在更加突出的位置"。另外，《国家中长期教育改革和发展规划纲要（2010～2020

年）》提出"提高质量是高等教育发展的核心任务，是建设高等教育强国的基本要求"，要"全面实施'高等学校本科教学质量与教学改革工程'"。教育部于 2019 年印发的《关于深化本科教育教学改革全面提高人才培养质量的意见》建议，"高校的人员、经费、物质资源要聚焦本科教育教学改革，强化人才培养质量意识，形成全员、全方位支持教育教学改革的良好氛围"。

在高等教育快速发展的背景下，在政府紧密关注本科教育质量的同时，我国高校也对本科教育质量十分重视，如清华大学坚持本科教育在育人体系中的基础性、全局性地位，努力给予学生更多自主权、更大选择度，不断提升本科人才培养质量（教育部，2018）；南开大学发布提升一流本科教育质量 40 条行动计划，提出办学理念从"学科为本"向"学生为本"转变，教育内容从"传授知识"向"提升素质"转变，培养模式从"以教为主"向"以学为主、教学相长"转变（新华网，2019）；中国科技大学决定以"潜心立德树人"为主题，将 2019 年定为"一流本科教育质量提升年"（中国科学技术大学教务处，2019）。可见，高等教育快速发展的同时，本科教育特别是其本科教育质量受到国家和高校的密切关注。

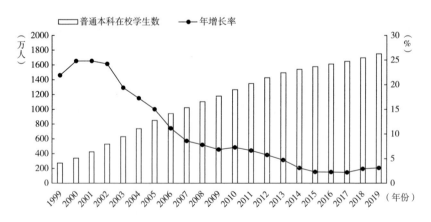

图 1-1　1999~2019 年我国普通本科在校学生数及年增长率
数据来源：国家统计局。

随着我国大学生规模的快速扩大，尽管国家近年来对高等教育的投入持续增加，但我国高等教育生均教育经费实际增长速度缓慢，并且缺乏连续性及稳定性，生均教育经费远低于发达国家水平，与中等收入国家相比也没有优势（杜鹏等，2016）。另外，由于高等教育成本的增加和人们对优质高等教育资源的追求，可以预计高等教育资源紧缺、高等教育质量问题在今后一段时间内还会继续存在（周廷勇等，2012）。在高等教育精英化时代，大学往往拥有较为充足的人均资源，但如今学生激增而教育资源有限，通过维持甚至提升人均投入来确保高等教育质量难以普遍实现。面对高等教育的快速大众化和提高教育质量的核心任务，如何保证在校学生人数增长的同时进一步提升高等教育质量成为我国高等教育面临的一大难题。为此，通过对我国本科教育中院校支持的综合分析，从促进学生学习和发展的角度考察高等院校在培养教育过程中对学生的支持，关注哪些院校支持构成因子能引发学生更强的学习兴趣、更多的学习行为，促进学生更好的发展变得尤其重要。另外，通过调查分析目前我国本科教育中院校支持存在的问题，从而不断调整改进发展方式也意义重大。

大学生规模的迅速扩大还意味着大学生群体的日益多元化和异质化。Astin（1993a）认为，只有借助分类学的语言，才能就大学生相关研究展开有意义的对话。因此，了解不同家庭背景、个人特质和在学经历等情况，并将院校支持对各类学生的影响进行对比分析，以全面掌握院校支持对不同类型学生的影响情况具有更为现实的指导意义。面对不同类型的学生，高校必须充分了解各类学生的情况，倾听他们的诉求，提供适应学生多元化需求的院校支持与服务，建立和完善院校支持体系，形成促进学生发展的外部驱动力，助力学生的学习与发展。

大学生是一个庞大的群体，也是我国优秀青年的代表，肩负着国家未来发展的重任，对其进行院校支持的情况关系到大学生个人、家庭和整个国家的发展。近年来对院校支持的研究日渐升温，但还没有形成公认的院校支持概念和构成因子，对其影响的研究也较为零散，尤其是对本科阶段院校支持的影响缺乏深入和系统的研究。本研究将通过梳理相关理论及研究成果，结合质性研究访谈院校学生与定量研究分析全国性问卷调查——中国大学生学习与发展追踪研究调查数据，系统深入探索我国本科教育中院校支持的构成与影响，并基于研究发现对我国院校的本科生培养工作提出针对性的建议，为进一步优化我国本科教育中的院校支持提供可靠支持，助力我国本科教育的发展与质量提升。

1.2　基于时代背景对院校支持的思考

目前国家实施的科教兴国、人才强国与科学发展三大战略对高等教育改革，特别是高等教育人才培养提出了更高的要求，提高人才培养质量已经成为高等教育改革和发展的核心任务。但如今我国本科生人数激增而高等教育资源有限，因此实施和推进这个核心任务需要解决一个核心问题：如何在国家高等教育资源较为有限的情况下有的放矢，改善目前院校支持存在的问题和确保关键院校支持的水平，以更高效地获得更多、更好的教育成果？为了回答这个问题，就必须了解我国本科教育中的院校支持。

在此，具体研究问题如下。

（1）我国本科教育中院校支持的具体内涵是什么？包含哪些构成因子？

（2）我国大学对本科生的院校支持现状如何？具有哪些特点或问题？

（3）院校支持对学生学习和发展有何影响？影响机制又是怎样的？

具体来说，基于对以上问题的研究，本书首先将进一步厘清我国本科教育中院校支持的概念和构成因子，通过研究和分析操作化和指标化的院校支持，获得在内容与统计上具有良好信效度的院校支持构成；其次，依据对相关数据和材料的统计与分析，剖析我国本科教育中院校支持的具体情况，全面了解不同群体学生接受的院校支持的差异；最后，探索院校支持对学生学习和发展的影响，找出院校支持中影响学生发展的重要因子，揭示院校支持对学生的影响及影响机制。综上，通过对我国本科教育中院校支持的构成与影响的研究分析，提出针对性建议，助力我国本科教育的发展和质量提升。

1.3 研究院校支持构成与影响的意义

1.3.1 理论意义

1970 年 Astin 通过对院校影响实证研究的分析，提出了第一个院校影响模型：投入—环境—产出模型。Astin 认为环境变量是一个黑箱，黑箱的一边是大学的各项政策与项目，而另一边是学生取得的成绩。至于学校管理的政策如何转化为学生成绩，其过程机制则无人知晓。为打开这一黑箱，学者们进行了不断的研究探索。但已有研究或将院校整体作为因子，全面考虑院校对学生的影响，模型并未聚焦于院校支持；或虽已明确提出院校支持这一要素，但未对其构成因子加以区分，缺乏深入细致的研究。国内目前多还停留在对院校支持的影响程度和显著性进行探索分析的阶段。

本研究将结合定量与质性研究方法，归纳总结我国本科教育中院校支持的构成因子并进行研究分析，着眼于院校支持对学生学习和发展的影响，通过数据分析院校支持的各项因子对学生学习和发展的影响程度和路径，探索院校支持的影响机制，进一步打开院校影响的黑箱。本研究站在促进学生发展和助力我国本科教育质量提升的角度探讨我国本科教育中院校支持的构成与影响，不仅将进一步丰富院校影响理论，同时将丰富学生发展理论研究，并为完善高教评价体系提供新视角。

1.3.2 实践意义

在本科阶段，我国学生一般远离家庭，多数时间在院校里学习、生活，学生学习、生活的各个方面都与院校的支持息息相关。这里有专业的老师教授知识，有志同道合的同学相伴而行，有丰富的学习机会并可以享受许多设施、资源。院校提供的资源、教学、引导等支持对学生的学习与发展起着重要的作用。我国本科教育中的院校支持是值得研究的现实内容，关于其的研究探讨对我国高校人才培养和高等教育管理具有重要的实践意义。

如今，我国本科学生人数激增而高等教育资源有限，面对高等教育的快速大众化和提高教育质量的核心任务，研究我国本科教育中的院校支持有助于优化高等教育资源的利用，有助于提升高等教育质量评价的科学性，有助于促进我国高等教育走内涵式发展与科学发展之路。具体来说，本研究立足于我国本科教育，着眼于大学人才培养职能，了解学生对于院校支持的真实体验，关注院校支持对学生学习和教育产出的影响，落脚于学生的学习发展。研究将采用中国大学生学习与发展追踪研究调查问卷数据，通过数据分析了解我国本科教育中院校支持的构成及其影响，有助于科学评估大学的院校支持情况，揭示目前院校支持存在的问题和对学生学习和发展的真实影响。同时研究将结合样本学生访谈，深入了解我国本科教育中的院校支持的现状，总结归纳其构成和不足，从促进学生学习发展的角度为高校改革发展提供科学、可操作的建议，从而指引我国院校人才培养工作的完善与改革，助力我国本科教育的发展与质量提升。

第 2 章
相关文献综述

2.1　相关文献的概况

本书通过对院校支持概念的溯源，发现其概念出现于 20 世纪 70 年代前后，为此笔者以中国知网中文文献库和外文期刊书籍数据库 Web of Science 核心合集数据库为文献源进行文献检索，统计分析了 1979~2018 年国内外相关文献概况。

2.1.1　国内院校支持相关文献基本情况

需要指出的是，中文中"学校"与"院校"两者都被用来指代各种教育教学机构，而"院校"多用来指代大学、学院等属于高等教育体系的学校，但不少国内学者在其高等教育研究中使用"学校支持"这一表述，因此以"院校支持""学校支持""大学""高校""本科"为主题检索词，检索 1979~2018 年的国内相关文献。结果显示"学校支持"相关文献中主题含"大学""高校""本科"的文献共 290 篇，占"学校支持"相关文献的 40.6%。同期国内"院校支持"文献数量为 621~1045 篇之间。具体统计结果见表 2-1。

表 2-1　1979~2018 年国内院校支持及学校支持相关文献统计

单位：篇

主题	1979~1988 年	1989~1998 年	1999~2008 年	2009~2018 年	合计
院校支持	1	4	47	279	331
学校支持	2	9	118	585	714
大学 & 学校支持	0	1	22	181	204
高校 & 学校支持	0	2	11	66	79
本科 & 学校支持	0	0	1	6	7

说明：数据采集时间为 2020 年 2 月 22 日。

由表 2-1 可知，随着时间的推移，国内院校支持相关文献在 2009 年后快速增多。通过中国知网的指数搜索功能，详细分析 2001~2018 年主题为"院校支持"及"学校支持"的文献的数量可知，"院校支持"相关文献年均增长较为平缓，"学校支持"相关文献年均整体呈波动增长。

另外，对 2001~2018 年院校支持相关文献所属研究领域的分布情况进行分析发现（见图 2-1），高等教育方面的院校支持相关文献数量最多（占 36.4%），第二为职业教育方面文献（占 27.3%），第三为教育理论与教育管理方面文献（占 12.1%），其他方面文献数量较少，占比均在 10% 以下。可见近年来院校支持相关研究已涉及高等教育、职业教育和相关领域，特别是高等教育与职业教育两个方面。

2.1.2　国外院校支持相关文献基本情况

同中文文献检索，以对应的单词——"college support""school support"为检索词进行主题检索，并以"university""college""undergraduate"与"school support"组合为主题检索词进行高级检索。结果显示"school support"相关文献中主题含"university"、"college"或"undergraduate"的文献共 14442 篇，占"school support"相关文献的 22.1%。1979~2018 年国外院校支持文献数量在 39115~90090 篇之间。具体结果统计见表 2-2。

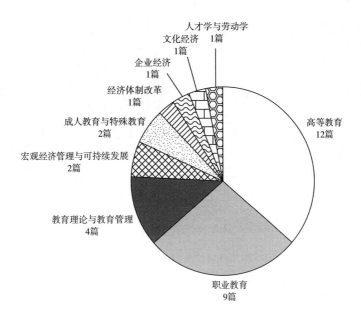

图 2-1　2001~2018 年国内院校支持相关文献的分布领域

说明：图中数值为具体文献数。本数据采集时间为 2020 年 2 月 22 日，
已删去 7 篇活动通知。

表 2-2　1979~2018 年国外院校支持相关文献统计

单位：篇

主题	1979~ 1988 年	1989~ 1998 年	1999~ 2008 年	2009~ 2018 年	合计
college support	10	1014	5377	18272	24673
school support	17	2078	13569	49753	65417
university & school support	3	320	1616	6458	8397
college & school support	0	153	855	2979	3987
undergraduate & school support	0	87	391	1580	2058

说明：数据采集时间为 2020 年 2 月 22 日。

另外，使用 Web of Science 分析检索结果功能，同样对 2001~2018
年国外院校支持文献所属研究领域的分布情况进行分析（见图 2-2）。

统计可知，2001~2018 年国外院校支持相关文献数量位于前十的领
域是教育研究、教育科学、心理学交叉学科、护理学、心血管系统、临

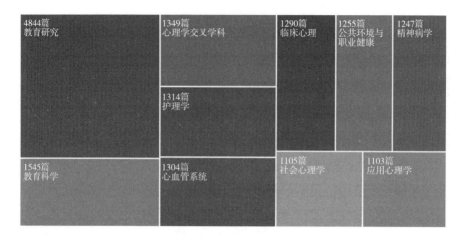

图 2-2 2001~2018 年国外院校支持相关文献的分布领域 (前十名)

说明：数据采集时间为 2020 年 2 月 22 日，共搜索到 2001~2018 年相关文献 25874 篇，图中数值为具体文献数。

床心理、公共环境与职业健康、精神病学、社会心理学、应用心理学，其中教育研究方面文献最多，占总数的 18.7%；教育科学方面其次，占总数的 6.0%；第三是心理学交叉学科方面，占总数的 5.2%；第四是护理学方面，占总数的 5.1%；第五是心血管系统方面，占总数的 5.0%，其他方面文献数量相对较少，占比均在 5% 以下。可见近年来国外院校支持相关研究已涉及不少教育相关领域，特别是教育学、心理学和公共健康方面，文献涉及内容非常丰富。

　　对比国内与国外的院校支持文献统计结果可以看出，国内外对院校支持的研究文献数量逐年增加，特别是 2009 年以来增长迅速。主题含"院校支持"或"college support"的研究文献，国内 1999~2008 年年平均数为 4.7 篇，2009~2018 年增加到年均 27.9 篇，提升了 4.9 倍；国外也从 1999~2008 年年均 537.7 篇增加到 1827.2 篇，提升了 2.4 倍。另外，近年来院校支持相关文献已涉及不少教育相关领域，内容非常丰富。可见无论国内外，院校支持都已经越来越受重视，院校支持已成为现今高等教育领域的热点研究话题。

但相比国外，国内对院校支持的研究较少，且国外院校支持相关文献涉及研究领域更为广泛而深入。对比来说，我国的院校支持研究还需要进一步的加强和深化。

2.2　对院校支持构成的探索

为进一步研究院校支持相关内容，国内外学者对院校支持的构成因子做了不少的探索及总结。在此选取具有代表性的院校支持构成因子探索结果，按国内外及文献发表时间整理如表 2-3 所示。

表 2-3　已有研究归纳的院校支持的构成因子

年份	研究者	主要研究内容	构成因子
2000	McInnis 等	澳大利亚大学生大一的经历	儿童照顾、经济援助、精神关怀、英语支援服务、心理辅导、健康服务、图书馆支持服务、就业服务、学习技能支持、学生会俱乐部、体育设施及餐饮服务
2006	Dhillon 等	对学生的支持供给及其有效性	就业服务、经济援助、心理辅导、卫生服务、图书馆支持服务、体育、生活辅导等
2006	Tinto 等	学生成功的院校行动模型	学术支持、社交支持和经济支持
2010	Lam 等	院校支持对基于项目的学习的影响	技能支持、自我调节支持、情感关联支持
2004	陈德明、张革华	贫困大学生就业的学校支持	观念支持、政策支持、物质支持、心理支持、渠道支持、开发支持
2005	邹国振	贫困大学生心理健康的学校支持	经济支持、心理健康教育支持、校园文化环境支持、个体自我支持、就业支持
2009	章倩、陈学军	学校支持对大学生职业决策的影响	就业平台支持、职业渠道支持、职业辅导支持
2010	金卫东	独生子女家庭教育的学校支持	家教观念支持、课程内容支持、教育途径支持、师资队伍支持、组织管理支持
2011	罗乐、向友余	脑瘫学生的学校支持系统	环境支持、教师支持、同伴支持、考评支持、课教支持
2015	张优良、刘腾飞	院校支持和个体参与对学生发展的影响	管理服务、大学教学、学术活动、课外活动
2016	应金柱	学校支持对本科生学校归属感的影响	生活设施支持、学习设施支持、社交支持、专业与课程支持、教师教学支持

续表

年份	研究者	主要研究内容	构成因子
2016	项楚瑶	学校支持对工科生学习效果的影响	学业支持、社交支持、学业资助和基本设施支持
2016	余江民	免费师范生的学习投入与学校支持	学校层面的培养方案与政策服务，院系层面设置课程与考核方式，班级层面的人际关系与管理条例
2018	张俊超、任丽辉	大学生类型的分布变化及其影响因素	学习支持、社交支持、学业资助、设施支持、满意度与归属感

从国内外学者对院校支持构成因子的提炼可以发现，因为院校支持内涵的丰富性及具体研究内容的不同，学者们提出的院校支持的构成因子不尽相同，但总体可以归纳为三个方面：一是学习方面的支持，如学术支持、专业与课程支持、教师教学支持、学术活动和课外活动支持等；二是人际方面的支持，如老师支持、同伴支持、社交支持等；三是资金、设施方面的支持，如经济支持、设施支持、服务管理支持等。特别是通过对相关文本的分析可以发现，目前的研究提出的院校支持构成因子多是学者基于主观经验的概括总结，具有较大的片面性和随意性，且未有严格的数理分析因子验证，需要进一步的研究探索以获得在内容与统计上具有良好信效度的院校支持构成因子。

2.3　对院校支持影响的研究

国内外众多的相关研究证明，院校支持对学生学习发展具有重要影响。Lea 与 Farbus 指出院校支持系统是"教育的需要"，学生和教育工作者都将从中受益（Lea et al.，2000）。Pascarella 和 Terenzini 对相关文献进行梳理后发现，大学对学生的影响主要取决于两个方面：一是大学生自身的努力与参与程度，二是院校为鼓励和吸引学生参与而提供的各种支持（Pascarella et al.，2005）。Hu 和 Kuh 等在研究中发现，学生在大学期间的学习收获既受到个体投入时间和精力的影响，也受到校园环境对学生学习与发展的支持度的影响（Hu et al.，2003）。Tinto 认为院校支持对学生适应大学生活并顺利完成大学学业非常重要（Tinto，2012）。Morley 研究发现，院校对学生的综合支持是学生发生系统变化的重要影响因素（Morley，2018）。史静寰等通过应用主成分分析法与回归分析法发现，大学"教育性"因素比学生"先赋性"因素对学生教育收获和在学满意度的影响更大（史静寰等，2012）。

具体来说，国内外学者们对院校支持影响的研究可以分为以下两个方面：院校支持对学生不同方面的影响和不同方面院校支持对学生的影响。

2.3.1 院校支持对学生不同方面的影响

研究发现院校支持对学生的学习和专业素养、认知和技能等方面具有积极的影响。

（1）对学生学习和专业素养的影响

院校支持对学生学习和专业素养的影响是学者们最为关心的话题，相关研究非常丰富。Balzer 等通过对加利福尼亚大学教学记录数据的分析发现，与其他学生相比，参加补充教学和辅导两种学习支持服务活动的学生获得了更高的课程成绩（Balzer et al.，2019）。Tello 研究发现，大学的支持与服务在满足学生的个人和学业需要方面发挥着重要作用（Tello，2018）。Tinto 指出院校支持中的学术支持对学生学业具有至关重要的影响，尤其是在学生大学入学第一年，要设置提高学生基本学术技能、数理逻辑训练、语言表达和阅读技巧等能力的课程，为学生之后的学业发展打下基础；社交支持方面，学校场域相当于一个包含教职人员、学校领导和同伴的社交网络，对大学生而言，能否顺利融入这个社交网络对其归属感和满意度具有直接或间接的影响。和谐的社交关系有助于减轻大学生学习压力，同时能提高大学生自我效能感；而经济支持方面，学校资助、贷款和拨款对学生就读选择具有重要影响，尤其是对来自低收入家庭的大学生来说，经济支持能避免因贫困而导致辍学、学业障碍等现象的出现。学校资助还影响学生在学术和社交等方面的时间和投入（Tinto et al.，2006；Tinto，2012）。

国内方面，张优良、刘腾飞利用 2011 年首都高校大学生发展调查数据探讨院校支持对学生发展的影响，研究指出院校支持是学生社会能力与学术能力发展的重要保障，其中的教学与生活服务、硬件设施支持、学生事务管理服务、学术活动与学术讲座等对学生的社会能力和学术能力发展具有重要的影响（张优良、刘腾飞，2015）。邹杰梅、徐优通过对西南大学的实证研究发现大学校园环境支持对学生学业表现和学习收获具有正向促进作用（邹杰梅、徐优，2012）。余江民在调查四川省两所地方院校免费师范生后发现，学校支持与学生学习投入呈正相关关系（余江民，2016）。另外，鲍威研究发现，大学课程的应用性取向对学生的公民意识、核心能力、专业素养的提高具有显著的促进作用；而课程的广深性取向能够增进学生的公民意识、学业成绩和专业素养；此外，学生资助与生均支出这两种资源的投入，对学生的专业素养与学业成绩的提高具有显著的影响（鲍威，2014）。

（2）对学生认知和技能的影响

院校支持是院校影响学生的重要手段和途径，对学生认知与技能的发展影响积极且重大。聚焦于本研究关注的本科教育阶段，研究显示大学期间学生的认知和技能方面取得了很大的提升。20 世纪 90 年代的相关研究发现，学生通过大学四年的学习，其认知技能和智力发展的提升具体表现为：批判性思维（0.5~1 个标准差），反思判断（约 1 个标准差），口头和书面表达能力（0.5~0.75 个标准差），定量分析能力（0.25~0.5 个标准差）和其他专业知识（约 0.75 个标准差）。相比 20 世纪 90 年代之前的研究结果，定量分析能力提升估计值有所增加，批判性思维提升估计值有所减小，而其他方面的提升估计值几乎相同（Pascarella et al.，2005）。另外，2012 年国际成人能力评估项目（The Program for the International Assessment of Adult Competencies，PIAAC）调查表明，在美国，拥有学士学位的人比拥有高中文凭的人更有可能具有高熟练程度的读写能力、计算能力和问题解决能力。同样有研究观测到美国学士、副学士与高中学历人群的读写能力差距很大（Mayhew et al.，2016），大学毕业生比只受过正规中学教育的人拥有更为丰富的知识，且更倾向投身于能增加他们知识的活动中去（Pascarella et al.，2005）。

有相关研究剔除正常的成熟和成长、学生上大学前的特征差异等干扰因素，探索大学的支持培养对学生认知和技能发展的纯影响，得出的结论是：大学不仅极大地加强了学生整体文字水平、定量技能水平和口头与书面交流能力，而且对学生整体分析能力、批判思维、反思性判断思维和智力灵活性方面具有积极的影响（陈娴等，2012）。Pascarella 和 Terenzini 对认知技能和智力发展方面的大学影响进行了研究，结果显示：大学四年间，学生批判性思维提高 0.55 个标准差，口头和定量分析能力提高 0.25 个标准差，英语提高 0.59 个标准差，数学提高 0.32 个标准差，自然科学提高 0.47 个标准差，社会研究提高 0.46 个标准差，反思判断思维提高 0.90 个标准差（Pascarella et al.，2005）。另外有研究发现，上大学与不上大学的学生在特征相同的情况下，上大学（以在校时间和完成学分计算）与能力（数学，阅读，写作等技能）提升存在正相关关系（Bray et al.，2004；Lakin et al.，2012；Liu et al.，2013）。

（3）对学生其他方面的影响

除了对学生学习和专业素养、认知和技能具有积极影响，研究发现院校支持还对学生的学校归属感、职业决策自我效能等方面具有正向影响。石磊通过对华中科技大学 251 名全日制本科生的问卷调查发现，学校层面的社会支持对学校归属感的影响远高于非学校层面的社会支持（石磊，2013）。应金柱基于对华中科技大学学生样本的问卷调查数据的分析，发现各维度的学校支持都对学生学校归属感都具有显著影响，且影响程度不同，从大到小依次是：生活设施支持、社交支持、学习设施支持、专业与课程支持、教师教学支持（应金柱，2016）。葛晓宇将家庭和学校从"社会"概念中提取出来，研究发现家庭支持、学校支持对职业决策自我效能起到显著的正向影响作用，而且两者的影响强度相当（葛晓宇，2011）。

2.3.2　不同方面院校支持对学生的影响

除了关于院校支持对学生不同方面的影响的研究以外，不少学者也对院校支持中具体方面的影响进行了探索，主要集中在学习支持、教师支持和同伴支持三个方面。

（1）院校支持中学习支持的影响

院校支持中有关学习支持方面的影响的研究众多。主要研究发现可综合为以下几点：第一，有效的教学技能（如同伴辅导、相互教学、归因训练、知识概念结构图等）能加强学生学习能力。第二，与传统教学法相比，各种创新性教学法能提高学生学科知识水平。同时，教师也是影响学生学科知识获得的一个重要因素，如教师课程准备、知识澄清方法、教师反馈质量、教师对学生的关心等都与学生课程内容知识的掌握具有重要而积极的相关性。第三，大学第一学年的研讨会、补充教学、学术咨询、项目研究等学术活动和经历对学生具有积极影响，而课堂上偏见和歧视的存在会对学生学业坚持产生消极影响（Pascarella et al.，2005）。总的来说，学生通过参与各种学习活动，可获得更多的学习支持，使其知识获取能力提高、智力获得发展。例如计算机和计算机编程语言的使用与更强的一般认知和批判性思维技能有关（Mayhew et al.，2016）。合作或小组学习的经验对职业相关能力，如领导能力和团队合作能力有显著影响（Hu，2003；Flowers，2004；Sax，2006；Mayhew et al.，2016）。

（2）院校支持中教师支持的影响

教师作为学生的引导者，是学生学习发展的重要支持源。教师支持方面的研究发现，将学生入学特征、环境变量因素进行控制后，师生交往状况与学生对教学质量和整体大学经历的满意度呈极大正相关关系；与学生学术成果（如 GPA 分数、学位获得、荣誉毕业等）有重要正相关关系；与学生个体知识的增加、各个方面的成长和学生所有自我评定的能力也有正相关性（Pascarella et al.，2005；周廷勇等，2005；李一飞，2014；项楚瑶，2016）。另外，研究发现教师支持对学生的学业发展具有稳定且积极的作用（Sakiz et al.，2012）。与教师的交流互动对学生的职业目标也有很大的影响，对学生选择大学教学职业的积极影响最为明显（Astin，1993b）。但也有研究发现两种产生相反影响效果的大学教师类型：以研究为取向的教师和以学生为中心取向的教师。以研究为取向的教师为例，学生对该大学里教师和教学质量的满意度、学生领导能力和个体交际能力的发展、学士学位的完成都与此种教师的影响呈负相关（Astin，1993b）。

（3）院校支持中同伴支持的影响

同伴支持方面的研究发现，大学同伴在学生的认知成长和智力发展中起着重要的作用（Pascarella et al.，2005）。Prendergast 和 Whitt 等研究发现，学生大学入学一年后及三年后的批判性思维均与其在课外与同伴的互动水平（如与同伴讨论艺术、音乐，与个人价值观、政治信仰、宗教信仰或国籍和自己不同的同伴交流）呈显著正相关（Prendergast，1998；Whitt et al.，1999）。Sari 等通过准实验法研究发现，提供同伴支持的实验组学生的英语课程成绩显著优于对照组（Sari et al.，2017）。郭继东和牛睿欣采用因子分析和结构方程建模的方法，通过对本科高校英语专业三年级的 193 名学生的调查发现，同伴支持对学生英语学习成绩具有显著的正向影响（郭继东等，2017）。Furrer 等研究发现同辈群体对学生参与和学校成就具有积极影响：学生对上学更加积极，出勤率更高，并且在课堂上更加专心（Furrer et al.，2003）。Michinov 指出学生因为感受到同伴支持，所以更愿意全身心投入他们的学业和学校活动中，他们在取得好成绩的同时，满足感不断增强，而且有班级朋友的鼓励可以提高完成学校作业的效率，特别是可以通过讨论的方式解决疑难问题（Michinov，2004）。张平等通过对某工科院校新生的调查还发现，大学同学支持与大学生新生适应显著相关，且大学同学支持在缓解人际关系压力和大学新生适应中起到部分中介作用（张平等，2016）。

此外还有关于其他方面院校支持的影响研究，如经济支持方面的院校支持研究发现，学校的经济支持（如奖学金、贷款等）对学生的辍学率、学业完成及学校选择等具有影响。经济支持与更低的学生辍学率有关（Gansemertopf et al.，2005），特别是对家庭收入较低的学生来说更有帮助（Paulsen et al.，2002）。相比而言，无偿的捐赠比有偿的贷款效果更好（Bettinger，2004；Dowd et al.，2006）。经济支持对学生选择公立或私立、两年制或四年制、全日制或在职的学校也有影响（John，1990；Heller，1996）。在经济支持不足的情况下，来自收入较低家庭的学生更可能选择两年制的学校并且学业完成率较低（Bound et al.，2010）。

综合以上对院校支持影响的研究可以发现，相关研究或关注院校支持乃至学校环境整体，或聚焦于院校支持的某些具体方面（如教师支持、同伴支持等），通过探索分析甚至构建理论模型，发现院校支持对学生的学业完成、学习表现、能力发展、人际社交、职业选择等方面具有重要影响。良好的院校支持可以助力学生取得更多的收获和获得更大的提升，促进学生的学习与发展。但因为研究对象、关注方面等的局限，现今对院校支持整体影响的研究将各类院校支持杂糅为一，未深入探讨院校支持具体方面的影响；而对院校支持中具体方面的影响的研究，往往是单一讨论某一方面院校支持的影响而缺乏系统性。总之，院校支持影响的研究结果较为零散，对本科教育中院校支持的影响缺乏深入而系统的研究。

2.4　对院校支持影响机制的探究

伴随着时代演进和高等教育的快速发展，院校影响的相关研究成果日渐丰富。20 世纪 70 年代后，大规模的本科生就读经历问卷调查在美国展开（Pascarella，1985），研究者们有了取得院校影响相关数据更方便快捷的途径。另外，1973 年 Jöreskog 利用数学矩阵的观念将潜在变量模型与路径分析两种范式巧妙整合，提出最大概似参数估计的结构方程模型（Structural Equation Modeling，SEM），并设计出 LISREL 软件来进行繁复的计算，开创了一个崭新的量化分析研究范式，正式宣告结构方程模型时代的来临（邱皓政等，2009）。伴随着计算机小型化及其性能的提升和 SPSS、SAS 等主要的社会科学统计分析软件的进步，越来越多的研究者开始采用结构方程模型寻找多个变量之间的关系或因果路径，以查看各种因素对学生发展产生的直接或间接影响，探寻学生与院校之间的互动关系（Pascarella et al.，1991）。基于日渐丰富的研究成果、方便快捷的问卷调查研究方法，依靠多变量统计分析方法与计算机软硬件的进步，对院校影响机制的研究迅速发展起来。

Astin 通过对美国 20 世纪 70 年代以前的院校影响实证研究进行分析，于 1970 年提出了第一个院校影响模型，也是最为经典和影响深远的院校影响理论模型（Pascarella et al.，2005）：投入—环境—产出模型，简称 I-E-O 模型，如图 2-3 所示（Mayhew et al.，2016）。该模型由三部分构成：（1）投入（Inputs）。具体包含学生的家庭背景、人口学特征、学生进入学校前的学习经历与社会经历等；（2）环境（Environment）。具体包含学校的政策、文化、专业、人群，学生的在校经历、住宿等；（3）产出（Outputs）。具体包含学生的知识、技能、特质、价值观、态度、信念和毕业后的表现等。三部分之间存在两种关系，投入对产出有直接影响（图 2-3 中用实线 C 表示），与此同时还通过学生参与各种校园活动对产出产生间接影响（图 2-3 中用虚线 A 和 B 表示）。Astin 发现美国 20 世纪 70 年代以前的院校影响研究主要关注大学环境对学生产出的影响（图 2-3 中的虚线 B），并认为如学生性别、家庭背景、学生入校前的学习经历和社会经历等投入对产出有着直接的影响（图 2-3 中的实线 C），也会对大学环境产生直接影响（图 2-3 中的虚线 A）。因此，研究者可以通过直接影响路径 C 和间接影响路径 A、B 对产出进行分析，其中间接影响路径 A、B 是进行院校影响研究的主要分析思路（Astin，1970a；Astin，1970b）。

I-E-O 模型中环境是个中间变量，Astin 认为环境是个黑箱，黑箱的一边是大学的各项政策与项目，而另一边是学生取得的成绩。至于学校

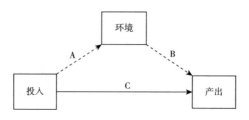

图 2-3 Astin 提出的投入—环境—产出模型

管理层的政策如何转变成为学生的成绩，其过程机制则无人知晓。1984年，基于自己的研究，Astin 发现辍学学生对校园各项活动都缺乏参与，因此提出了学生参与（Student Involvement）理论，力求解开黑箱之谜。该理论共有五个要点：第一，参与指在活动、人群以及任务中投入心力与体力；第二，参与为一个连续概念，不同学生在不同项目中的参与投入量具有差别；第三，参与既有量的维度，又有质的维度；第四，学生的学习与成长收获跟其参与的量和质成正比；第五，任何教育政策与实践的有效性和其引导学生参与的功效紧密相关（Astin，1984）。

基于 I-E-O 模型与学生参与理论，后续不少研究做了进一步深化或拓展。如 Pascarella 于 1985 年构建了大学生发展的综合因果模型，认为大学生的学习与认知发展结果受到学校的组织结构特征、学生背景/入学前特质、校园人际互动、校园环境和学生努力质量五方面因素的直接或间接影响，其中学生努力质量（Quality of Student Effort）指学生投入到大学学习、社会等活动中的时间和精力（Pascarella，1985）；Tinto 在1987 年提出大学生退学模型，指出学生退学行为的发生是因为他们无法将大学里的学术系统和社会系统"融合"（Integration）到自己的学习当中（Tinto，1975）；Kuh 提出学习产出（Learning Productivity）的概念，内容聚焦在学生使用了院校什么资源，并从其教育活动体验中取得了什么收获（石卫林，2011）；Kuh 等人又于 2006 年提出学生学习性投入（Student Engagement）的概念（Kuh et al.，2006），具体指学生在学习或其他教育活动中所投入的时间和精力的总量和高校创设条件

（如配置资源、提供学习机会和学习服务等）促进学生参与的大学教育活动。这些影响机制模型都能找到与 I-E-O 模型与学生参与理论的相似或相关之处。如 Astin 曾表示"学生学习性投入"与"学生参与"不存在根本上的差异。Kuh 对此也表示认同，他表示二者其实是一回事，只是在不同时空下用词不同（Axelson et al.，2011）。

此外还有如 Weidman（1987）的本科生社会化模型、Berger 和 Milem（2000）的大学影响力模型、Perna 和 Thomas（2006）提出的学生成功多水平模型等理论模型均指出高校的环境与大学就读经历等是影响大学生发展的外在关键因素，对学生的成功与发展具有重要影响。我国学者也对这些理论和模型进行了验证或相关研究，如朱红（2010）以 Astin 提出的学生参与理论为基础，使用结构方程模型分析了学生参与度和大学生发展之间的影响机制，验证了 Astin 的学生参与理论在中国大学情境下的适切性。鲍威（2010）研究发现，高校学生的学业成就不仅取决于所在高校的教学质量、院校的组织性特征、学生的基本特征以及他们和教师、同学之间的互动，同时也受到学生本人的学习参与投入程度的直接影响。杨钋和许申（2010）经研究指出，本科学生和高职高专学生的学习参与、集体活动参与和社会活动参与的积极与否对个人能力发展具有显著影响。这些学者在院校支持影响机制探究领域迈出了坚实的第一步，其研究成果为后续相关研究提供了扎实的研究基础和有益的经验。

目前院校影响研究大多使用或借鉴美国高等教育学者提出的院校影响理论成果，但因为美国的高等教育制度建立在其独特的文化传统与社会经济结构之上，其大学的培养目标和学生的类型特征与东亚地区国家存在较大差异。因此，金子元久依托东亚地区高等教育特征，提出了大学教育力理论，并指出大学教育存在射程的概念，即学生是否被给予了充分的支持，该理论对院校支持的影响及影响机制的探究具有重要的启示。

金子元久指出，包含中国、日本和韩国在内的东亚地区的高等教育具有两个共同的明显特征：第一，与欧美各国相比，东亚社会一般民众对进入大学读书的期望值非常高，因此大学的入学率在社会经济发展水平相对较低的阶段就开始大幅上涨；第二，围绕大学入学展开了激烈的高考竞争，家长与学生把考上大学作为奋斗的目标，但不一定是为了接受更好的教育。这样的共同特征导致了两大问题的出现：一是数量扩大化与质量空虚化成为东亚地区各国高等教育的发展现状；二是经济的快速发展促进了社会富裕，也促成了大学生多样化和个性化的价值观。但习惯了考试竞争这一元化社会价值观的父母与学校无法向大学生提供充分的支持，大学生也无法形成对自己将来发展的明确期待。正是如此，东亚地区的高等教育正面临着教育本质转变的压力，而转变的焦点就在于教育如何才能赋予学生实质性的影响，金子元久将此种影响称为大学的教育力量（简称"大学教育力"），并指出大学教育力发生于大学教育规律和学生发展规律的交接之处。一方面，作为施教方的院校，以培养怎样的学生作为目标，对教育活动中多大范围的学生赋予了积极的影响，即是教育的"射程"；另一方面，从学生个体角度出发，学生对其自身的认识，对自己在未来社会中的角色预见及产生的对大学的期待，称为"自我-社会认识"。基于大学生是否进入院校教育的"射程"与学生"自我-社会认识"是否确立，金子元久将学生分为高度匹配型、被动顺应型、独立型、排斥型四种类型，如图2-4所示（金子元久，2009）。

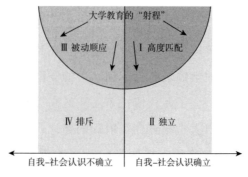

图2-4　大学教育的"射程"与学生的"自我-社会认识"

随着院校影响模型的逐步成熟，模型中的因素日渐丰富和具体，相关研究从笼统的学校环境逐步聚焦于大学影响学生的真正内核——院校支持。2006 年 Tinto 初步提出了学生成功的院校行动模型，并于 2012 年形成了院校行动框架，提出了可供院校操作的政策措施和行动依据。模型中他将大学促进学生成功的四个要素分为学业期望、院校支持、考核与反馈、学生投入（Tinto et al.，2006；Tinto，2012）。模型明确提出院校支持因素，并对院校支持等四个要素的影响进行了分析，具体如图 2-5 所示。

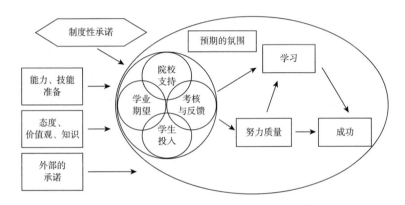

图 2-5　Tinto 提出的学生成功的院校行动模型

现今国内多还停留在对院校支持影响的程度和显著性进行探索分析的阶段，如项楚瑶通过回归分析探讨了学校支持对学习效果的影响因素，研究发现学校支持中教师教学对工科生学习效果的影响最大，设施支持对其影响最小（项楚瑶，2016）。应金柱基于华中科技大学学生样本的问卷调查数据，分析发现学校支持及其各维度对学生学校归属感都具有显著影响（应金柱，2016）。

总结来说，学者们对院校支持影响机制的探究为之后的相关研究提供了扎实的理论基础，也为促进教育发展和政策制定提供了有益的借鉴。虽然不同学者基于经验总结和相关研究构建的影响模型中的因子各不相同，但是对院校支持、学生学习行为和学习兴趣、学生发展三方面的关系多有涉及，学习行为方面如 Pascarella 模型中的"学生努力质量"因子，学习兴趣方面如 Tinto 模型中的"态度、价值观、知识"因素，学生发展方面更是各个模型共同的关注点，例如 Astin 模型中的"产出"变量、Tinto 模型中的"成功"因子等，三方面的关系多是模型的核心部分。兴趣、行为和结果也是心理学中频繁讨论的三个紧密相关的因素（李小平等，2005；Yan et al.，2019）。这为构建我国本科教育中院校支持的影响机制模型提供了指引与思路。

另外，已有研究或将院校环境整体作为因子，全面考虑院校环境对学生的影响，模型并未聚焦于院校支持，如 Astin 的 I-E-O 模型，Pascarella 的大学生发展的综合因果模型等；或虽然已聚焦或明确提出院校支持这一核心元素，但未对其构成因子加以区分辨别，对其缺乏细致深入的影响机制研究，如金子元久的大学教育力理论，Tinto 的学生成功的院校行动模型。

2.5 本章小结

通过对院校支持研究文献的分析，可以发现，院校支持已成为现今高等教育领域的热点研究话题，相比国外，我国的院校支持研究还需要进一步加强。在对院校支持构成因子的探索方面，目前研究提出的院校支持构成因子多是基于个人经验的概括总结，应进行认真的分析归纳和严格的数理因子探索研究以获得院校支持构成因子在内容与统计上的良好信效度。在院校支持的影响研究方面，作为学生学习发展的重要影响因素，良好的院校支持可以助力学生取得更多的收获和提升，促进学生的学习发展。但因为研究对象、内容等的局限，现今院校支持影响的研究缺乏系统性。在院校支持的影响机制方面，目前相关研究或将院校环境整体作为因子，全面考虑院校环境对学生的影响，模型并未聚焦于院校支持，或虽然已明确提出院校支持这一院校影响的核心元素，但未对其构成因子加以区分辨别，对其缺少细致深入的影响机制研究。

　　院校支持这一概念源自院校影响相关研究，得力于社会支持概念及其相关研究，相比于院校支持，院校影响和社会支持的相关研究已积累了较为丰富的研究成果，形成了相应的理论模型，也为研究我国本科教育中院校支持的构成与影响提供了坚实的基础、可供借鉴的经验和有益的指引。虽然不同学者基于经验总结和相关研究构建的院校影响模型中的因子各不相同，但是对院校支持、学生学习行为和学习兴趣、学生发展三方面的关系多有涉及，三方面的关系多是模型的核心部分。这为下文构建我国本科教育中院校支持的影响机制初步模型提供了思路。

　　综上，相比中小学阶段，学生进入大学后，伴随着在校时间的增长，每天与学校的互动时间超过了与家庭的互动时间，家庭支持对学生的影响减弱，院校支持的影响进一步加强。总体来说，国内外对院校支持的研究随着时间的推进变得越来越丰富，对院校支持的构成和影响的研究也取得了丰富的成果，为高等院校的相关发展改革提供了很多的理论支持和启示，这些都将成为笔者进一步研究的基础。同时，已有研究也存在不足，需要进一步的完善和研究推进。第一，我国院校支持研究还需要进一步加强。目前国内的研究更多地聚焦于个别特殊学生群体（如工科生、免费师范生等），关注普通本科生整体的研究较少。第二，目前研究提出的院校支持构成因子多是学者基于主观经验的概括总结，未有严谨的数理分析因子验证，值得进一步的分析。第三，现今院校支持影响的研究结果零散，对院校支持的影响及影响机制缺乏深入和系统的研究。为此，本研究计划通过对已有研究的总结分析，结合后期进一步的学生访谈与数据分析，采用质性研究法结合定量研究法，对我国本科教育中的院校支持的构成因子、影响及影响机制进行研究探索。

第 3 章
研究思路与过程

3.1 研究思路

为研究我国本科教育中院校支持的构成与影响,本研究将首先通过梳理相关研究文献,在对院校支持概念进行溯源与辨析的基础上,总结我国本科教育中院校支持这一概念;其次,在已有研究的指引下,通过质性学生访谈深入了解院校支持具体内容,归纳提炼院校支持的构成因子,并结合对全国性问卷调查数据的定量探索性因子分析、验证性因子分析和信度检验,进一步验证和完善院校支持的因子组成;再次,进行问卷调查数据测量等值性检验,通过差异检验并结合学生访谈反馈的情况,分析我国本科教育中的院校支持在其各个因子上的具体情况和问题;最后,基于学生访谈了解院校支持具体影响,并通过对问卷调查数据的量化研究,采用结构方程模型方法,重点关注院校支持对学生的学习行为、学习兴趣和学生发展的影响,探索分析院校支持的影响机制。具体研究思路如图 3-1 所示。

本研究将结合定量与质性两种研究方法而展开。具体来说,定量研究方法方面,除了一般的描述统计,还将使用探索性因子分析、验证性因子分析、信度检验、测量等值性检验、差异检验、结构方程模型对有关数据进行研究分析;质性研究方法方面,将使用访谈法对样院校学生

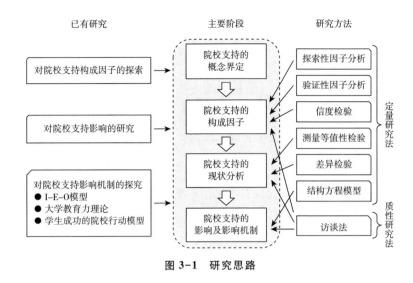

图 3-1　研究思路

进行深入访谈。对于研究我国本科教育中院校支持的构成与影响，质性的访谈是对定量分析的良好辅证和补充，两方面相辅相成，缺一不可。

3.1.1　定量研究方面

（1）探索性因子分析

因子分析（Factor Analysis，FA）的产生已经有一百多年的历史（Spearman，1904），是使用最广泛的多元统计方法之一（焦璨等，2008）。因子分析是用于解释外显变量之间相关的统计模型，主要用于实现两目的：解释指标间的相关性和化简数据（王孟成，2014）。因子分析包含探索性因子分析（Exploratory Factor Analysis，EFA）与验证性因子分析（Confirmatory Factor Analysis，CFA）两种。探索性因子分析中，研究者事先并不知道有哪些公因子，也不清楚观测变量与因子之间的关联结构，通过对数据本身的分析，探索数据中可能蕴含的内在结构。探索性因子分析的主要目的是得到因子的个数并进一步寻求各个因子的含义（张文彤等，2018）。

（2）验证性因子分析

探索性因子分析一般只是因子分析的第一步，随后进行验证性因子分析，对相应的模型假设进行检验，确认数据是否符合所做的模型假设（张文彤等，2018）。验证性因子分析是结构方程模型的重要组成部分，也被称为测量模型（Measurement Model），是为研究者所熟知的检验量表或测验结构效度的工具，也是检验方法学效应和测量不变性的有效工具（DiStefano et al.，2005；王孟成等，2009；Brown et al.，2012；Wang et al.，2012）。与探索性因子分析一般在分析之前不明确各观测指标（量表条目）与潜在结构（即因子之间的具体隶属关系）不同，验证性因子分析在分析之前已经确定了观测指标与潜在因子之间的隶属关系，具有假设检验的特点（王孟成，2014）。

（3）信度检验

在因子分析后，应继续进行各层面量表和总量表的信度检验。信度（Realiability）指量表的可靠性和稳定性。比较常用的信度检验方法有 Cronbach L. J. S 所创的 α 系数，即内部一致性系数。一般认为 α 系数界于 0.65~0.70 之间可接受；α 系数界于 0.70~0.80 之间则相当好；α 系数界于 0.80~0.90 之间为非常好（吴明隆，2010）。另外，对于包含多个因子的量表，组合信度（Composite Reliability）可作为检验潜在变量的信度指标。组合信度也称为建构信度（Construct Reliability），是模型内在质量的判别标准之一，如果因子的组合信度值大于 0.60，说明模型的内在质量理想，潜在变量的内部一致性较好（吴明隆，2009）。

（4）测量等值性检验

测量等值性（Measurement Equivalence，ME）或测量不变性（Measurement Invariance，MI）有着重要的理论意义和应用价值。编制量表过程中，需要考虑量表条目是否对不同群体（如：性别、民族）有相同的意义和功能。如果事先研究者没有考虑测量工具本身的等值性，就无法分辨问卷结果中不同群体得分存在的差异是实际存在的差异还是工具本身不等值造成的虚假差异。如果在不满足测量等值性的情况下直接对比不同群体、不同时间点的因子均值，很可能会得出错误的结论

（王孟成，2014）。目前，测量等值性检验的方法共分为两大类（Stark et al.，2006）：结构方程模型框架内的多组验证性因素分析（Muti-group Confirmatory Factor Analysis，MCFA）和项目反应理论框架内的项目功能差异分析（Differential Item Function，DIF）。其中结构方程模型框架内的多组验证性因素分析是目前最常用的方法（Meade et al.，2004）。

依据王孟成（2014）的分析，最常用的测量等值性分析包含六步：①形态等值（Configural Invariance）。检验潜变量的构成模式或形态是否一样，也被称为因素模式等同。该检验是检验其他等值性的前提，通常作为等值检验的基线模型（Horn et al.，1992）；②单位等值（Metric invariance）或弱等值（Weak Invariance/Metric invariance）。检验在各组中因子负荷是否等值，即每个观测项目在对应潜变量上的因子负荷是否跨组等值；③尺度等值（Scalar invariance）或强等值（Strong Invariance）。检验观测变量的截距是否跨组等同，即观测在不同组之间是否具有相同的参照点。只有当单位与参照点都相同，即同时满足弱等值和强等值，潜变量分数才是无偏的，组间比较也才有意义（Meredith，1993；Little，1997）；④误差方差等值（Error Variance invariance）或严格等值（Strict Invariance）。检验误差方差是否跨组等同。其确立意味着测量分数变异的跨组差异能完全反映潜变量变异的跨组差别；⑤因子方差-协方差等值（Factor Variance/Covariance Invariance）。检验因子的方差与协方差是否跨组等同。因子的方差衡量了潜变量的离散程度，方差跨组等同则意味着真分数具有相同宽度的量纲。因子的协方差衡量了因子之间的关系程度，协方差跨组等同则说明因子之间的关系在不同群组中能够重现；⑥潜均值等值（Latent Mean Invariance）。检验潜变量的均值能否跨组等值。

以上六步等值性检验彼此嵌套，依次进行。前一步的模型嵌套于随后的模型中，前一步成立是后一步检验成立的条件。在检验方法方面，考虑到本研究的样本量较大，而卡方检验易受样本值的影响，因此采用拟合指数（CFI 和 TLI）差异方法检验测量等值性。具体来说，后一检验模型与前一检验模型相比，拟合指数差异的绝对值小于 0.01 则表示不存在显著差异，绝对值在 0.01~0.02 之间表示存在中等差异，绝对值大于 0.02 表示存在确定的差异（Meade et al.，2008）。

（5）差异检验

对多群体均值进行比较时，通常使用的方法是方差分析和 T 检验。但由于本研究样本量较大，其统计检验结果极易达到显著水平，因此辅以效果量（Size of Effect，SE）用于反映变量之间的差异程度。效果量不受样本量的影响，其数值大小对应结果在实际中的重要程度（权朝鲁，2003）。根据相关研究的经验，在 T 检验中使用 Cohen（1988）提出的标准，当效果量值 $d=0.2$ 属于小的效果，$d=0.5$ 属于中等效果，$d=0.8$ 属于大的效果；在方差分析中使用 η^2 值，$\eta^2=0.01$ 属于小的效果，$\eta^2=0.06$ 属于中等效果，$\eta^2=0.14$ 属于大的效果（胡竹菁等，2011；卢明峰等，2011）。

（6）结构方程模型

1973 年 Jöreskog 利用数学矩阵的观念将潜在变量模型与路径分析两种范式巧妙整合，提出最大概似参数估计的结构方程模型（Structural Equation Modeling，SEM），并设计出 LISREL 软件来进行繁复的计算，开创了一个崭新的量化分析研究范式，该研究也正式宣告结构方程模型时代的来临（邱皓政等，2009）。结构方程模型是对变量协方差进行关系建模的多元统计方法，由于是基于变量协方差进行的建模，所以结构方程模型常被称为协方差结构模型（Covariance Structure Modeling，CSM）。也有学者把结构方程模型称为潜在变量模型（Latent Variable Modeling，LVM）（Moustaki et al.，2004），它是当代行为与社会领域量化研究的重要统计方法，其融合了传统多变量统计分析中的"因子分析"与"线性模型回归分析"的统计技术，对于各种因果模型可进行模型辨识、估计与验证（吴明隆，2009）。

结构方程模型整合了传统的路径分析、多元回归和因子分析（Bentler，1980），具有考虑测量误差的影响、同时处理多个因变量、同时考虑测量模型和结构模型、进行理论或因果验证等优点（王孟成，

2014)。随着计算机小型化及其性能的提升和 SPSS、SAS 等主要的社会科学统计分析软件的进步，越来越多的研究者开始采用结构方程模型寻找多个变量之间关系或因果路径 (Pascarella et al.，1991)。

本研究定量分析数据来源于全国性问卷调查——中国大学生学习与发展追踪研究调查，采用以书面提出问题的方式搜集资料的方法，该方法在人文社科领域广泛被运用 (裴娣娜，2012)。总的来说，研究将基于调查数据，首先通过因子分析探索我国本科教育中院校支持的构成因子，其次通过结构方程模型探讨院校支持对学生学习行为、学习兴趣和学生发展的影响机制。此外，在分析具体群体情况时，将对数据进行描述性分析，以直观地说明情况。在研究我国本科教育中院校支持的具体情况、特点和问题时，首先对量表进行测量等值性检验，具体分析时除了一般的描述统计，还将使用差异分析，对样本进行群体间差异分析。

3.1.2　质性研究方面

质性研究方法指以研究者本人为研究工具，在自然情境下使用多种资料收集方法对社会现象进行整体性的探究，采取归纳法分析资料并结合成形理论，通过和研究对象互动，对其行为与意义构建获得解释性理解 (陈向明，2000)。质性研究中收集资料的方法十分丰富，如访谈、观察、实物分析、口述史、叙事分析、历史法等，其中最常用的是前三种 (陈向明，2000)。

本研究具体使用的资料收集方法为访谈法 (Interview)。顾名思义，访谈指研究者寻访、访问被研究者，并且与其进行交谈与询问的一种活动。访谈是一种研究性的交谈，研究者通过口头谈话的方式从被研究者那里收集或建构第一手的资料 (陈向明，2000)。按研究者对访谈结构的控制程度来分，访谈可以分为封闭型、开放型、半开放型三种类型。此三种类型也分别被称为结构型、无结构型和半结构型 (Bernard，1988)。综合考虑到本研究的研究问题与实际需求，本研究使用半结构型访谈。在半结构型访谈过程中，研究者对访谈结构具有一定的控制，同时允许受访者积极参与。一般来说，研究者事先准备一个较粗线条的访谈提纲，依据自己的研究对受访者提出问题。但此访谈提纲主要作为一种提示，访谈者在提问的同时鼓励受访者提出自己的问题，并且依据访谈的具体情况对访谈的内容与程序进行灵活的调整（陈向明，2000）。

本文随机抽取样本院校学生为访谈对象，根据研究问题设置访谈提纲，主题集中在"院校支持的构成""院校支持的现状""院校支持的影响"等方面，由访谈者主动引导，同时受访者积极参与，访谈结束后整理访谈材料，归纳总结。问卷调查数据和学生访谈资料同时为本研究提供材料与依据，研究将结合访谈与数据分析，提炼总结出我国本科教育中院校支持的构成因子、影响及影响机制。

综上，基于定量与质性研究方法，本研究的具体内容包括：在梳理院校支持相关研究文献的基础上，对我国本科教育中的院校支持进行定义；通过访谈院校学生及问卷调查数据分析，深入了解学校给予本科生的支持，进一步厘清和验证我国本科教育中院校支持的构成因子；通过差异检验结合学生访谈反馈情况，呈现目前我国本科教育中的院校支持在其各个因子上的具体情况和重点问题；然后，基于院校学生访谈了解院校支持具体影响，并通过结构方程模型揭示我国本科教育中院校支持对学生学习行为、学习兴趣和学生发展的影响机制，并针对不同类型学生进行深入探讨；最后，基于对我国本科教育中院校支持的构成与影响的研究发现，提出针对性建议，指引我国院校人才培养工作的完善与改革，助力我国本科教育的发展与质量提升。

3.2 定量方面的数据与准备

3.2.1 数据来源

本研究将使用中国大学生学习与发展追踪研究调查本科问卷及其数据开展研究。2008 年，清华大学的研究团队将国际知名的大学生学习投入测量工具 NSSE 问卷引入中国，并结合中国高等教育情境对题目进行补充，由此形成 NSSE-CHINA 问卷（王文，2018），即中国大学生学习与发展追踪研究调查问卷。截至 2019 年，中国大学生学习与发展追踪研究调查的全国合作院校达 150 余所，覆盖 28 个省（自治区、直辖市），院校层次涵盖从一流大学到高等职业院校在内的我国高教全部办学层次，是现今我国规模最大、持续时间最长的高校学情调查。目前，调查问卷由 A、B 两部分组成，A 部分关注学生大学在学经历，B 部分调查学生的背景信息。其中 A 部分共有 170 多道题项，详细调查了学生对院校的课程要求、教师教学、课外活动、生师交流、同学合作互助、人际关系、课程测评方式与频率、就业、学习生活硬件、师资、学习氛围、奖助学金和助学贷款等各个方面的经历体验。另外还考察了学生在课前、课上、课后的学习行为，学生的学习兴趣情况，毕业后的计划，对自我发展提高的评价等内容；B 部分共有 50 多道题项，深入调查了学生的出生年月、性别、户口、民族、是否独生子女、入学前就读中学类型、父母受教育程度、父母职业、家庭居住地类型等学生背景情况。中国大学生学习与发展追踪研究调查本科问卷全面调查了学生的在校经历、背景信息等学生学习与发展的相关信息，包含了众多的我国本科教育中院校支持的具体内容，为本研究提供了丰富且坚实的数据支撑，以其作为数据来源具有良好的适切性和代表性。

中国大学生学习与发展追踪研究调查每年进行一次，综合考虑样本院校类型、数量和时效性等因素，本研究具体选取 2018 年的调查数据作为研究基础。2018 年，中国大学生学习与发展追踪研究调查项目组对参与调查的院校不同年级、性别、学科的学生进行了严格的分层随机抽样，同时根据回收有效样本数量构建样本权重，确保有效样本数据具有良好的代表性。调查共发放调查问卷 129737 份，回收 100757 份，问卷回收率为 77.66%。

3.2.2　数据准备

为进一步的探索和分析研究，对问卷调查数据进行处理。首先，根据以下四个条件删除无效样本：测谎题①选择相差 2 个及以上选项单位的样本；全部计分题项的填答缺失在 2/3 及以上的样本；非背景信息部分（问卷 A 部分）有连续 30 道及以上题目选择同一选项的样本；个人填答的基本信息（性别、年级）与院校提供的信息不符的样本。删除无效样本之后，共得到 78429 个随机有效样本。其次，对缺失值进行处理。对本研究涉及的相关题项进行缺失值统计，共有 579 个样本存在数据缺失，缺失率为 0.74%。基于样本数据量较大且缺失数据样本比例小于 5%，故使用列删法（王孟成，2014），删除有缺失值的样本。最终得到 77850 个来自 31 所高校（其中 985 院校 4 所，211 院校 9 所，普通本科院校 18 所）的有效随机样本。样本的具体分布情况详见附录表 A-2。

另外，结合中国大学生学习与发展追踪研究调查问卷 B 部分的学生背景信息，生成两组学生背景变量，为后续的不同群体学生比较等定量分析做准备。第一组是人口变量，反应学生的人口特征和家庭背景情况，具体包括：性别；进入大学前的户口类型，包括农业户口和非农业户口两类；社会经济地位指数（Socioeconomic Index，SEI）分组，根据学生家庭所在地的行政级别（包括农村、镇区、县城、地级城市、省会城市、直辖市）、父母职业（企事业单位高层、企事业单位中层、高级技术人员、中低级技术人员、商人、服务办事人员、体力劳动者）和受教育年限（未受正式教育：0 年，小学：6 年，初中：9 年，高中/中专/技校/职高：12 年，成人高等教育：14 年，普通大学专科：15 年，普通大学本科：16 年，硕士：19 年，博士：22 年），使用主成分分析法计算各学生样本 SEI 并进行由高到低排序，将位于前 25% 的学生定义为高地位组、位于 25%~50% 的学生定义为中高地位组、位于 50%~75% 的学生定义为中低地位组、位于后 25% 的学生定义为低地位组。

第二组是高等教育变量，反应学生的高等教育基本信息，具体包括：年级，共分为大一至大四四个年级。对于本科五年制的专业，将原

---

① 测谎题具体为"本学年，你的任课教师是否做到了以下方面？——给作业/测试提供及时的反馈"与"你是否同意以下关于你所学课程的描述——教师及时反馈作业/测试情况"。

本的大三和大四年级合并为大三年级，将原本的五年级作为大四年级处理；学科，按照学生的专业学科类别将其分为人文类、社科类、理学类和工学类四类①；院校类型，院校类型分为 985 院校、211 院校、普通本科院校；院校所在地区，按照国家统计局（2011）的相关划分规定②，依据院校所在的省级行政单位，将院校所在地区分为东部、中部及东北、西部三大区域。

3.3　质性方面的准备与步骤

3.3.1　访谈对象的选取

本研究中，我们的研究对象选取已在大学学习超过 2 年的高年级学生。之所以选择这个群体，是因为他们已在所属学校学习生活较长时间，对院校给予的支持有较为全面的认识和切身的体验，因而能够更为真实、全面地反馈院校支持的构成与影响。为保证样本的代表性，研究基于 2018 年中国大学生学习与发展追踪研究调查样本，选取了不同地区、不同类型的 6 所院校，具体包含：A 院校是我国华东地区的公办地方本科院校，B 院校为我国西南地区的 985 院校，C 院校是我国华南地区的 211 院校，D 院校为我国西南地区的 211 院校，E 院校是我国华东地区的 211 院校，F 院校是我国西北地区的民办地方本科院校。从 6 所院校的高年级学生样本③中，每所院校随机抽取 3 名男生、3 名女生，

---

① 人文类具体包括文学、哲学、艺术学、历史学专业，社科类具体包括管理学、经济学、教育学、法学专业，理学类包括理学、医学、农学专业，工学类具体包括工学专业。调查未涉及军事学专业。

② 东部地区包括的 10 个省级行政单位为北京、天津、上海、河北、江苏、山东、浙江、福建、广东、海南。中部及东北地区包括的 9 个省级行政单位为湖北、湖南、江西、安徽、河南、山西、辽宁、吉林、黑龙江。西部地区包括的 12 个省级行政单位为广西、云南、贵州、西藏、新疆、甘肃、青海、内蒙古、陕西、宁夏、重庆、四川。

③ 2018 年中国大学生学习与发展追踪研究调查抽样始于 2018 年 3 月并于当年 5 月开展问卷调查，本研究访谈进行时间为 2019 年 9 中旬至 10 月底。故本研究访谈的高年级学生为 2018 年调查中的大一、大二年级学生，2019 年 9 中旬至 10 月底时其年级分别为大三、大四。

最终选取来自 29 个专业，涉及法学、工学、管理学、教育学、经济学、理学、历史学、文学、医学、艺术学 10 学科的 36 名高年级同学作为访谈对象。

3.3.2 访谈提纲

在开始正式访谈之前，笔者根据本研究的研究目的及研究内容设计了一个初步的访谈提纲。在进行试访谈时，笔者切身体会并认识到访谈并非一个提问、另一个回答的简单的过程，机械的问答常常并不能深入了解院校对学生的支持情况，并不能使学生的真情得以流露，访谈提纲更多是提供一个框架、一种指引。为此，在试访谈过程中，笔者对访谈的内容和程序进行灵活调整，让访谈的过程成为一种沟通和一种合作，并决定正式访谈采用半结构式访谈。与试访谈对象的谈话也给了笔者不少的启示，让笔者积累了更多的经验，访谈提纲也随着试访谈的进行而不断进行调整，力求访谈问题通俗易懂的同时达到收获实质内容的目的。

经过几次试访谈之后，笔者编制了半结构式访谈提纲，具体内容如下。

1. 归纳起来，您觉得学校对您的支持可以分为哪些方面？

2. 大学期间，学校的这些支持对您有何影响，能具体举个例子吗？

3. 回想起来，学校的这些支持对您产生影响的过程中，有哪些关键的中间或者相关因素？

4. 就个人来看，您觉得学校对学生的支持还存在哪些不足或者需要改进之处？

具体来说，问题 1 通过访谈考查学生感受到的院校支持的构成，主要了解学生进入大学后感受到的院校支持的内容与组成；问题 2~4 关注学生对本校提供的院校支持的实际体验，主要包含院校支持对学生的影响、影响过程和目前院校支持的不足之处。

本研究采用的半结构式访谈，在保证获得所需信息的同时又能保持交流的流畅性。虽然访谈提纲列出的问题为访谈定了中心，但在真正的访谈过程中，访谈的问题仍然是调整变化的。例如访谈时学生在谈及所在院校对自己的支持内容时，自然而然地谈起了院校对其支持的不足，笔者将跳过以上问题 2、3，顺着访谈对象的回复进行问题 4 的访谈，甚至也可能远远超越提纲的内容，后续再补上问题 2、3 的访谈，以求更深入和真实地掌握学生的实际体验。另外，对于防备心较强、担心访谈会影响自身或学校的学生，笔者会通过预热式的交谈问候，再次自我介绍并强调研究对被访谈者个人信息的保密严格性，消除学生的防备或抵触情绪。而对态度认真、清晰了解访谈内容与目的的学生，则可以省去这种预热过程，直奔主题。此外，在访谈中笔者还使用了一系列适应性问题，基于当时的情境和脉络，引导学生进行具体介绍或解释，并依据访谈本身具体情况来探究、重组了问题。在对学生进行访谈时，常常也会结合被访谈学生的体验反馈或谈及院校的一些支持措施时，提出超出访谈提纲的具体问题，以倾听其深入的想法。秉承如此"聊天式"的访谈方式，这种具有核心主题的深入式访谈有助于笔者真正走进受访者的内心，找到一些无法直接观察或被忽略的院校支持内容与情况，更好地挖掘院校支持对学生的学习发展所产生的影响，进一步贯彻和体现访谈者与访谈对象双方对研究内容的共同建构性。

3.3.3　分析工具

本研究使用计算机辅助质性分析软件 NVivo 11 作为编码与分析的工具。NVivo 软件由澳大利亚的 QSR 公司（Qualitative Solutions and Research Pty Ltd.，定性解决方案和研究有限公司）于 1999 年推出，发展到现在已经更新到第十二版。它是一款能对文本、图片、图像和影音等多种形式资料进行处理的软件，功能强大，该软件旨在将定性材料尽可能地进行量化处理分析，是当前最常使用的计算机辅助质性分析软件（刘世闵等，2017）。

3.3.4　具体步骤

（1）访谈邀请。本研究通过邮件和短信两种方式邀请被访谈对象。在中国大学生学习与发展追踪研究调查问卷中，学生样本留下了个人的邮箱和手机号，研究据此发予邀请信邀请学生参加访谈。邀请信中详细介绍了访谈的目的和内容，并告知被邀请对象其个人信息我们将严格保密，只用于学术研究分析，以帮助学生了解研究、消除顾虑。另外，邀请信起始部分将解释获得其邮箱和手机号的途径，在文中将告知访谈大概需要的时间、后续具体访谈的方式，并与访谈对象确定是否接受调查、约定具体访谈时间，给予被邀请对象充分的知情权和自主权，以减小对学生的压迫感。最后，邀请信告知被访谈对象，访谈结束后将送予小礼物以表示感谢，以提高学生的参与积极性和体验舒适程度。对于在约定时间内未回复或回复拒绝访谈的样本，研究将再抽取随机样本给予替代，直到被抽取随机样本愿意接受访谈为止。具体邀请信全文见附录 B。

（2）访谈。由于与被访谈对象地理距离远且学生具体情况多样，对他们进行面对面访谈难度较大且可行性较低。为保证访谈质量与时效性，本研究采取电话访谈结合电子邮件的形式进行。具体来说，36 名高年级学生进行的访谈中，10 名授受了电话访谈，26 名接受了邮件访谈。电话访谈 10 名学生的时间合计为 262 分钟，其中最短的有 16 分钟，最长的有 36 分钟；邮件访谈 26 名学生的往来邮件共 191 封，其中最少的有 4 封，最多的有 12 封。在电话访谈时笔者都会再次介绍研究的目的与内容，依据学生的反馈，讲解学生对问题的疑惑之处，确保学生理解问题，并声明研究过程的匿名性和保密性，随后开始访谈。在邮件访谈时，笔者会在邮件中多次介绍研究的目的与内容，表示可对不清楚的问题进行解答，并告知访谈对象可以随时对问题回答进行补充。对于学生回复中不清晰、不够深入具体的内容或有意思的点，笔者将继续询问了解，如此反复。特别的，如果学生的回复应付或随意，则会重新随机抽取学生样本给予替换。另外，电话访谈在征得访谈对象同意的情况下对访谈内容进行录音。被访谈学生未同意录音的，则在访谈时迅速记下其回答，并在访谈后段时间让被访谈学生重复其回答，以进一步确认，保证内容的完整性和准确性。访谈自 2019 年 9 月中旬开始，于 10 月下旬完毕，共历时近 1.5 个月。

（3）转录。访谈资料的转录工作方面，录音转录要求转录资料逐字逐句完全忠实于录音，邮件转录要求转录资料每句每字完全与样本的回复文本一致，以保证研究的信度。转录完毕之后，最终获得 36 份访谈文本，共计 48824 字。在整理访谈资料的过程中，笔者将每一份访谈文本进行了编号，编号信息具体包括两方面的内容：院校代码和学生序号，如编号 A01 中，A 表示该学生就读于 A 院校，01 表明他是该院校的序号为 01 的受访者。特别的，学生序号 01~03 为男生，04~06 为女生。

（4）编码。第一步：导入文件。首先将 36 份访谈文本多遍认真阅读，使文本内容熟记于脑中以对概况形成初步的把握。随后，将 36 份文件导入 NVivo 11 中进行统一的材料管理。第二步：将文本资料进行编码。编码是访谈研究过程中最为重要的步骤之一。本研究编码基于扎根理论（Grounded Theory）进行。扎根理论由格拉斯（Glaser）与斯特劳斯（Strauss）于 1967 年提出，主要用于从经验资料的基础上构建理论。研究者在研究开始之前一般没有理论假设，而直接从原始资料中归纳出命题与概念，然后上升为理论，是一种自下而上构建理论的方法，即在系统收集相关资料的基础上，探寻反映社会现象的核心概念，然后在这些概念之间构建起联系而形成理论（陈向明，2000）。为此，本研究的编码思路为"从细处着手"，根据需要创建节点，之后再合并节点并将其分组，形成相关的类别。具体来说：一级编码，即开放式登录，即从相关资料中发现概念类属，对类属加以命名，并确定类属的属性与维度，随后对研究现象加以命名和类属化；二级编码，又称关联式登录或轴心登录，其主要任务是发现并构建概念类属之间的各种联系，以体现资料中各部分之间的有机联系（陈向明，2000）。

NVivo 11 中，一级编码形成自由节点（Free Nodes），二级编码形成树节点（Tree Nodes）。软件将统计各个节点的材料来源数和参考点数。材料来源数即包含该节点的访谈文本的数量，参考点指该节点在访谈文本中总共出现的次数。本研究中，树节点位于从属关系的最顶层，其编码材料来源数与参考点数为其下属自由节点对应数值之和。

第 4 章
院校支持概念溯源与辨析

4.1 院校支持概念的溯源

4.1.1 概念的来源

通过文献梳理可以发现，院校支持概念在其逐步显现和受学者关注的过程中，主要来源或得力于以下两方面：一是教育学领域院校影响（The Impact of College）的相关研究，二是社会学领域的社会支持（Social Support）概念及其相关研究。

院校影响相关研究方面，早在 20 世纪 20 年代中期，美国学者就开始关注大学对学生的影响并展开相关研究。Feldman 等（1969）指出在 20 世纪 20 年代中期至 60 年代中期，全美共有 1500 余项有关院校影响学生发展的实证研究，研究中的影响因素包含院校类型、学生专业、学生文化、师生互动、学生住宿情况、学生个人背景等方面。这些研究已经涉及院校支持的有关内容，并且随着研究成果的累积和研究的深入，研究者在总结院校影响规律的同时，将研究视角逐渐从较为宽泛的院校影响聚焦到院校支持对学生的影响。1967 年，Sanford 提出学生的变化或发展需要满足"挑战、应对变化的准备、支持"三大条件，其中支持指要实现学生的发展和成长，院校需要给予学生相应支持，让学生能够应对智力性或情感性挑战，平衡学生所面临的挑战（特伦兹尼等，2018）。另外，1970 年 Astin 提出第一个院校影响模型：I-E-O 模型，将学校里的人群、政策、文化、就读专业、学生的在校经历、住宿等因素都放入环境变量（Environment）变量中加以探讨；1985 年 Pascarella 构建了大学生发展的综合因果模型，将环境分解为院校的组织结构特征（Structural/Organizational Characteristics of Institutions）和校园环境（Institutional Environment），其中校园环境具体包括大学文化、课程、政策等（Pascarella et al.，2005），将学校的组织结构特征从校园环境中提取出去；2006 年 Tinto 建构了学生成功的院校行动模型（Tinto et al.，2006），模型中特别提出院校支持（Support）因素，从校园环境进一步聚焦到院校支持。院校影响相关研究逐步提炼出了大学影响学生的真正内核——院校支持（见图 4-1）。

社会支持概念及其相关研究方面，20 世纪 70 年代，社会支持作为一个专业术语被正式提出，随后社会支持概念被心理学、医学、社会学、经济学、法学等众多学科引入和使用（周林刚等，2005）。至 20 世纪 80 年代，社会支持的理论研究与实务运用进入一个繁荣阶段（倪赤丹，2013），发展十分迅速。House 等人最早对社会支持、社会关系、社会网络等一系列概念之间的内在联系进行了梳理与辨别（赵凤，2018）。1981 年，House 指出按照来源，社会支持主要包括家庭支持、学校支持以及同辈群体支持等（House，1981）。不少院校支持的相关研究，特别是早期的研究，也直接使用或援引社会支持概念（Torsheim et al.，2001；Rodríguez et al.，2017；邹国振，2005；葛晓宇，2011；石磊，2013），并未将院校支持与社会支持加以严格区分。院校支持是社会支持在学校这一具体场景中的衍化，并具有独特性。随着后期相关研究的推进，院校支持概念日益突出并成为教育学领域研究的热点。

4.1.2 概念提出和发展的深层原因

与院校影响、社会支持等相关或相似概念相比，院校支持概念具有

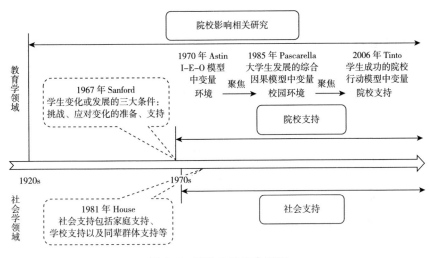

图 4-1　院校支持概念溯源

独特的内涵，因此被学者提出并为学术界所关注且逐步发展。但从更深的层次来看，院校支持概念被提出并获得发展的原因可以归结为学生和院校两个方面。

从学生层面来看，在高等教育阶段学生自主性的提升是院校支持概念提出和发展的基础。一般来说大学生已至 18 岁成年，依据 Jean Piaget 的认知与道德发展阶段理论，其在认知上已达到形式运算阶段（12~15 岁），道德发展已抵达自律阶段（10~12 岁）。其不仅具有假设演绎思维，还能够进行一切科学技术所需要的一些最基本运算，且道德发展已由从他律转入自律。在高等教育阶段，学生的认知与道德发展已趋于成熟。作为学生所需资源或条件的提供者，院校应给予相应支持以帮助学生成长，但也不可忽视学生的自主能力而全面介入或安排乃至主导学生的学习与发展。

此外，在现代教育中的高等教育阶段，学生独立学习的时间及自主选择的余地增多，相比之前的教育阶段，本科生对自身学习发展具有更强的自主性，院校客观上位于学生学习发展支持者的位置。具体来说，首先是课堂教学中教师讲授时间减少，学生自由支配的时间增多。课堂教学中，教师不仅讲授特定方面或教材里的内容，而且会通过布置各种参考书阅读任务让学生课后自学。对知识点的消化、吸收、巩固等各个环节也主要靠学生在课堂外独立完成。大学生自由支配的时间增多，需要学生自己统筹规划时间，合理安排自己的学习与发展计划，选择和构建适合自己的学习方法和发展路径，以获得较高的学习效益与提升。其次，虽然大学仍设置了学分选修、课外活动等限制或要求，但学生的选择余地很大。院校对大学生的学习内容也不加限制，通过开设多种多样、内容丰富的必修课和选修课供学生选择，鼓励学生广泛涉猎各类知识，引导学生进行独立的知识学习和自主的规划发展。

总而言之，从学生个体来看，处于高等教育阶段的学生的认知能力已趋于成熟，自身学习与发展的自主性也大大增强。因此院校应然并实然位于学生学习与发展的支持者的位置，需要为学生提供所需资源或条件以辅助学生的学习与发展。而院校支持概念将院校作为学生学习与发展的支持者，突出大学生学习发展的学生自主性和院校教学管理的辅助性，符合高等教育阶段学生成长的规律和高等教育的客观实践，具有良好的理论及实践适切性。高等教育阶段学生自主性的提升为院校作为其学习与发展的支持者提供了基本条件，是院校支持概念提出和发展的坚实基础。

从院校层面来看，高等教育院校管理理念的演进为院校支持概念的提出和发展提供了土壤。随着时代与高等教育的变化和发展，高等教育院校管理理念日渐由科学管理向人文管理转化。19世纪末，"科学管理之父"Frederick Winslow Taylor系统地将科学方法引入管理实践，其创立的科学管理理论和方法被尊称为"泰勒制"并迅速在美国以及西欧国家流行。"泰勒制"直接推动了科学管理运动的兴起和社会生产力的提高，并对以后的管理理论的发展产生了深刻的影响（张永忠，2004）。在市场经济条件下，院校培养的人才要接受市场检验，院校之间在生源、师资、资源等方面的竞争也日趋激烈。另外，高等教育大众化时代的到来使院校的学生规模快速增长。为保证院校在竞争中立于不败之地，院校积极适应社会经济发展需要的同时，不断提高人才培养质量与资源利用效率。而科学管理以最优化、标准化、数量化为特征并以提高效率为目的，契合了时代与院校的需求，因此科学管理理念在院校管理过程中逐渐渗透和深入，但其局限和弊端也日益显现。

在科学管理理念下，院校重视学生理性的养成和学生工具性价值的实现，其对学生的管理表现为以管住学生为目的、以量化考评为特色、以制度建设为手段、以唯管理为倾向。这种管理不利于学生创新能力的培养、不利于学生个性发展、不利于学生主体性的发挥（厉爱民，2004）。另外，科学管理理念影响下的院校科研理念异化、体制僵化，考核评价急功近利（余应鸿，2014）。不少学者对科学管理理念引发的院校管理反客为主、管理僵化、不利于学生成长等问题进行了批判。如谢维和（2000）对班级活动中的管理主义倾向进行了批判，分析了其形成原因及消极影响，并以我国基础教育"小班化"教学改革为例，说明克服管理主义倾向的重要性。陈桂生（2002，2003）在其论文中对班级管理中的不民主现象进行了批评，呼吁在管理过程中"把学生组织还给学生"，以体现学生的主体性、自主性、参与性和民主性等。

大学是一个育人的场所，人才培养是其基本职能，因此院校管理与工厂企业、政府机关等机构的管理不同，它必须根据院校固有的职能和特点来管理，而非过分的谋求科学管理并一味将效率作为衡量标准。院校应在管理活动中坚持以人为本，树立管理即教育、管理即促进学生发展的观念，并以此来组织学生的院校生活、衡量学校管理的成败得失（黄济等，1996）。院校管理过程应与院校教育过程相结合，使院校管理工作的每一步都朝着有利于促进受教育者健康成长的方向发展，体现其教育性，以实现管理育人（王道俊等，2009）。为此，近年来人文取向的院校管理为教育界所呼吁与探寻，并已初现端倪（陈桂生，2003；厉爱民，2004；余应鸿，2014）。院校管理理念日渐由科学管理理念向人文管理理念转化。

需要指出的是，人文管理理念的基础是当代人文主义，而非片面强调人和非理性的近代人文主义。与传统人文主义片面反对科学与理性不同，当代人文主义尊重但不迷信科学与理性，并相信通过正确的价值观导向，可以将科技成果引至增进人类幸福的轨道上来。当代人文精神的"敌人"是片面发展的科学技术、机器工业和物质文明及其对人性的压抑（杜时忠，1999）。时至今日，人文取向思潮的出现是现代社会顺利而健康地走向全球化、信息化社会的需要（魏湘云，2000）。在人文管理理念影响下，院校对学生的管理以促进学生发展为出发点及归宿，是尊重学生、理解学生、发挥学生主体性的人性化管理，其主要特色则是以促进学生发展为目的、以民主平等为特色、以非强制的方法为手段、以教育属性为倾向（厉爱民，2004）。

人文管理理念在院校管理中首先具体体现为"管理即服务"思想的形成。在现代社会，"管理即服务"的思想逐渐成为一种被大众普遍接受的价值追求和理想目标。由科学管理的管制走向人文管理服务，这种变化在企业管理领域体现得尤为明显。而后，随着这一管理思想的普及，"学校管理就是服务"的观点在教育管理领域也应运而生。尽管学校管理工作错综复杂、千头万绪，但实质是为学校的教育、教学的有效运行创造良好的环境和条件，其本质就是为师生服务。"管理即服务"意味着管理者要满足师生员工的需求，包括满足学生的身心健康发展需要（王道俊等，2009）。

人文管理理念在院校管理中还具体表现为"以学生为中心"观念的兴起。"以学生为中心"的观念源于美国教育家和心理学家 John Dewey 的"以儿童为中心"的观念。20 世纪中期，美国学者提出"以学生为中心"的本科教育理念，引发了本科教育教学管理的一系列变革。1998 年联合国教科文组织在首届世界高等教育大会上指出"高等教育要转向'以学生为中心'的新视角与新模式"，要求高等教育决策者将学生及其需求作为关注的重点，把学生看作教育改革的主要参与者，并预测"以学生为中心"的新理念必会对 21 世纪的世界高等教育产生深远的影响（刘献君，2012）。"以学生为中心"的观念重视激发学生自主探寻知识答案，鼓励学生去发现问题、解决问题，并形成学习结果；强调院校围绕培养目标和全体学生学习发展需求进行资源配置和教学安排。对高等教育院校而言，"以学生为中心"的观念具有两层含义：一是院校不应完全以自己的意愿"裁剪"学生，而应充分尊重学生个体的差异，因材施教，激发学生潜力和释放学生优势；二是院校有责任将学生个体引导、培养成为符合个人目标和社会需求的有用人才，而非放任其随意发展。

总结来说，从院校层面来看，高等教育阶段院校管理的理念日渐由科学管理向人文管理转化。院校管理由管制走向服务，由以效率为中心转向以学生为中心。人文管理理念下院校对学生的管理以促进学生发展为出发点及归宿，强调尊重学生、理解学生，并使学生发挥主体性。院校角色由传统的约束者向服务者转变。而院校支持概念将院校视为学生学习与发展的支持者，突出以学生为中心和院校对学生学习与发展的服务与支持功能，契合院校人文管理理念，是人文管理理念的直观体现。学生自主性的提升和院校管理理念的演进使得院校支持概念有了提出和发展的基础。

4.1.3　已有研究对概念的定义

目前，学界对院校支持还未形成明确统一的定义，现有界定多为描述性定义，并随研究内容或对象的不同而存在差异，更多学者关注的是院校支持的内部构成。McInnis 等（2000）在澳大利亚大学生第一学年经历报告中，将院校支持具体分为学生照顾、经济援助、精神关怀、英语支援、心理辅导、健康服务、图书馆支持服务、就业服务、学习技能支援、学生会俱乐部、体育设施及餐饮服务；Tinto 等（2006）认为院校支持是院校为促进学生成功而提供的学术支持（Academic Support）、社交支持（Social Support）和一定程度上的经济支持（Financial Support）；Dhillon 等（2006）将院校支持服务定义为院校为满足学生个人生活和学习需求而做的相关工作，包括但不限于就业服务、经济援助、心理辅导、卫生服务、图书馆支持服务、体育及生活辅导等。国内方面，应金柱（2016）把学校支持定义为高校为满足学生德智体美劳的全面发展需求以及为实现学校发展目标，提供的学习支持、社交支持、学业资助和基本设施支持，其中学习支持分为专业课程支持和教师教学支持，基本设施支持分为学习设施支持和生活设施支持；余江民（2016）认为学校支持指学校通过营造环境、配置资源、制定培养方案、组织教学、开展活动、班级管理等方式，以促进学生学习、发展为目的的动态过程。如前文所述，中文中"学校"与"院校"两者都被用来指代各种教育教学机构，但"院校"多用来指代大学、学院等属于高等教育体系的学校。不少国内学者在其高等教育研究中使用"学校支持"这一表述（如上文中应金柱及余江民），本书认为使用"院校支持"更为准确，以区别基础教育中的学校支持。但为保持引文与原文表述相同，本文中未对其表述进行更改，下文同此处理方法。

相比以上针对全体大学生的院校支持概念的定义，国内更多研究集中于对个别特殊群体的某一方面的院校支持。如在特殊群体教育领域，王晶（2010）将对视障大学生支持性服务定义为有利于残疾大学生获得成功的一切帮助；靳敬坤和于松梅（2012）把对随班就读生的学校支持定义为学校对特殊儿童的特殊需求的服务，为其顺利进入随读班级的学习给予的各类服务；李彦群（2013）将残疾人高等教育学校支持定义为大学对残障同学从入校到毕业及就业全过程给予的各类服务和福利。在教师职业发展的学校支持领域，李一卓（2009）将对教师心理健康的学校支持系统分为自助体系和他助体系，他助体系又分为预防系统、诊断系统、干预系统、反馈系统。在大学生就业的学校支持领域，陈学军等（2010）把学校支持感定义为学生在就业过程中，主观上体验到的学校尊重、支持和理解自己的情绪体验和满意程度；葛晓宇（2011）将学校支持定义为学生感受到的来自学校、老师通过各种途径给予的指导和帮助。

总的来说，学者们对院校支持概念的定义可以分为两类，一类侧重客观事实，强调具体为学生提供的关心、资源和服务等支持，更多提及的是物质方面的支持，比如 Tinto、余江民等对院校支持的定义；而另一类更侧重主观感受，突出被支持者对院校支持的感知或主观体验，例如葛晓宇等对院校支持的定义。可见院校支持的内涵具有丰富性和主客观差异性，而且国内对普通本科教育中院校支持的研究与分析较为缺乏，普通本科教育中的院校支持的定义尚待进一步总结。因此，基于对院校支持概念的溯源，为进一步明晰院校支持概念，下文将对院校支持与院校影响、社会支持、学生支持服务等相关或相似概念进行对比辨析，总结院校支持的特征，进而提出对我国本科教育中院校支持这一概念进行定义。

4.2　院校支持概念的辨析

4.2.1　与院校影响的概念辨析

院校影响（The Impact of College）即大学对学生的影响，是众多高等教育研究者关注的话题，其研究最早起源并主要聚集于位于全球高等教育高地的美国，且研究成果丰富。通过对美国相关研究的梳理可以发现，从 20 世纪 20 年代中期至今，院校影响研究大致经历了以下三个阶段。第一阶段：20 世纪 20 年代中期至 60 年代中期的起步阶段。这一时期的研究较为零散，往往聚焦于某一具体问题或特定方面，并未形成对院校影响的系统研究。第二阶段：20 世纪 60 年代中期至 90 年代的发展阶段。随着美国高等教育的快速大众化和美国本科教育质量信任危机的暴发以及教育公平问题的日益凸显，高等教育机构亟须向学校董事会、政府、纳税人以及学生和家长，就"学生从大学四年的经历中能收获什么？大学将使用怎样的举措来推动学生的发展和加强对学生的影响以提高大学的教育质量？又将如何保障弱势群体的教育机会均等？"等问题做出回答，因而院校影响研究的需求剧增，研究成果日渐丰富并日趋具有系统性。1969 年，Feldman 和 Newcomb 揭开了系统研究大学对学生的影响的序幕。他们的《大学对学生的影响》（*The Impact of College on Students*）一书整理并评论了此前 40 多年来美国 1500 多项针对大学对学生的影响的研究（Pascarella，2006）。这一时期具有代表性的学者及相关作品还有 Astin 的《关键的四年》（*Four Critical Years*）、Bowen 的《投资于学习：美国高等教育的个人与社会价值》（*Investment in Learning：The Individual And Social Value of American Higher Education*）和 Pace 的《测量大学的产出：五十年的发现和对未来的建议》（*Measuring Outcomes of College：Fifty Years of Finds and Recommendations for the Future*）等。这一时期的研究将大学对学生的影响的经验性知识和理论主张进行了综合，探索了上大学者与未上大学者间的差异，初步形成了大学对学生的影响研究的系统资料。第三阶段：20 世纪 90 年代至今的深入阶段。随着问卷调查法的普及和数据统计分析技术的发展和广泛运用，研究者通过更为规范的研究设计及数据分析处理，不断地收集最新的数据资料，拓展和更新已有的研究结果。如 Astin 对其《关键的四年》进行了修订，推出《大学里什么最重要："关键的四年"修订》（*What Matters In College：Four Critical Years Revised*）；Pascarella 和 Terenzini 在其出版的《大学如何影响学生：二十年研究的发现与感悟》（*How College Affects Students：The Discovery And Realization of Twenty Years' Study*）的基础上，出版《大学如何影响学生：一项研究的第三个十年》（*How College Affects Students：A Third Decade of Research*）。后续又由 Mayhew、Rockenbach 等接过接力棒，出版《大学如何影响学生：21 世纪高等教育有效的证据》（*How College Affects Students：21st Century Evidence That Higher Education Works*）。总的来说，这一时期的院校影响研究涉及内容更为广泛而系统，对相关研究及发现进行了整理更新和精确分析，并通过对相关研究的周期性盘点确定目前研究所处位置和未来走向，将大学对学生的影响研究进一步引向深入。

　　另外，1973 年 Jöreskog 提出的最大概似参数估计的结构方程模型及发展出的 LISREL 软件将研究带入结构方程模型时代。同时越来越多的研究者开始采用结构方程模型寻找多个变量之间的关系或因果路径，查看各种因素对学生发展产生的直接或间接影响，探寻学生与院校环境之间的互动关系。

　　通过对院校影响相关研究的梳理，我们发现院校影响关注学校的类型、规模等院校特征和学生在校经历等诸多方面对学生的影响，涉及内容广泛。对于大学生而言，院校影响无处不在。另外，院校影响并没有明确的指向性，客观上说对学生具有积极影响的同时也存在消极影响。如有院校影响研究发现两种受到消极影响而产生的大学教师类型：以研究为取向的教师和以学生为中心取向的教师。以研究为取向的教师会对学生的发展产生一系列重大影响，学生对该大学里教师和教学质量的满意度、学生领导能力和个体交际能力的发展、学士学位的获取都与此种教师的影响呈负相关（Astin，1993b）。周廷勇、周作宇指出学校环境对大学生发展的影响并非无足轻重，它一般通过学生个体层面的变量对学生发展产生积极的或负向的影响（周廷勇等，2012）。对比来看，院校支持是院校影响最重要、最核心且最具有教育研究意义的组成部分，不同于较为泛化的院校影响，其由院校有意提供或营造，并具有明确的辅助、培养学生成长发展的目的性和可调整等特点。院校支持不包含院校的非支持性因素，如院校客观属性（院校类型、规模等）等与人才培养无直接相关或一般情况下不可改变的因素，又如给予学生过高的学业要求或挑战，或要挟强迫学生上流水线实习等对学生学习发展不具有支持作用甚至具有阻碍作用的、不具有积极意义的行为。院校支持概念的提出，进一步聚焦了院校影响概念，是院校影响研究日渐深入的产物。相比于院校影响，院校支持概念体现了院校的能动性，强调了院校的人才培养功能，有利于进一步推动深化院校影响研究的深化，有利于院校人才培养工作的改善，更具有实践意义和理论价值。

4.2.2　与社会支持的概念辨析

社会支持（Social Support）概念的提出年代与院校支持相近且发展更为迅速，是院校支持研究发展的重要助力之一，早期院校支持相关研究中常常直接使用或援引社会支持概念（Torsheim et al.，2001；Rodríguez et al.，2017；邹国振，2005；葛晓宇，2011；石磊，2013），但是二者既有联系又有区别，有必要对这两个概念进行辨析。社会支持是心理学、医学、社会学、经济学、法学等众多学科关注的一个多维复杂概念，指来自个人之外的各种支持的总称（林顺利等，2010）。20 世纪 70 年代，精神病学文献中引入了社会支持这一概念，自此社会支持作为一个科学的专业术语被正式提出。此后，社会学家、社会精神病学家、流行病学家、心理学家等都从各自的理论视角出发阐释社会支持的内涵，至今没有一个对社会支持的统一定义（周林刚等，2005）。

对社会支持的定义可以分为两种，一种为侧重客观事实的定义，表示从个体或组织中获得例如一些物质支持等看得见、摸得着的帮助。这种支持不以个人的主观感受为转移，而是客观存在的。如 Cullen 指出社会支持是个体从社区、社会网络或从亲戚朋友那里获得的物质和精神帮助。陈成文认为社会支持是一定的社会网络运用一定的物资和精神手段，对社会弱者进行无偿帮助的一种选择性社会行为（陈成文，2000）。施建锋等人认为社会支持指当某人有需要时，获得的他人的同情和资源支持（施建锋等，2003）。李宁宁和苗国认为社会支持是个体为应对工作、生活中的问题与危机，从他人或社会网络中获得的一般或特定的支持性资源（李宁宁等，2011）。另外一种则是强调主观感受的定义，指在实际生活中被他人尊重、认可、接纳等的主观评价和直接感受，其与个人的主观认知有较大关系。如 Cobb 认为社会支持是一种信息，这种信息可以使人们确信自己是有价值的、被关爱的、受欢迎的人，或者让人们确信他们已经处在一个互相帮助的社会关系里。Sarason 等指出社会支持是可以让个体感受到被接受、尊重、关爱、受帮助的一种关系。Pierce 等将社会支持定义为被支持者所觉察到的来自重要他人或其他群体的尊重、关爱和帮助。

对比社会支持与院校支持的定义，我们可以发现院校支持与社会支持有着紧密的联系和相同的定义倾向。应该说院校支持是社会支持在学校这一具体场景的衍化，并具有自身的独特性。它们的来源范围不同，社会支持的来源更广，包括家属、学校、政府等，而院校支持来源于更为具体的大学院校。而且社会学视角下社会支持的对象通常是弱势群体（如城市外来流动人口、下岗工人、农村留守儿童、残疾人等），如有关研究认为"社会支持是指各种社会形态对社会弱势群体即社会生活有困难者所提供的无偿救助和服务"（管向梅，2006），"社会支持是一定社会网络运用一定的物质和精神手段对社会弱者进行无偿帮助的一种选择性社会行为"（陈成文等，2000），可见社会支持的主要目的在于帮助弱者，但院校支持的主要对象是校内学生且目的在于育人。总的来说，院校支持与社会支持密切联系的同时具有自身的特色。院校支持概念相比于社会学领域的社会支持概念，将支持的来源具体指向院校的同时，支持的主要对象也由社会弱者转变为院校学生，在教育学领域更为适切而更具有教育研究意义。

4.2.3　与学生支持服务的概念辨析

学生支持服务（Student Support Service）是远程教育领域中的一个重要概念，此概念的提出是远程教育对教育学实践发展和基础理论的一项重大贡献（武丽志等，2008）。学生支持服务概念和思想最早发源于英国开放大学。1978 年，英国开放大学的 Sewart 教授发表文章《远程学习系统对学生的持续关注》，正式提出了"学生支持服务"概念。文中，Sewart 说明了学生支持服务的重要作用，并积极主张远程教育务必重视对学生的服务。Sewart 还探讨了学生支持服务包含的具体内容，他认为学生支持服务包括但不限于：在学习中心举行的班组面授教学，供学生聚集讨论的暑期学校，在学习中心或其他地方进行的个别性学习辅导，院校组织的各类社会活动，辅导教师与咨询人员为学生提供的各类电话咨询，在学习中心提供的各类咨询或答疑，辅导教师与咨询人员提供的各种函授等（李亚婉，2005）。最初 Sewart 对学生支持服务的定义为："远程教育学生支持是一种服务产业，它以满足服务产业中大多数人的利益需求为普遍原则"（Sewart，1978）。1993 年，Sewart 在进一步研究的基础上将学生支持服务界定义为一种手段，通过这种手段，学习者可以充分地利用远程教育机构提供的各项服务。学生支持服务作为其中的中介，能够使用学生的语言向其说明复杂远程教育系统的各种程序与材料（Sewart，1993）。

　　学生支持服务的目的在于帮助、指导与促进学生的自主学习，提升远程学习的效果与质量。至于远程教育中为何会存在学生支持服务，远程教育国际权威学者麦克·穆尔认为，每个远程教育系统都包含若干个子系统，其中一个子系统涉及教学材料的设计、生产、发送；一个子系统则由那些和个别学生进行交互的老师组成，这些老师帮助学生将教学材料转化为自己的知识；还有一个子系统则是管理系统，其管理上述两个子系统的一系列活动。如果各系统整体总是毫无瑕疵，完美运行，那么就不会诞生第四个子系统，即学生支持服务系统。然而不存在一个总能良好运行的系统，于是就需要学生支持服务系统（谌晓芹，2008）。

　　总结来说，学生支持服务在概念名称上与院校支持概念颇为相似，但实质上，学生支持服务的运用情景为线上教育，对象为远程学习者，主要内容为学习方面的支持，且以提升远程学习的效果和质量为目的。院校支持主要发生于现实的校园中，主要对象为校内的学生，主要内容也不局限于在学习方面对学生给予的支持，还包括经济、生活、情感等方面的支持，且目的在于促进被支持对象的全面成长发展。综上，院校支持概念与学生支持服务概念差异明显，其运用情景、主要对象、主要内容均有不同，院校支持更为广泛的存在于目前的院校本科教学实践中，具有更为普遍的教育研究意义。

4.3 本章小结

通过对院校支持概念的溯源和辨析可以发现，院校支持概念主要来源或发展于院校影响相关研究和社会支持概念及其相关研究。高等教育阶段学生自主性的提升和院校管理理念的演进使得院校支持概念有了提出的基础和发展的土壤。院校支持概念将院校作为学生学习发展的支持者，揭示了院校对学生的教育与管理的引导和服务属性，突出了大学生学习与发展的学生自主性、主体性，符合高等教育阶段学生成长的规律和高等教育的客观需要，契合院校人文管理理念，具有良好的理论及实践适切性。

目前学界对院校支持这一概念缺乏明确统一的定义，研究者出于各自学术立场、研究对象和研究目的，或侧重主观感受，或侧重客观内容对其进行描述和界定。另外，国内相关研究对院校支持的定义多集中于部分特定人群或领域，如贫困学生、残疾人大学生、学生就业等，缺乏对普通本科教育中院校支持的研究与分析，普通本科教育中的院校支持的定义尚待进一步探索。

将院校支持与院校影响、社会支持、学生支持服务这些相关或相似的概念进行辨析可知：首先，院校支持是院校影响最重要、最核心且最具有教育研究意义的组成部分。院校影响关注学校的类型、规模等院校特征和学生在校经历等对学生的影响，涉及内容更为广泛而系统，且院校影响并没有明确的指向性。随着院校影响相关研究的累积和深入，教育研究者逐渐提炼并抵达了院校影响学生的真正内核——院校支持。对比来看，不同于较为泛化的院校影响，院校支持指院校有意提供或营造的引导支持，具有明确的育人目的性和可调整改变性等特点。院校支持概念的提出，剔除了院校影响中对学生的非支持性因素，是院校影响研究日渐深入的产物。院校支持概念体现了院校能动性的同时，强调院校的人才培养功能，有利于进一步推动院校影响研究，有利于院校人才培养工作的改善和推进，更具有实践意义和理论价值。其次，院校支持是社会支持在学校这一具体场景的衍化，并具有自身的独特性。社会支持的来源更广，包括家属、学校、政府等，而院校支持来源于更为具体的大学院校。而且社会支持的对象通常是弱势群体，主要目的在于帮助弱者，但院校支持的主要对象是校内学生且目的在于育人。院校支持与社会支持密切联系的同时又具有自身的特点。院校支持因聚焦于校内学生且以育人为目的，在教育学领域更为适切且更具有研究意义。最后，不同于学生支持服务，院校支持主要发生于现实的校园中，主要支持对象为校内的学生，主要内容也不局限于学习方面，还包括经济、生活、情感等各方面的支持，且目的在于促进被支持对象的全面成长发展。院校支持概念与学生支持服务概念差异明显，其运用情景、主要对象、主要内容均有不同，院校支持更为广泛地存在于目前的院校本科教学实践中，具有更为普遍的教育研究意义。

通过以上对院校支持概念的溯源与辨析，结合本研究对象群体及前文关于院校支持的文献综述，本研究从院校支持目的在于人才培养的角度，把我国本科教育中的院校支持定义为：院校为促进本科生全面成长发展，实现自身人才培养职能，为学生营造并被学生体验的各方面支持。

定义指出我国本科教育中院校支持的对象为校内的本科学生；目的在于促进本科生的全面成长发展，实现院校自身的人才培养职能；具体内容包含院校对学生的各方面支持。特别的，该支持应为学生营造并被学生体验。如 Pace 指出学生的学习和发展需要投入时间和努力。时间是量的维度，努力是质的维度。不是所有努力都是有成效、有质量的，学生的努力质量取决于学生感受到以及实际使用到的校园学习条件和生活环境（Pace，1979）。对此笔者十分认同，院校为学生营造的各方面支持如未被学生实际使用，即没有被学生体验，则无法促进学生的成长发展，也就对学生学习发展没有起到支持作用，不属于院校支持。这种相关支持未被学生体验的情况并非停留于推理层面而是真实存在，本研究在对学生的访谈中也发现，不少情况下院校营造的资源设备并未被学生使用。如 B02 同学表示"学校的实验室开放度不够高，很多教授的实验室，很多同学想加入进去，但是教授可能对学生的要求比较高，不会轻易让你了解或参与其中的一些东西"；C05 指出"我一直很想做科研，但是我们学院不公开这类的信息，当同届学生参与的项目都结项了，我才知道有这样的机会"。为此，本文定义明确强调，院校为学生营造的各方面支持只有被学生感受体验，才能对学生成长发展产生支持作用，才是院校支持。

考虑到我国本科教育中院校支持的丰富构成和随着社会发展、时间推移其具体内容的进一步变化发展，定义中对院校支持的具体内容界定较为模糊，这是本定义存在的局限。在此需要指出的是，由前文对院校支持概念的溯源与辨析可知，院校给予学生的教学引导帮助、生活管理服务均属于院校支持的范围，院校支持是院校有意提供或营造的引导支持，具有明确的辅助、培养学生成长发展的目的性和可调整改变性。而院校的非支持因素，如院校客观属性等与人才培养无直接相关或一般情况下不可改变的因素，以及对学生成长发展不具有支持作用甚至具有阻碍作用的、不具有积极意义的内容，则不是院校支持。另外，本研究认为院校支持中"院校"的范围是相对于被支持学生个体而言的，指除被支持学生外的院校其他组成部分。院校在人员组成上包括院校专业教师、辅导员、行政管理人员、同学等，在组织层级上分为校级、学院、系所、班级等，因此，院校的各类人员和不同层级对学生的支持均属于院校支持的范畴。

第 5 章
中国本科教育中院校支持的构成分析

基于上文的分析，本章将对我国本科教育中院校支持的构成进行探索分析。具体来说，首先基于学生访谈资料，通过 NVivo 整理编码，提炼总结院校支持的构成因子，随后使用问卷调查数据，进行严格的因子探索研究，以获得具有良好效度与信度的院校支持的构成因子。

5.1 院校支持构成的质性研究

5.1.1 意义提取

对院校支持构成的相关访谈资料进行编码。如上文所述，本研究中编码方法基于扎根理论（Grounded Theory），即在研究开始之前并没有理论假设，而直接从原始材料中归纳出概念，然后在这些概念之间构建起联系而形成理论（陈向明，2000）。为此，本研究的编码思路为"从细处着手"，根据需要创建节点，之后再合并节点并将其分组，形成相关的类别。具体来说，在一级编码中将访谈学生对"归纳起来，您觉得学校对您的支持可以分为哪些方面？"的回答进行概念提取，从资料中提取院校支持内容，然后对相应内容加以命名形成自由节点。在对访谈资料中学生提及的院校支持内容进行意义提取的过程中，依据具体资料不断调整修正自由节点命名，以在保证提取概念准确代表相应具体内容的同时，确保节点之间相互独立。例如对于院校提供的支持，F05 学生提及学校设立了见习环节。与学生深入交谈中发现见习与实习具体内容类似，同样为让学生低程度的参与具体专业工作，在实践中学习以提高学生知识运用和实践能力。因此创建"实习实践"节点以代表院校为提高学生知识运用和实践能力而给予的支持，而未将"实习"与"见习"独立为自由节点，避免了节点具体内容的重叠。

最后在一级编码中，对访谈学生的回答进行意义提取，共得到 20 个自由节点（Free Nodes），分别是"竞赛经费"、"创新创业"、"奖学金"、"活动讲座"、"交流交换"、"教室场地"、"教务管理"、"课程"、"就业支持"、"老师指导"、"贫困补助"、"人际社交"、"实习实践"、"师资"、"图书资源"、"网络资源"、"学费减免"、"学术科研"、"医食住行"和"仪器设备"。各自由节点的具体材料信息举例如表 5-1 所示。

表 5-1　我国本科教育中院校支持构成的自由节点材料信息

自由节点	材料来源数（份）	参考点数（次）	参考点内容列举
竞赛经费	5	5	我们学校对于学生参加竞赛的大部分花销会予以报销，减轻了学生的压力。（E04） 学校提供了许多参与竞赛的机会，各个学院也有经费支持。（C02）
创新创业	9	11	学校特别重视创新创业，对我们学生有很大的帮助。学校的××校区有一条街是学校专门拨出来用于学生创业的。学生可以按自己的想法在那条街上开店，学校会给你补贴，之前的政策是水电房租全免，学生只需承担运营的费用。学校给你提供场地，只要你的想法足够好，就可以在那里开店。学生可以通过申请、答辩，取得入驻资格。（B02） 学校还有一些创新、创业项目支持，虽然自己没参与，但有所了解，感觉经常有这方面的事情，身边的人有参与。我看我们班就有同学去参加。（C06）
奖学金	7	9	学校设立了很多类奖学金，有入学奖学金、校奖学金等，这对很多学习好的同学表示了肯定和鼓励，同时也激励了学生勤奋学习。（A04） 如果成绩比较好会有奖金，奖金依据情况而具有不同额度。（B04） 学校经常会用奖励或者是减免相关费用的方式鼓励学生多学习，比如，雅思考试取得高分会有奖金奖励。（B06）

自由节点	材料来源数（份）	参考点数（次）	参考点内容列举
教室场地	16	22	学校为我们提供了多种多样的教室，比如说琴房、可模拟讲课的实践室，其他如汉语言专业会有书法室，另外还有音乐教室和舞蹈教室。（A06） 学校专门为我们提供了学习教室、讨论教室等，并且多次对教室等进行改进。（B03） 学校开放运动场篮球场和体育馆供我们使用。（B04） 学校有很多可以学习的地方，给我们提供了可进行小组讨论、个人复习的地方。（F01）
贫困补助	15	22	学校每年会给家庭贫困的学生提供补助，并且会在学校食堂、图书馆等一些部门设立勤工助学岗位，给贫困生提供了很多照顾。（A04） 我是农村出身，家境相对贫寒，家中上学的人口多，曾经一度认为大学这四年上不完。来到大学后，学校每个月给我400元的生活补贴，冬天还有冬衣补助等，让我度过那段"艰难时期"。（B03） 生活上，学校对于家庭贫困的同学给予补助，帮助其完成学业。（D02） 学校在给予学生资助这方面做得特别好。我属于家庭经济困难的学生，就会受到学校许多特别的关照，比如，家庭经济困难的学生可以申请国家助学金，另外我们学校还有一些针对困难学生的帮扶政策，会每个月监测你饭卡的使用情况，如果你饭卡的消费额低于平均值，每个月还会给你发放一定的伙食补贴。另外学校对家庭困难的学生还有追踪调查，会经常记录你的情况，对你有额外的帮助和补贴，比如放假返乡的时候会发路费补贴，冬天还有冬衣补助。（B02） 作为贫困生，每年都会收到学校发放的助学金。（E04） 学校还设置了勤工俭学的岗位，工资为每小时12.5元，你可以利用闲暇的时间去工作。可以做老师的行政助理，可以在卡务大厅给学生办理一些业务等。有的勤工俭学岗位仅限贫困生，只要会一些电脑操作技能就可以，如会使用Word软件。（F05）
图书资源	10	10	图书馆等都免费开放，查阅资料很方便，想什么时候去都可以。（C01） 我经常觉得我是个"亿万富翁"，因为我在大学期间拥有浩如烟海的书籍和论文可以免费阅读。（E03）

续表

自由节点	材料来源数（份）	参考点数（次）	参考点内容列举
网络资源	7	8	用校园网可以打开一些国外学术网站，不用校园网则打不开。另外，学校给我们提供了学生专属邮箱，可以用于注册某些软件的学生版。（C02） 假如我没有上大学，不会有免费的知网论文供我阅读。（E03） 通过登陆本校无线网络，可以在中国知网上查阅很多文献、高清图片等资料。（F01）
学费减免	2	2	学费上的支持，我们是免费师范生，这方面给我们省了很大一笔钱。（A06）
医食住行	13	19	学校食堂还挺多的，口味种类也很多，饭菜物美价廉。学校还有两个小型超市，会有新鲜食品或糕点售卖。基本每层教学楼都有开水间，卫生间纸巾等消耗品更换即时。教室内电脑出现问题可以直接拨打内线电话，基本几分钟内就会有后勤人员上来查看。预约空调检修时，检修人员基本第二天就会上门，宿舍楼下设施够用，有洗衣机、微波炉、插座（电吹风吹头发）、晾衣竿等。（B04） 学校食堂的饭永远是最物美价廉的。（E03） 学校会配发一些学习和日常生活用品，有些东西是不要钱的。（A05） 学校交通很便利，去年学校开通了校内公交，方便了学生。（B01）
仪器设备	11	14	学校为我们的学习提供了先进的教学器材。（B02） 设备购置方面学校给了非常多的资金支持，单反相机、无人机等我可以一直用着。（E01） 学校每个区的教学楼里面都放置了打印机，这对学生来说是比较方便的，直接刷学生证就可以用。（F05）
课程	11	12	学校为我们开设了很多课程，大一、大二的时候主要是一些理论课程，大三的时候就是专业课。（A06） 学校常常为学生提供免费的兴趣培养课，学生可以根据自己的爱好去学习，我就在大二上学期时参加了学校的声乐课。（B06） 学院的体育课课程内容挺丰富，有瑜伽、网球、太极、跆拳道、体育舞蹈等，学生选择范围大。我们自己可以选，自己有这个权利，自己有什么爱好就选哪门课。上课的时间也比较自由，例如这个课程是周一、周二都有课，你就可以选一天来上。课程上还设置了一些游戏让学生参加，促进学生之间的交流。（F05）

自由节点	材料来源数（份）	参考点数（次）	参考点内容列举
师资	10	10	我觉得近几年学校的师资力量在不断加强，最近几年我们学院招来的教师好像都具有博士学历，我们班主任也是，2018 年才从复旦大学获得博士学位，不但担任我们的班主任，也教我们课。（D03） 学校对我的支持首先是教师方面。我们专业教我们的老师好多都是编我们教材的老师，他们真的很优秀。（E02） 学校对我的支持体现在很多方面，如师资力量，老师大多有留学经历。（F01）
老师指导	16	16	老师特别好，知道我们对哪些东西不熟悉，耐心教育我们。（A05） 辅导员还很关心我们学生个人的发展，我们遇到什么困难，就去和老师聊聊天，老师都会给我们解决。（A06） 学习上，有专业老师给予指导。（D02） 老师经常对我们进行思想上的教育，我们经常开班会或者其他的会议。（D06） 电机老师一直在试图改变我们的学习方法，让我们去思考，出现问题时让我们去考虑在工程中的解决办法，而不能局限于课本。上了几节课后，我变了，不再为了解决课本上的问题来做，不再是为了考试。我们在大学中学到的知识是为了让我们解决实际问题，考试也只是为了检测知识的掌握程度。（E02） 大三时学校给我们分配了导师，当时导师提前和我们进行了沟通，帮助我们明确了未来的规划，不管是考研还是工作，导师都给了很大的鼓励，让我对于考研增加了很大的信心。（E04） 学校给我们配有辅导员，实时解决我们的问题，比如生病、宿舍矛盾、个人情感问题等。辅导员帮助我们把问题从大化小、从小化无。（F04）
活动讲座	8	11	刚上大学的时候懵懵懂懂，跟着同学们去听了一些专家的讲座，后来自己也去听了一些其他学院的讲座，感觉还是很有收获。（B04） 学校会邀请知名学者、院士来我校举办讲座，和同学们谈谈他们的故事、经历，凡有机会我都会去听，每次听完都受益匪浅。（E06） 我们院经常会举办有关专业知识的讲座，讲座人有国内的优秀人士，也有国外的大师，我觉得这个很好，让我们能从不同的方面接触和了解更多的专业知识，对我专业知识的学习帮助很大。（F06）

自由节点	材料来源数（份）	参考点数（次）	参考点内容列举
实习实践	15	17	我个人的专业为会计学，学校和不少会计事务所进行合作，为我们提供实习岗位。（C04） 学校给了我们很多实践方面的支持。护理专业属于医学的一类，我们可以进技术实验室，学一些实验室相关基础知识，获得了实践的机会。（C06） 学校在专业实践能力的培养方面给予我们很多的机会，让我们更恰到好处地发挥自己的专业能力，更好地了解体育老师这个身份和责任。（D05） 学校的大学生实践服务中心会不定期地在公众号上发有关志愿者的活动，学校官方公众号、校团委也会宣传，组织一些像"三下乡"这样的活动，去乡村支教，参与实践调研，自己在大一、大二也都参加过这些活动，让自己有机会能够服务于社会，给需要帮助的人带来温暖，实现自己的价值。（E06） 我们专业每个学期都有去见习的机会，就是实践的机会。我们学院的老师帮忙联系的学校有公立幼儿园，也有私立幼儿园，也有一些高档的幼儿园。见习有时是 1 周，有时是 3~5 天。每次都是带着任务去，带着任务回。比如这次见习，你要观察幼儿，如每个年龄阶段的幼儿的情绪、动作等。见习都是提前计划好，让学生做好准备。老师会依据见习调整课时安排。例如金融学院的经济统计专业，在学生大一第二学期的时候，金融院老师就安排学生到机场做调研，做数据分析。大一、大二、大三都可以去见习，每年都有安排。（F05）
交流交换	5	6	大二的暑假，学校为家庭困难的学生争取了免费出国访学的名额，在全校学生中选取了四十多名优秀同学分别赴日本和美国进行访学，我也是其中之一。赴日的访学开阔了我的眼界，让我知道国内外的一些差距，并对未来有了规划。（B06） 虽然我们学校不像 985 高校那么好，但是也会有一些出去交流的项目，我的一个学姐之前去浙江大学交换过，还有一个学姐是去台湾那边的一个大学交换过。交换有一些筛选的门槛，不能挂过科，功课成绩在前 5%，这是一些初级的条件，还有一些别的综合考量。要求比较高，也不是每个专业都有机会，有的比较强的专业有两个名额，有的比较弱的专业可能一个名额都没有。（D03）

续表

自由节点	材料来源数（份）	参考点数（次）	参考点内容列举
教务管理	15	18	别的学校挂科补考需要一定费用，挂科到一定科数会勒令退学，我们学校没有这些规定。学分方面，专业选修学分可以被外专业选修学分替代。学校内学生转专业也比较容易。（B01） 学校经常会用奖励或者是免费的方式鼓励学生多学习，比如，我们学校有一个政策是四六级的高分可以换取大学英语课程的分，申请免修。（B06） 学校对我们设立了培养方案，对我们的专业做了一个比较完善的规划，我们根据这个规划学习 4 年，这个规划有利于我们专业知识基础的学习。培养方案要求我们修的学分大概是160~170 分，给我们开了蛮多的课。（D06）
就业支持	14	14	学校会在秋招时引入许多著名企业，供同学们选择。（B06） 学校给我们未来规划方面给予了很多支持，就是以后要去考什么研究生或者如何就业。从大一开始，老师就会和我们说考研的话要做什么事情，就业的话我们可以做什么事情。也会开朋辈分享会，学院的学生会组织会给我们提供经验参考，用他们的亲身经历和我们分享考研之后会怎么样、工作会怎么样。（C01） 学校有校企合作项目以及校园招聘会。同时每学期都会有就业指导、简历指导等关于实习就业的培训活动。（F03） 学校对我们未来规划给予支持，大三时就给同学们分配了导师，对于我们对未来的选择有很大帮助。（E04）
人际社交	13	16	在学校认识了很多厉害的同学，老师帮助我们拓展知识面，也让人看到没有被时光磨灭的风骨。在与不同的人交流的过程中，我们知道了很多新东西，对某些事情有多样的看法，对某些问题有了更深入的看法。（B04） 高校集结各地优秀学子，给予我们一个相互认识、学习、结交的平台。（B05） 目前能感受到的首先是社交支持挺大的，学校有丰富的社团组织，能使人快速融入其中。（C06） 学校的各个社团组织会举办很多文体活动，让大家在繁忙的学业之余能够丰富业余生活、拓宽视野、结识更多的朋友、增强人际交往能力。（E06）
学术科研	8	10	学校很强调集体研究，做集体项目，给予我们很多支持。（C02） 学校老师会主动邀请我们参加他的课题项目，同时我们也可以自己联系老师参加相关课题的研究。（E03）

说明：为精简篇幅，对学生表述原文进行了不影响其原意的删减；"内容列举"中括号内为相应学生编号。

5.1.2　类属分析

随后进行二级编码，对上述自由节点进行类属分析。"类属分析"是在资料中寻找反复出现的现象和可以解释这些现象的重要概念的过程。在这个过程中，具有相同属性的资料将被归入同一类别，并以一定的名称命名（陈向明，2000）。也就是说，二级编码即将一级编码所得出的自由节点依照一定的关系进行意义归类。在 NVivo 软件中，就是将自由节点按照一定的关系归属为树节点（Tree Nodes）。在本研究中，我们依据自由节点涉及具体内容的类别从属进行归纳总结。具体来说，我们将自由节点"竞赛经费""创新创业""教室场地""奖学金""贫困补助""图书资源""网络资源""学费减免""医食住行""仪器设备"归属为"资金设施"这一树节点，这是因为学生提及这些方面院校支持的主要内容为资金或者设施硬件支持，如自由节点"竞赛经费"中，E04 表示"我们学校对于学生参加竞赛的大部分花销都会予以报销，减轻了学生的压力"，又如自由节点"网络资源"中，E03 说到"假如我没有上大学，不会有免费的知网论文供我阅读"；将"课程"、"师资"和"老师指导"三个自由节点的具体内容进行归纳发现，三者内容具体从属于教师的教学活动环节，因此将这三个自由节点归属为"教师教学"这一树节点。此外，学生在被访谈中表示，目前大学实习实践与就业的挂钩已十分弱化，实习实践单位一般都不会从实习实践大学生中招收职工，学生更多是冲着提高能力和完成毕业要求去参加实习实践，实习实践已更纯化为锻炼提高学生知识运用与实践能力的常有甚至必备的培养环节。因此，类属分析时研究未将"实习实践"归入"就业支持"树节点，而是将其与"活动讲座""交流交换"归为院校提供的课堂外学习活动，将三者归属为"课外活动"这一树节点。最后，"学术科研"、"人际社交"、"就业支持"与"教务管理"4 个节点不属于以上类别，具体内容之间又无重叠，因此自成一树节点。

总的来说，依据学生提及的院校支持涉及具体内容的类别从属，研究将具有相同属性的自由节点进行归纳总结，以进一步归纳提炼我国本科教育中院校支持的构成。具体编码情况如表 5-2 所示。

表 5-2　我国本科教育中院校支持构成的编码情况表

一级编码节点名称	二级编码		
	节点名称	材料来源数（份）	参考点数（个）
竞赛经费、创新创业、奖学金、教室场地、贫困补助、图书资源、网络资源、学费减免、医食住行、仪器设备	资金设施	95	122
课程、师资、老师指导	教师教学	37	38
活动讲座、实习实践、交流交换	课外活动	28	34
教务管理	教务管理	15	18
就业支持	就业支持	14	14
人际社交	人际社交	13	16
学术科研	学术科研	8	10

结果显示，7 个树节点中"资金设施"拥有最多的材料来源数和参考点数，此外材料来源数较多的还有"教师教学"和"课外活动"，其他树节点的材料来源数从多到少依次为："教务管理""就业支持""人际社交""学术科研"。"资金设施"是受访者提及最多的院校支持的构成因子，与材料来源数位于前三的"教师教学"和"课外活动"是院校支持的构成因子的重要组成成分。材料来源数相对较少的"教务管理""就业支持""人际社交""学术科研"也是院校支持的不可或缺的构成因子。

另外需要指出的是，参考点数为学生提及相关内容的次数，容易受学生个人习惯（如说话爱重复）、访谈时间等无关因素的影响。因此下文质性研究将主要以材料来源数为统计依据，即依据提到相关内容的学生数量进行统计分析。

5.2　院校支持构成的定量研究

5.2.1　项目池与项目分析

依据前文对我国本科教育中院校支持的定义，其是指院校为促进本科

生全面成长发展，实现自身人才培养职能，为学生营造并被学生体验的各
方面支持。院校支持具有明确的辅助、培养学生成长发展的目的性和可调
整改变性。具体来说，院校给予本科生的教学引导帮助以及生活管理服务
均属于院校支持的范围。院校支持中的"院校"是相对于被支持学生个人
而言，指除学生个人外的院校其他部分。院校的各类人员和不同层级对学
生的支持均属于院校支持的范畴。而院校的非支持因素，如院校客观属性
等与人才培养无直接相关，或一些不可改变的因素，或发展不具有支持作
用甚至具有阻碍作用的、不具有积极意义的内容，都不是院校支持。此外，
院校为学生营造的各方面资源或条件只有被学生真实体验，才可能对学生
成长发展起到支持作用，才属于院校支持。

　　据此，研究选取中国大学生学习与发展追踪研究调查 2018 年本科问卷
中的具体内容为相应题项，了解学生对院校支持的具体体验，对我国本科
教育中院校支持的构成进行因子分析。选取题项以院校为学生营造的各方
面资源或条件为内容，收集学生对相应内容的体验反馈，在满足本研究院
校支持定义中"为学生营造"这一要求的同时，符合"被学生体验"的要
求。具体来说，预选出的 29 道相关题项形成了预编量表的项目池，详细题
面如下表 5-3 所示，项目均采用李克特量表（Likert Scale）并进行正向计
分。为便于研究分析，不再使用原有问卷中的项目编码，将题项重新编码
为 a1~a29。

表 5-3　我国本科教育中院校支持量表项目池

项目编号	项目内容	选项
你对大学就读经历中以下方面的满意程度如何		1＝非常不满意 7＝非常满意 1~7 表示程度依次变化
a1	学习硬件（教室、图书馆、实验室、网络等）	
a2	生活硬件（食堂、宿舍、体育活动场所等）	
a3	奖助学金和助学贷款	
本学年，你的任课教师是否做到		1＝没做到 2＝做到一点 3＝基本做到 4＝完全做到
a4	合理安排教学内容	
a5	在完成课程任务过程中给予指导	
a6	给作业/测验提供及时的反馈	
a7	激发学生的学习兴趣	

续表

项目编号	项目内容	选项
你是否参加过以下活动		1＝不打算做 2＝还没决定 3＝打算做 4＝已经做了
a8	社会实践或调查	
a9	社区服务或志愿者	
a10	实习	
总的来说，在大学中		1＝需要时找不到他们/没帮助 7＝需要时能找到他们/有帮助 1~7 表示程度依次变化
a11	学生系统工作人员（如辅导员）	
a12	行政管理人员（如教务处人员等）	
a13	任课教师	
关于就业，你是否认同以下看法		1＝不认同 2＝不太认同 3＝比较认同 4＝非常认同
a14	专业学习让我具备领域就业所需知识和技能	
a15	我们的专业课很强调对现实问题的解决能力	
a16	我们学校在我所学专业领域很牛	
a17	我对未来可以就业单位的情况有全面清晰的认识	
a18	我已与未来就业领域的相关机构和人员建立关系	
本学年，你和老师的交流情况如何		1＝从未 2＝有时 3＝经常 4＝很经常
a19	和教师讨论职业计划和想法	
a20	和辅导员/班主任讨论职业计划和想法	
a21	和教师讨论人生观、价值观等问题	
a22	和辅导员/班主任讨论人生观、价值观等问题	
本学年，你进行以下活动的频率如何		1＝从未 2＝有时 3＝经常 4＝很经常
a23	与其他同学合作完成课程作业或任务	
a24	就课程内容向其他同学请教	
a25	帮助其他同学理解课程内容	
a26	课后和同学讨论课程内容	
你是否参加过以下活动		1＝不打算做 2＝还没决定 3＝打算做 4＝已经做了
a27	和教师一起做科研	
a28	参加各类学术或专业等竞赛	
a29	向专业学术期刊/学术会议等投稿	

　　为检验量表中的题项是否可靠或适切，对所选题目进行了项目分析，具体包括三方面的内容（吴明隆，2010）：①极端组比较。以量表总得分前 27%和后 27%作为高得分组和低得分组，将这高低两个分组作为极端组，通过进行两个极端组的独立样本 T 检验得到临界比（Critical Ratio，CR）。若临界比检验未达显著（$p>0.05$），则说明该题项的鉴别度不佳，建议删除。②项总相关系数。题项与总分相关程度越高，说明题项与整体量表同质性越高。判断相关程度强弱，一方面是相关系数的大小，0.3 以下为弱相关或没有相关性；另一方面为是否显著相关。一般来说，判断相关程度主要看显著性，即相关是否有统计学意义，而非相关系数本身。若某题项的项总相关系数不显著，则建议删除。特别的，本研究的计分数据为有序的等级数据，故使用 Gamma 统计量进行数据相关强度的度量（张文彤，2017）。③内部一致性检验。计算整个量表的内部一致性 α 系数及每道题项的"删除该项后的 α 系数"。若删除某题项后整体量表的 α 系数有所提高，则该题项与量表整体缺乏内部一致性，建议删除。项目分析具体结果如表 5-4 所示。

表 5-4　我国本科教育中院校支持量表项目分析

项目	临界比	项总相关	一致性检验	项目	临界比	项总相关	一致性检验
a1	129.385 ***	0.414 ***	0.8763	a16	108.888 ***	0.385 ***	0.8741
a2	127.794 ***	0.399 ***	0.8765	a17	143.092 ***	0.513 ***	0.8721
a3	137.625 ***	0.447 ***	0.8744	a18	138.902 ***	0.487 ***	0.8722
a4	140.330 ***	0.530 ***	0.8733	a19	147.024 ***	0.506 ***	0.8716
a5	162.296 ***	0.559 ***	0.8719	a20	153.930 ***	0.527 ***	0.8712
a6	161.149 ***	0.555 ***	0.8721	a21	149.005 ***	0.510 ***	0.8714
a7	186.324 ***	0.604 ***	0.8705	a22	154.867 ***	0.527 ***	0.8711
a8	88.640 ***	0.339 ***	0.8758	a23	104.287 ***	0.383 ***	0.8746
a9	88.499 ***	0.333 ***	0.8760	a24	122.234 ***	0.437 ***	0.8736
a10	73.644 ***	0.305 ***	0.8765	a25	132.441 ***	0.474 ***	0.8728
a11	193.656 ***	0.562 ***	0.8695	a26	143.336 ***	0.500 ***	0.8724
a12	202.248 ***	0.558 ***	0.8695	a27	109.174 ***	0.375 ***	0.8751
a13	204.753 ***	0.585 ***	0.8682	a28	102.063 ***	0.346 ***	0.8758
a14	134.903 ***	0.559 ***	0.8725	a29	108.662 ***	0.376 ***	0.8750
a15	134.642 ***	0.512 ***	0.8725				

　　说明：*** 表示 $p<0.001$。

如表 5-4 结果显示，所有项目的临界比检验均达到显著水平（p<
0.001）；项总相关系数均大于 0.3 且达到显著水平（p<0.001）；全部
项目的 α 系数为 0.8769，所有项目删除项后的 α 系数均不高于该值。
项目分析结果良好，因此无须对题目进行删除，29 个项目均进入后续
分析。

5.2.2　探索性因子分析

当具体因子结构不清晰时，普遍的做法是先采取探索性因子分析法
（Exploratory Factor Analysis，EFA）初步确定因子的个数和因子之间的
关系。随后根据探索性因子分析的结果于新的样本中进行验证性因子分
析（Confirmatory Factor Analysis，CFA），如果探索性因子分析及相应的
验证性因子分析结果理想，则得到支持因子效度的结论（Gerbing et
al.，1996）。因此，本研究根据吴明隆（2010）建议，随机抽取 1/2 的
样本（n = 38929）进行探索性因子分析，使用另外 1/2 样本（n =
38921）开展验证性因子分析。

另外，虽然探索性因子分析作为重要的多元统计分析方法为行为科
学诸领域（如教育学、社会学、管理学、市场营销和公共卫生等）研
究提供了有力的工具，但在实际运用中经常被误用、滥用（Fabriga et
al.，1999；Preacher et al.，2003；Henson et al.，2006；范津砚等，
2003）。相关研究指出，对探索性因子分析的使用主要存在以下四个方
面的问题：①在确定因子个数时机械地依靠某个单一方法来做决定；
②大量地使用正交旋转；③过于依赖 SPSS 统计软件；④对因子分析过
程中的结果或重要信息报告不足。针对这些问题，本研究在对院校支持
做探索性因子分析时进行以下改进：①在确定因子个数时综合使用碎石
图、特征值、平行分析等方法；②在因子旋转方法上结合理论假设，优
先使用斜交旋转进行因子分析，如结果不佳再考虑正交旋转；③在使用
的统计软件方面，使用可以进行探索性因子分析和验证性因子分析且提
供多种估计方法的统计软件 Mplus；④在因子分析过程中，尽可能全面

地报告相关重要信息。具体过程如下。

（1）数据正态性检验与估计方法选择

在进行因子分析之前，需要检验数据的正态性并选择合适的估计方法。本研究除计算各项目据偏态（Skewness）和峰度（Kurtosis）值以外，进行了更为正式的偏态-峰度检验（sktest）并对各项目数据进行了正态分布检验（swilk）。结果（见表 5-5）显示绝大部分项目的偏态值的绝对值大于 0（正态分布的偏态值为 0），峰度值接近 3（正态分布的峰度值为 3），接近正态分布。但偏态-峰度检验结果显示绝大部分项目在 0.001 水平上拒绝正态性，且正态检验结果提示所有项目在 0.001 水平上拒绝正态分布假设。因此确定项目数据分布非正态。

估计方法方面，对于不同情况的数据适合使用不同的参数估计方法，目前研究常用的有极大似然估计法（Maximum Likelihood，ML）与主轴因素法（Principal Axis Factoring，PAF）。但极大似然估计法的使用前提是假设数据分布需满足多元正态分布，否则会扭曲结果（Hu et al.，1992；Curran et al.，1996），而主轴因素法虽然对数据分布形态没有要求，但不能够提供大量的参数估计值与拟合指数（王孟成，2014）。因此，结合相关研究建议，使用专门处理非正态数据的估计方法以得到更加稳健的参数估计结果（Satorra et al.，1994）。具体来说，Mplus 软件提供了多种针对非正态分布数据的估计方法，其中稳健极大似然估计（Robust Maximun Likelihood，MLR）尤其适合分析复杂数据，且能够用于探索性因子分析和验证性因子分析。因此，充分考虑本研究数据的非正态性和为了获得更为稳健的结果，本研究使用 MLR 估计方法。

表 5-5　我国本科教育中院校支持量表的项目统计量

项目	N	M	SD	偏态值	峰度值
a1	77850	4.85	1.58	-0.552 ***	2.720 ***
a2	77850	4.51	1.61	-0.349 ***	2.461 ***
a3	77850	4.91	1.49	-0.575 ***	2.935 **

项目	N	M	SD	偏态值	峰度值
a4	77850	3.34	0.63	-0.546 ***	3.035 ***
a5	77850	3.18	0.74	-0.547 ***	2.774 ***
a6	77850	3.21	0.72	-0.528 ***	2.733 ***
a7	77850	2.93	0.79	-0.294 ***	2.513 ***
a8	77850	3.33	0.87	-1.396 ***	4.355 ***
a9	77850	3.31	0.90	-1.344 ***	4.036 ***
a10	77850	3.16	0.74	-1.053 ***	4.624 ***
a11	77850	5.13	1.51	-0.643 ***	2.956 **
a12	77850	4.67	1.63	-0.406 ***	2.540 ***
a13	77850	5.13	1.43	-0.569 ***	2.970 *
a14	77850	2.93	0.66	-0.424 ***	3.595 ***
a15	77850	2.83	0.72	-0.270 ***	2.921 ***
a16	77850	2.45	0.84	0.104 ***	2.423 ***
a17	77850	2.61	0.75	0.009	2.622 ***
a18	77850	2.50	0.80	0.040 ***	2.541 ***
a19	77850	2.15	0.84	0.435 ***	2.676 ***
a20	77850	2.05	0.84	0.522 ***	2.743 ***
a21	77850	1.96	0.86	0.622 ***	2.715 ***
a22	77850	1.96	0.86	0.625 ***	2.732 ***
a23	77850	2.96	0.75	-0.165 ***	2.370 ***
a24	77850	2.89	0.75	-0.051 ***	2.284 ***
a25	77850	2.60	0.77	0.312 ***	2.425 ***
a26	77850	2.63	0.77	0.311 ***	2.367 ***
a27	77850	2.65	0.98	-0.474 ***	2.191 ***
a28	77850	2.67	1.04	-0.426 ***	2.021 ***
a29	77850	2.34	0.96	-0.234 ***	1.809 ***

说明：*** 代表 $p<0.001$；** 代表 $p<0.05$；* 代表 $p<0.1$。

　　另外，研究采用李克特量表收集数据，因而数据在本质上属于类别数据。相关研究指出，当题目的选项数量大于 5 个时才适合作为连续变量进行估计（Johnson et al.，1983），而本研究所使用的 29 个题项中 6 项为 7 点计分，其他的题项（23 项）采用 4 点计分，因此有必要将其作为类别变量进行参数估计。具体来说，分析时采用 Mplus 默认的类别变量估计方法：稳健加权最小二乘法（WLSMV）。WLSMV 是对类别数据因子进行分析的最好方法之一，目前仅有 Mplus 提供（王孟成，2014）。通过比较 MLR 与 WLSMV 两种估计方法下模型的拟合结果，选取更为适合本研究样本数据的方法。

（2）因子个数选择与因子旋转方法

为避免确定因子个数时机械地依靠某个单一方法，本研究将综合以下三种方法对因子数量进行选择：①碎石图检验（Scree Plot Test）。碎石图以因子变异量（特征值）为纵轴，因子数量为横轴，展示因子变异量的变化情况。在碎石图中如果图形呈现由斜坡转为平坦的状态，则平坦状态以后的共同因子可以去掉，即选取图形中坡线急剧变化的因子，舍去坡线平坦的因子（吴明隆，2010）。②K1 规则——特征值大于 1。根据 Kaiser（1960）的建议，保留特征值大于 1 的因子数量。其他相关研究证实，如果题项数目介于 10~40 个之间，采用特征值大于 1 的方法萃取的因子是可靠的（吴明隆，2010）。本研究题项数为 29 题，符合这一要求。③平行分析（Parallel Analysis）。平行分析是通过生成一组与真实数据具有相同变量个数和样本个数的随机数据矩阵，计算该组随机数据矩阵的特征值和这些特征值的平均值，然后通过对比真实数据与随机矩阵的特征值曲线，根据两条曲线交点的位置确定所选因子的绝对最大数量。如果真实数据中某些因子的特征值在随机矩阵平均特征值曲线之上，则保留这些因子，反之则予以舍去。相关研究指出，碎石图检验容易受研究者主观因素的影响，而K1 规则通常造成高估或偶尔低估因子数量的情形（Cliff，1988），相比之下平行分析提供的因子数量结果更加真实客观（孔明等，2007）。为此，本研究使用 Mplus 内置的平行分析命令，生成 100 个随机数据用于与真实样本数据进行对比。

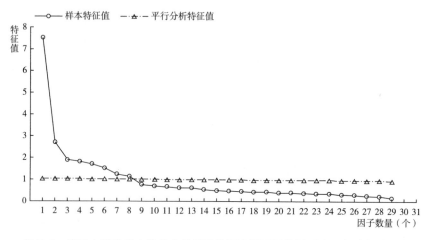

图 5-1 我国本科教育中院校支持量表的探索性因子分析（含平行分析结果）

图 5-1 呈现了使用 MLR 估计生成的碎石图与平行分析结果①。可以发现碎石图曲线最陡峭坡线对应的因子数量为 2 个、6 个和 8 个；特征值大于 1 的因子数量有二因子（2.700）、三因子（1.913）、四因子（1.818）、五因子（1.711）、六因子（1.516）、七因子（1.253）、八因子（1.150）；样本特征值高于平行分析特征值的因子数量为 2~8 个。故而，适合开展二因子模型、六因子模型与八因子模型的探索性因子分析。

确定了因子数量，进一步确定因子旋转的方法以获得因子结构。因子旋转的方法有多种，总体上可分为正交旋转（Orthogonal Rotation）和斜交旋转（Oblique Rotation）。其中正交旋转假定因子之间不存在相关，斜交旋转则无此约束条件。正交旋转可能会获得更容易解释的因子结构，所以不少论文多采用（甚至只采用）正交旋转以获得"方便"的结果（Browne, 2001）。这种做法有实际的好处（论文容易发表），但往往会误导研究结果（Reise et al., 2000）。但就社会学所研究的众多概念而言，因子之间往往存在着联系，因而使用斜交旋转更符合事实（王孟成，2014）。因此，正交旋转有助于更便利地获取易于解释的因

---

① 使用 WLSMV 估计方法时，样本特征值图形类似，结果同样为适合选取 2 个、6 个和 8 个因子，故不再赘述。另外，WLSMV 估计方法不支持平行分析，故无平行分析特征值。

子结构，但也容易误导研究结果，且隶属于院校支持的各因子之间存在相关，同时为避免大量使用正交旋转，本研究将首先使用 Mplus 默认的 GEOMIN 斜交旋转。如果斜交旋转结果显示因子之间不相关，则再考虑使用正交旋转进行因子分析。

（3）模型拟合评价

对于模型拟合情况的评价方法，可以分为假设检验与近似拟合检验这两类（Yuan，2005）。假设检验中，最基础也是被报告最多的拟合指标为卡方（chi-square，χ^2）统计量（Jackson et al.，2009）。模型隐含的方差-协方差和观测到的样本方差-协方差间的差异服从 χ^2 分布，因此采用 χ^2 检验来衡量这个差异是否实际存在，因而卡方统计量值越小越好。卡方统计量对样本量非常敏感，倾向于随样本量的增加而增加，因此在实际研究当中，常获得显著的卡方检验结果，即拒绝研究提出的假设模型，特别是当样本量较大时更容易出现这样的结果（王孟成，2014）。为此相关研究进一步使用卡方与自由度（degree of freedom，df）的比来评价模型的拟合程度。然而学者认为 χ^2/df 仅校正了自由度的影响而没有消除样本量的影响，所以仅凭它的大小很难说明模型好坏（侯杰泰，2004）。吴明隆（2009）指出，在大样本的情况下，整体模型是否适配需参考其他指标。考虑到本研究的样本数量较大，故不使用假设检验作为模型检验的标准，而使用近似拟合检验作为模型拟合评价的依据，但仍旧汇报 χ^2 与 df 值。特别的，在使用 MRL 估计方法时，使用卡方值乘以校正因子（Scaling Correction Factor for MLR）得到校正后的卡方值。另外，由于采用的估计方法不同，使用 MLR 估计方法与 WLSMV 估计方法估计的卡方值不能直接比较（王孟成，2004）。

近似拟合检验方面，具体来说需要考虑以下几种比较常用的由 Mplus 提供的拟合检验指数：①比较拟合指数（Comparative Fit Index，CFI）。该指数是目前使用最为广泛的指标之一（Jackson et al.，2009；McDonald et al.，2002），它表示研究模型相对于基线模型（变量间不相关的独立模型）的改进程度，其推荐临界值为大于 0.90。②非规范拟合指数（Tucker-Lewis Index，TLI）。该指数是在考虑了模型复杂程度的基础上对规范拟合指数（Normed Fit Index，NFI）的校正。一般将 TLI 大于 0.90 作为可接受的标准，大于 0.95 为拟合较好（Hu et al.，1999）。③标准化残差均方根（Standardized Root Mean Square Residual，SRMR）。SRMR 直接对残差进行评估，其取值范围为 0~1，当取值小于 0.08 时表示模型的拟合情况理想（Hu et al.，1999）。④近似误差均方根（Root Mean Square Error of Approximation，RMSEA）。RMSEA 受样本量的影响小，并对模型误设较敏感，同时惩罚复杂模型，是比较理想的拟合指标而被广泛使用（Jackson et al.，2009）。McDonald 和 Ho（2002）推荐其小于 0.08 作为可接受的模型，小于 0.05 作为良好模型的阈限。因此本研究以小于 0.08 作为接受阈限（温忠麟等，2004）。此外在 Mplus 中，程序会计算 RMSEA 90%的信度区间和单侧检验的显著性，不显著的结果表示支持研究模型（王孟成，2014）。

除了以上拟合检验指数，本研究还将考虑以下信息指数以判断模型拟合情况。具体包括：①Akaike 信息准则（Akaike Information Criterion，AIC）。该准则基于信息理论发展而来，常用于非嵌套模型之间的比较，研究倾向于支持 AIC 值较小的模型（Vrieze，2012）。②贝叶斯信息准则（Bayesian Information Criterion，BIC）。目前几乎所有的 SEM 软件都报告 BIC 指数，其考虑了样本量的影响，倾向于支持更简单的模型，即使该模型被传统的显著性检验所拒绝。同 AIC 一样，BIC 值越小越好（王孟成，2014）。

在此特别需要指出的是，拟合指数的临界值是研究者通过模拟研究或经验给出的，所以没有在研究者之间达成一致（Marsh et al.，2004；Beauducel et al.，2005；Fan et al.，2005；Yuan，2005）。相关研究者指出，根据拟合指数能得到正确的模型，但将这些临界值作为"金标准"（God Rule）用于拒绝或接受模型是非常危险的，因为若以理想条件下模拟研究取得的临界值标准去评价实际研究（非理想条件），多数情况下是不合适的（Marsh et al.，2004；Marsh et al.，2009）。因此，在根据拟合指数评价模型时要持谨慎的态度，不要简单机械地根据单个拟合指数做出决定，应该综合各种拟合指数以及模型的预测力等，将犯错的概率降到最低（王孟成，2014）。

表 5-6 展示了 MLR 与 WLSMV 两种估计方法下二因子、六因子和八因子模型的拟合情况。两种估计的结果中，二因子模型的 CFI 和 TLI 均小于 0.9，SRMR 与 RMSEA 大于 0.08 且 RMSEA 的 90% 置信区间检验达到显著性水平，整体模型不符合拟合标准。六因子模型的 CFI 和 TLI 均小于 0.9 且 RMSEA 的 90% 置信区间检验达到显著性水平，整体模型不符合拟合标准。而八因子的 CFI 和 TCI 均大于 0.9，SRMR 小于 0.08，RMSEA 的值小于 0.08 且 90% 置信区间检验不显著，模型均达到拟合标准。可见对本研究数据进行探索性因子分析时，采用 MLR 估计法和 WLSMV 估计法都是合适的。另外值得注意的是，采用 MLR 估计法时三个模型的卡方值校正因子在 1.09~1.15 之间，也再次印证了数据不完全满足正态分布，适合采用 MLR 估计法而非 ML 估计法。

（4）因子负荷与因子命名

随后我们分析因子负荷矩阵的情况。依据相关研究经验（孟万金等，2009），不符合以下要求的题项应删除：①题项在任何一个因子上的负荷都小于 0.3。②题项在多个因子上的负荷大于 0.3。③题项设计与概念设计极不相符以及属于同义重复的题项。删除一题便重新进行一次探索性因子分析，直至探索出稳定的量表因子结构。

使用 MLR 估计法进行分析，八因子模型的因子负荷矩阵如表 5-7 所示。八个因子之间的因子相关系数大多在 0.2~0.4 之间，呈中低度相关且相关系数均达到统计显著水平（$p<0.05$），不存在相关系数过高的因子。使用 WLSMV 估计法得到的结果与 MLR 估计法得到的结果相似，但具体数值稍有差别，为此不再赘述。

由此形成的本科教育中的院校支持量表共包括 29 个题项。在考虑了因子题项具体内容的基础上，对各个因子进行归纳并命名，每个因子名称都为一个可揭示因子主要内容的名词短语，便于理解和分析。

　　因子一包括题项 a1、a2、a3，测量了学生对学校学习硬件、生活硬件与奖助学金和助学贷款的满意程度，反应了院校对学生硬件设施与资金资助方面的支持情况，故命名为"资金设施"。

　　因子二包含题项 a4、a5、a6、a7，考察了任课教师合理安排教学内容，在课程任务中给予指导，对作业/测验给予及时反馈和激发学生学习兴趣的达成程度，反应了院校对学生课程教学的支持情况，故命名为"教师教学"。

　　因子三包括题项 a8、a9、a10，调查了学生在校经历中参与课外社会实践或调查、社区服务、实习等的情况。在我国本科教育中，学生参与这 3 类课外活动时，院校提供的机会和给予的引导十分重要。这 3 类课外活动也是我国本科教育较为主要的课外活动，其中实习更是不少院校设置的毕业前环节。因此学生参与情况反映了院校对学生课外活动的支持情况，故命名为"课外活动"。另外，实习题项 a10 在因子分析时与 a8（参加课外社会实践或调查）、a9（社区服务或志愿者）被归为同一因子，再次验证了在上文质性研究类属分析中将"实习实践"自由节点归属为"课外活动"树节点而非"就业支持"树节点的适切性，质性研究与定量研究在此相互验证。

　　因子四包含题项 a11、a12、a13，具体考察了学生系统工作人员、行政管理人员和任课老师在学生需要帮忙时是否能找到、是否对学生有所帮助，反应了院校在教务管理方面给予学生的支持情况，故命名为"教务管理"。

　　因子五包括题项 a14、a15、a16、a17、a18，测量了在就业方面学生对以下内容的认同程度：学校专业学习让学生具备领域就业所需知识和技能、专业课程强调现实问题解决能力（而非单纯强调理论）、学校在专业领域的高声誉、对就业情况有清晰认识、与就业领域相关结构人员建立关系。因子反映了院校给予学生就业相关的知识技能、现实问题解决能力、声誉支持、就业信息提供、就业对接引导等的支持情况，故命名为"就业支持"。

　　因子六包含题项 a19、a20、a21、a22，调查了学生与学校任课教师/辅导员/班主任讨论人生观价值观等问题和职业计划与想法的频率，反映了院校老师与学生的沟通交流情况，故命名为"生师交流"。

　　因子七包括题项 a23、a24、a25、a26，考察了学生与学校同学同伴合作完成课程作业或任务、向其他同学请教、帮助其他同学理解课程内容、课后和同学讨论课程内容的频率，反应了院校同伴与学生的互助合作情况，故命名为"生生互助"。

　　因子八包含题项 a27、a28、a29，调查了学生与学校教师一起做科研，参加各类学术竞赛，向期刊/会议等投稿的情况。在这些学术科研活动中，院校起着关键的支持和引导作用，活动的参与情况反映了院校对学生科研学术的支持辅助情况，故命名为"学术科研"。

5.2.3　验证性因子分析

　　验证性因子分析（Confirmatory Factor Analysis，CFA）是结构方程模型的重要组成部分，也被称为测量模型（Measurement Model），是为研究者所熟知的检验量表或测验结构效度的工具，也是检验方法学效应和测量不变性的有效工具（DiStefano et al.，2005；王孟成等，2009；Brown et al.，2012；Wang et al.，2012）。为此，对探索性因子分析所发现的因子结构进行验证性因子分析时，首先进行一阶模型的验证性因子分析，若模型拟合情况理想，再在其基础上进行二阶模型的分析。

（1）一阶模型的验证

　　通过以上探索性因子分析发现，本科教育中的院校支持量表的一阶模型中共存在 8 个因子（潜变量）和 29 个题项（显变量），可提供的样本参数信息多于需要估计的自由参数，模型属于过度识别。设置每个因子第一个题项的负荷为 1，每个因子中的题项误差不相关。分别使用 MLR 估计法和 WLSMV 估计法对量表进行验证性因子分析，结果如表 5-8 所示。数据显示，在 MLR 估计下，一阶模型的 CFI 和 TLI 均大于 0.9，SMRM 小于 0.08，RMSEA 的值均小于 0.08 且 90% 置信区间检验不显著，模型拟合情况良好，无须进行修正。而在 WLSMV 估计下，一阶模型的 CFI 和 TLI 均大于 0.9，但 RMSEA 的 90%置信区间检验达到统计显著。

使用 MLR 估计法得到一阶模型的结构如图 5-2 所示[1]，f1~f8 分别代表"资金设施"、"教师教学"、"课外活动"、"教务管理"、"就业支持"、"生师交流"、"生生互助"和"学术科研"。参数统计量和标准误经过了 STDYX 标准化处理。Mplus 提供三种标准化结果：STDYX、STDY 和 STD，其中 STDYX 标准化同时使用连续潜变量、背景（background）变量和结局（outcome）变量的方差进行标准化（王孟成，2014），因此本研究使用 STDYX 标准化处理方法。结果显示，模型中所有估计参数均在 0.001 水平上显著，未出现负数的误差变异量，标准误均较小（在 0.002~0.007 之间）。在 29 个题项中，绝大部分题项的因子负荷介于 0.45~0.95 之间，其中 a10 的因子负荷最小（0.456），但仍在可接受范围内（>0.45）（Tabachnick et al.，2007）。以上情况说明该模型适配度良好（吴明隆，2009），表明探索性因子分析得到的量表结构是合理的。

（2）二阶模型的验证

由于一阶模型的因子个数大于 3 且模型拟合情况良好，故可结合理论进行二阶模型的检验。从理论上来说，一阶模型中的 8 个因子代表了本科教育中院校支持的不同方面，都是"院校支持"这一潜变量的外显表现。因此，基于理论和模型简化的考虑，尝试构建二阶验证性因子分析模型，即使用"院校支持"这个二阶因子解释 8 个一阶因子之间的相关。

表 5-8 与图 5-3 分别展示了二阶验证模型的拟合情况与结构。数据

---

[1] 使用 WLSMV 估计法时，模型中所有估计参数均在 0.001 水平上显著，未出现负数的误差变异量，标准误均较小（在 0.001~0.006 之间）。所有题项的因子负荷均介于 0.5~0.95 之间，a10 的因子负荷为 0.578。模型具体的结构图与 MLR 估计法类似，故不再展示。

表 5-6　我国本科教育中院校支持量表的探索性因子分析模型拟合指数

模型	χ^2	df	CFI	TLI	AIC	BIC	SRMR	RMSEA（90% CI）
标准	越小越好	≥0	>0.90	>0.90	越小越好	越小越好	<0.08	<0.08, p>0.05
二因子^{MLR}	185487.029*[a]	349	0.613	0.550	2703857.197	2704842.689	0.084	0.109（0.108, 0.109）*
二因子^{WLSMV}	337078.527*	349	0.741	0.698	—	—	0.109	0.157（0.157, 0.158）*
六因子^{MLR}	52564.905*[b]	247	0.885	0.811	2571135.594	2572995.174	0.035	0.071（0.070, 0.071）*
六因子^{WLSMV}	94468.643*	247	0.927	0.881	—	—	0.045	0.099（0.098, 0.100）*
八因子^{MLR}	17720.067*[c]	202	0.962	0.924	2536378.846	2538624.054	0.014	0.045（0.045, 0.045）*
八因子^{WLSMV}	30098.754*	202	0.977	0.954	—	—	0.019	0.062（0.061, 0.062）*

说明：[a] 表示该模型未经校正的卡方为 161559.994，校正因子为 1.1481；[b] 表示该模型未经校正的卡方值为 48039.577，校正因子为 1.0942；[c] 表示该模型未经校正的卡方值为 15898.140，校正因子为 1.1146；使用 WLSMV 估计法时，探索性因子分析不提供 AIC 和 BIC 的值；* 表示 p<0.05。

表 5-7　我国本科教育中院校支持量表的探索性因子分析因子负荷矩阵

项目	MLR 估计法 因子								WLSMV 估计法 因子							
	F1	F2	F3	F4	F5	F6	F7	F8	F1	F2	F3	F4	F5	F6	F7	F8
a1	0.900*	0.000	-0.003	-0.013*	-0.020*	0.002	0.007*	0.005	0.916*	-0.002	0.000	-0.011*	-0.015*	0.002	0.009*	-0.002
a2	0.850*	-0.017*	-0.019*	-0.014*	-0.005	0.047*	0.003	0.002	0.881*	-0.026*	-0.007*	-0.015*	-0.006*	0.057*	0.002	-0.014*
a3	0.585*	0.035*	0.034*	0.150*	0.057*	-0.052*	-0.010*	-0.005	0.607*	0.045*	0.030*	0.155*	0.056*	-0.051*	-0.008*	0.017*
a4	0.032*	0.704*	0.049*	0.015*	0.008	-0.096*	0.027*	-0.017*	0.039*	0.788*	0.038*	0.015*	0.010*	-0.120*	0.032*	0.007

续表

项目	MLR 估计法 因子								WLSMV 估计法 因子							
	F1	F2	F3	F4	F5	F6	F7	F8	F1	F2	F3	F4	F5	F6	F7	F8
a5	-0.003	0.795*	0.002	-0.016*	-0.010*	0.039*	-0.002	-0.005	-0.005	0.848*	0.030*	-0.015*	-0.010	0.064*	0.001	-0.030*
a6	-0.003	0.798*	0.014*	0.000	-0.015*	-0.002	0.008*	0.011	-0.004	0.857*	0.024*	0.002	-0.013*	0.008	0.013*	-0.023*
a7	-0.004	0.682*	-0.045*	0.040	0.060*	0.115*	-0.007	0.044*	-0.012*	0.739*	-0.029*	0.045*	0.052*	0.160*	-0.008*	0.027*
a8	0.000	0.008	0.758*	-0.007	-0.001	0.030*	-0.006	0.021*	0.011*	0.033	0.881*	0.006	-0.009	0.008	-0.010*	0.049*
a9	0.009*	0.003	0.585*	0.025*	-0.005	-0.027*	0.007	0.123*	0.026*	0.025	0.604*	0.038*	-0.014	-0.070*	0.016*	0.192*
a10	-0.003	0.004	0.434*	-0.017	0.058*	0.107*	0.007	-0.029*	0.004	0.020	0.485*	-0.010	0.053*	0.154*	0.001	-0.008
a11	-0.010*	-0.044*	0.037	0.872*	-0.006*	0.001	-0.001	-0.027*	-0.003	-0.040*	0.038	0.889*	0.000	-0.011	0.002	-0.020*
a12	0.024*	0.021*	-0.029*	0.720*	0.040*	0.049*	-0.007	0.008	0.018*	0.015	-0.022	0.767*	0.036*	0.054*	-0.002	-0.007
a13	0.005	0.107*	-0.017	0.687*	-0.010*	0.003	0.036*	0.055*	-0.001	0.102*	-0.009	0.730*	-0.018*	0.011	0.036*	0.045*
a14	0.023*	0.065*	0.049*	0.041*	0.675*	-0.090*	0.029*	0.005	0.034*	0.143*	-0.037*	0.029*	0.684*	-0.064*	0.018*	0.289*
a15	0.013*	0.059*	0.036*	0.033*	0.686*	-0.066*	0.009	-0.009	0.024*	0.134*	-0.054*	0.022	0.681*	-0.037*	-0.007	0.270*
a16	0.025*	-0.008	-0.050*	0.014*	0.569*	0.041*	-0.025*	0.020*	0.034*	0.022	-0.041*	0.016	0.530*	0.134*	-0.032*	0.131*
a17	-0.012*	-0.027*	-0.001	-0.021*	0.718*	0.133*	0.017*	-0.001	-0.019*	-0.041*	0.173*	-0.015*	0.735*	0.346*	0.024*	0.042*

续表

项目	MLR 估计法 因子								WLSMV 估计法 因子							
	F1	F2	F3	F4	F5	F6	F7	F8	F1	F2	F3	F4	F5	F6	F7	F8
a18	-0.021*	-0.029*	-0.021*	-0.026*	0.647*	0.220*	-0.002	0.012	-0.032*	-0.049*	0.153*	-0.018*	0.672*	0.422*	0.006	-0.050*
a19	0.001	0.053*	-0.012*	-0.014*	0.015*	0.709*	0.083*	0.048*	0.008*	0.092*	-0.029*	-0.013*	-0.005	0.767*	0.088*	0.064*
a20	0.009*	-0.011*	0.043*	0.075*	-0.006	0.839*	0.006	-0.020*	0.019*	-0.005	0.029*	0.136*	-0.013*	0.865*	-0.004	-0.008*
a21	0.004	0.041*	-0.012*	-0.022*	0.011*	0.827*	0.027*	0.026*	0.010*	0.091*	-0.059*	-0.011*	-0.001	0.851*	0.040*	0.062*
a22	0.009*	-0.007*	0.028*	0.058*	0.006	0.883*	-0.018*	-0.018*	0.017*	0.000	0.002	0.128*	0.002	0.903*	-0.028*	-0.002
a23	0.019*	0.036*	0.083*	-0.004	-0.017*	-0.013*	0.591*	-0.060*	0.030*	0.044*	0.074*	-0.008	-0.019*	-0.027*	0.645*	0.049*
a24	0.004	-0.011	0.023*	0.015*	-0.010*	-0.047*	0.807*	-0.042*	0.009*	-0.010*	0.014*	0.012*	-0.006*	-0.053*	0.876*	-0.044*
a25	0.002	-0.028*	-0.039*	-0.006	0.020*	0.058*	0.717*	0.082*	-0.003	-0.035*	-0.025*	-0.002	0.017*	0.087*	0.767*	0.074*
a26	-0.019*	0.048*	-0.028*	0.017*	0.040*	0.089*	0.609*	0.060*	-0.024*	0.055*	-0.025*	0.025*	0.036*	0.116*	0.657*	0.056*
a27	0.015*	0.011	0.009	0.012*	-0.015*	-0.015*	0.003	0.694*	-0.001	-0.019*	0.049*	-0.006	-0.025*	0.041*	0.006	0.737*
a28	0.007	-0.016*	0.092*	0.021*	0.006	-0.028*	0.070*	0.505*	-0.003	-0.036*	0.133*	0.015*	-0.006	0.004	0.086*	0.529*
a29	-0.016*	0.009	0.005	-0.009	0.033*	0.080*	-0.025*	0.607*	-0.037*	-0.016*	0.048*	-0.015*	0.034*	0.160*	-0.014*	0.605*

因子相关系数

	F1	F2	F3		F1	F2	F3
F2	0.293*			F2	0.325*		
F3	0.172*	0.229*		F3	0.149*	0.189*	
F4	0.340*	0.495*	0.201*	F4	0.362*	0.513*	0.169*

续表

项目	MLR 估计法 因子								WLSMV 估计法 因子							
	F1	F2	F3	F4	F5	F6	F7	F8	F1	F2	F3	F4	F5	F6	F7	F8
F5	0.197*	0.391*	0.166*	0.387*					0.199*	0.312*	0.036*	0.307*				
F6	0.038*	0.276*	0.059*	0.343*	0.376*				0.031*	0.248*	0.066*	0.328*	0.170*			
F7	0.111*	0.408*	0.180*	0.306*	0.367*	0.381*			0.132*	0.420*	0.178*	0.321*	0.273*	0.361*		
F8	0.049*	0.193*	0.324*	0.255*	0.326*	0.317*	0.299*		0.090*	0.219*	0.285*	0.282*	0.140*	0.286*	0.307*	

说明：* 表示 $p<0.05$。

表5-8 我国本科教育中院校支持量表的验证性因子分析拟合指数

模型	χ^2	df	CFI	TLI	AIC	BIC	SRMR	RMSEA (90% CI)
标准	越小越好	≥0	>0.90	>0.90	越小越好	越小越好	<0.08	<0.08, $p>0.05$
一阶 MLR	33544.275*[a]	349	0.930	0.918	2554458.272	2555443.740	0.036	0.046 (0.046, 0.047)
一阶 WLSMV	51648.726*	349	0.961	0.954	—	—	8.578	0.061 (0.061, 0.062)*
二阶 MLR	35683.159*	369	0.915	0.907	2561303.483	2562117.565	0.050	0.050 (0.049, 0.050)
二阶 WLSMV	62761.007*	369	0.952	0.947	—	—	11.310	0.066 (0.065, 0.066)*

说明：[a] 表示该模型未经校正的卡方值为29544.015，校正因子为1.1354；使用 WLSMV 估计时，Mplus 提供加权误差均方根（Weighted Root Mean Square Residual, WRMR）作为评价模型拟合的标准，数值越小越好。表中 WLSMV 估计的 SRMR 值报告的是 WRMR 值；使用 WLSMV 估计时，验证性因子分析不提供 AIC 和 BIC 的值。* 表示 $p<0.05$。

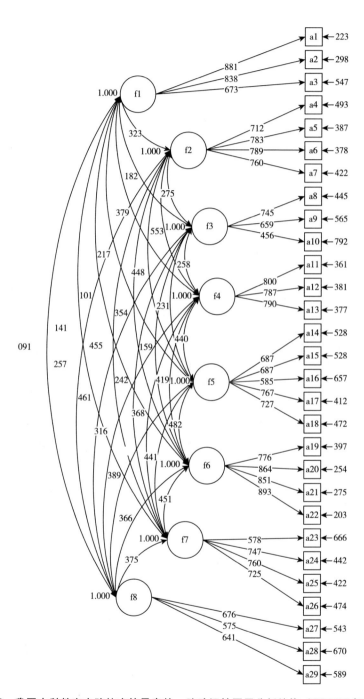

图 5-2　我国本科教育中院校支持量表的一阶验证性因子分析结构（STDYX 标准化）

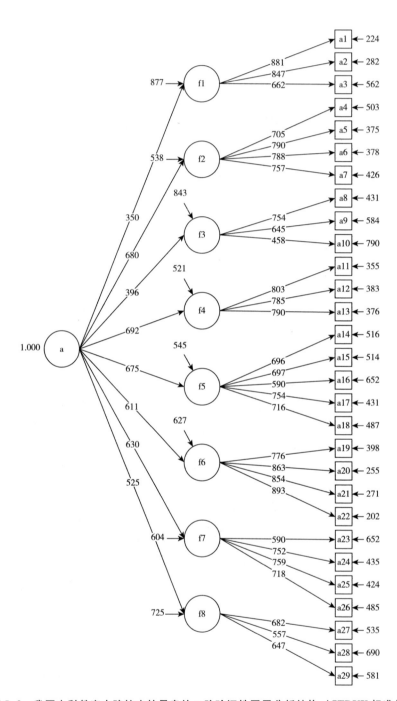

图5-3 我国本科教育中院校支持量表的二阶验证性因子分析结构（STDYX 标准化）

显示，在 MLR 估计下，二阶模型中 CFI 和 TLI 值有所降低，而 SMRM 和 RMSEA 值有所升高，同时信息指数（AIC、BIC）变大，模型拟合情况稍有变差，但各拟合指标均符合标准。另外，各因子负荷多介于 0.45~0.95 之间，且均在 0.3 以上，符合相关要求（孟万金等，2009）。因此，二阶模型成立，支持理论上 8 个因子之上共同存在"院校支持"这个二阶因子。但综合一阶模型和二阶模型的验证性因子分析拟合指数，相比较而言数据更支持量表一阶因子模型的结构。

在 WLSMV 估计下，同一阶模型验证结果，RMSEA 的 90% 置信区间检验达到统计显著水平，未通过 RMSEA 的 90% 置信区间检验。综合以上验证性因子分析，对于本研究数据使用 MLR 估计法得到的模型估计结果更加理想，与 WLSMV 估计法相比，MLR 估计法更适合于本研究的验证性因子分析。为此，本研究中的后续内容均将采用 MLR 估计法进行分析，不再对具体估计法进行标注与说明。

5.2.4　信度检验

因子分析之后，为进一步了解量表的可靠性和有效性，应做信度检验。信度（Realiability）表征量表的可靠性和稳定性。比较常用的信度检验方法有 Cronbach L. J. S 提出的 α 系数，即内部一致性系数。一般认为 α 系数界于 0.65~0.70 之间可接受；于 0.70~0.80 之间相当好；于 0.80~0.90 之间非常好（吴明隆，2010）。另外，对于包含多个因子的量表，组合信度（Composite Reliability）可作为检验潜在变量的信度指标。如果因子的组合信度大于 0.60，说明潜在变量的内部一致性较好（吴明隆，2009）。

使用整体样本数据（n = 77850）对本科教育中的院校支持量表进行信度检验，结果整理如表 5-9 所示。数据显示，本科教育中的院校支持量表各因子的组合信度、α 系数以及整体量表的 α 系数均高于 0.65，达到理想水平。可见量表具有较高的内部一致性，模型内在质量良好。

表 5-9 我国本科教育中院校支持量表的信度检验

单位：题

因子	题项数量	组合信度	α 系数	量表 α 系数
资金设施	3	0.847 ***	0.836	
教师教学	4	0.848 ***	0.844	
课外活动	3	0.666 ***	0.640	
教务管理	3	0.834 ***	0.833	0.877
就业支持	5	0.817 ***	0.815	
生师交流	4	0.911 ***	0.910	
生生互助	4	0.798 ***	0.795	
学术科研	3	0.661 ***	0.658	

说明：*** 表示 $p<0.001$。

5.2.5 测量等值性检验

最后对因子分析得出的我国本科教育中的院校支持量表进行测量等值性（Measurement Equivalence）检验，以考察量表题项是否在不同群体间有着相同的意义和功能，以及概念之间的关系强度在不同群体、不同时间点是否等价，为下文对我国本科教育中院校支持情况进行分析打下基础。如果在不满足测量等值性的情况下直接对比不同群体、不同时间点的因子均值，很可能会得出错误的结论（王孟成，2014）。

结构方程模型框架内的多组验证性因素分析是目前最常用的测量等值性检验方法（Meade et al.，2004）。为此，本研究使用结构方程模型框架内的多组验证性因素分析，对不同的学生人口学变量和院校教育变量分别进行测量等值性检验（见表 5-10）。具体来说，人口学变量包括性别、户口类型和社会经济地位，院校教育变量包括学生的年级、学科、院校类型和院校地区。本研究数据为 2018 年的调查数据，未使用同样的题项对同一群体进行间隔时间的多次测试，因此不需进行纵向不变性的检验。

　　具体来说，依据王孟成（2014）的分析，最常用的测量等值性分析步骤包含六步：①形态等值（Configural Invariance）；②单位等值（Metric Invariance）或弱等值（Weak Invariance/Metric Invariance）；③尺度等值（Scalar Invariance）或强等值（Strong Invariance）；④误差方差等值（Error Variance Invariance）或严格等值（Strict Invariance）；⑤因子方差-协方差等值（Factor Variance/ Covariance Invariance）；⑥潜均值等值（Latent Mean Invariance）。六步等值性检验彼此嵌套，逐步进行。只有满足以上等值检验，本科教育中的院校支持量表中因子均值的差异才可作为理论建构本身的真实差异，否则直接比较不同群体学生的院校支持量表因子得分是不严谨的。在检验方法方面，考虑到本研究的样本量较大，而卡方检验易受样本值的影响，因此采用拟合指数（CFI和TLI）差异方法检验测量等值性。具体来说，后一检验模型与前一检验模型相比，拟合指数差异的绝对值小于 0.01 表示不存在显著差异，绝对值在 0.01~0.02 之间表示存在中等差异，绝对值大于 0.02 表示存在确定的差异（Meade et al.，2008）。

表 5-10　我国本科教育中院校支持量表的测量等值性检验

分组变量	等值检验	CFI	TLI	RMSEA（90% CI）	△CFI	△TLI
性别	形态等值	0.933	0.922	0.047（0.046, 0.047）	—	—
	单位等值	0.932	0.923	0.046（0.046, 0.046）	-0.001	0.001
	尺度等值	0.929	0.923	0.046（0.046, 0.047）	-0.003	0.000
	误差方差等值	0.929	0.925	0.046（0.045, 0.046）	0.000	0.002
	因子方差-协方差等值	0.929	0.925	0.046（0.045, 0.046）	0.000	0.000
	潜均值等值	0.925	0.922	0.046（0.046, 0.047）	-0.004	-0.003
户口类型	形态等值	0.933	0.922	0.047（0.046, 0.047）	—	—
	单位等值	0.932	0.923	0.046（0.046, 0.046）	-0.001	0.001
	尺度等值	0.931	0.925	0.046（0.045, 0.046）	-0.001	0.002
	误差方差等值	0.931	0.928	0.045（0.044, 0.045）	0.000	0.003
	因子方差-协方差等值	0.931	0.927	0.045（0.044, 0.045）	0.000	-0.001
	潜均值等值	0.930	0.927	0.045（0.045, 0.045）	-0.001	0.000

续表

分组变量	等值检验	CFI	TLI	RMSEA（90% CI）	△CFI	△TLI
社会经济地位	形态等值	0.932	0.921	0.047（0.046，0.047）	—	—
	单位等值	0.932	0.924	0.046（0.045，0.046）	0.000	0.003
	尺度等值	0.931	0.926	0.045（0.045，0.046）	-0.001	0.002
	误差方差等值	0.931	0.930	0.044（0.044，0.044）	0.000	0.004
	因子方差-协方差等值	0.929	0.930	0.044（0.044，0.044）	-0.002	0.000
	潜均值等值	0.927	0.928	0.044（0.044，0.045）	-0.002	-0.002
年级	形态等值	0.933	0.923	0.046（0.046，0.047）	—	—
	单位等值	0.930	0.925	0.045（0.045，0.046）	-0.003	0.002
	尺度等值	0.922	0.916	0.048（0.048，0.048）	-0.008	-0.009
	误差方差等值	0.915	0.914	0.049（0.048，0.049）	-0.007	-0.002
	因子方差-协方差等值	0.918	0.918	0.047（0.047，0.048）	0.003	0.004
	潜均值等值	0.912	0.914	0.049（0.048，0.049）	-0.006	-0.004
学科	形态等值	0.931	0.920	0.047（0.047，0.048）	—	—
	单位等值	0.930	0.923	0.046（0.046，0.047）	-0.001	0.003
	尺度等值	0.923	0.915	0.049（0.048，0.049）	-0.007	-0.008
	误差方差等值	0.920	0.919	0.048（0.047，0.048）	-0.003	0.004
	因子方差-协方差等值	0.919	0.920	0.047（0.047，0.048）	-0.001	0.001
	潜均值等值	0.916	0.918	0.048（0.047，0.048）	-0.003	-0.002
院校类型	形态等值	0.930	0.923	0.046（0.046，0.047）	—	—
	单位等值	0.923	0.923	0.046（0.045，0.046）	-0.007	0.000
	尺度等值	0.927	0.921	0.047（0.047，0.047）	0.004	-0.002
	误差方差等值	0.925	0.923	0.046（0.046，0.047）	-0.002	0.002
	因子方差-协方差等值	0.926	0.925	0.046（0.045，0.046）	0.001	0.002
	潜均值等值	0.923	0.923	0.046（0.046，0.048）	-0.003	-0.002
院校地区	形态等值	0.933	0.922	0.047（0.046，0.047）	—	—
	单位等值	0.932	0.924	0.046（0.046，0.046）	-0.001	0.002
	尺度等值	0.926	0.920	0.047（0.047，0.047）	-0.006	-0.004
	误差方差等值	0.925	0.923	0.046（0.046，0.047）	-0.001	0.003
	因子方差-协方差等值	0.925	0.924	0.046（0.046，0.046）	0.000	0.001
	潜均值等值	0.922	0.922	0.047（0.046，0.047）	-0.003	-0.002

由以上测量等值性检验的结果可知，测量等值性检验中 CFI 和 TLI 的差异绝对值均小于 0.01，即测量等值性假设得到满足。说明本研究建构的我国本科教育中的院校支持量表在不同群体学生中均具有相同意义的潜在结构，可以直接对比不同群体学生的因子得分均值。

5.2.6　其他量表的构建

此外，为进一步探索分析我国本科教育中院校支持的影响及影响机制，本研究还构建了学生"学习行为"、"学习兴趣"和"学生发展"量表。

学生"学习行为"量表测量学生课前完成规定的阅读或作业，课堂上专心致志听老师的讲解、有侧重地做笔记，课后复习课堂笔记、总结课程中所学到的东西的频率，全面考察和衡量学生课前、课上和课后的学习行为。

学生"学习兴趣"量表考查学生对自己专心致志学习时内心充满快乐、愿意学习和学习遇到困难时想办法克服的认同程度，以了解学生的学习兴趣情况。

"学生发展"量表调查大学的学习生活使学生在知识、能力、价值观三方面得到提高的情况，具体包含涉猎各个知识领域、专业知识与技能、运用信息技术的能力、与他人有效合作的能力、组织领导能力、确立/明晰人生观/价值观六个题项。

量表题项及数据同样选自中国大学生学习与发展追踪研究调查 2018 年本科版问卷，因子分析过程依次包括项目池、项目分析、项目统计、因子分析-KMO 与 Bartlett 检验、碎石图、信度检验、因子负荷及因子得分计算公式。具体数据结果详见附录 C，数据显示以上三个量表均有理想的效度与信度。

5.3　本章小结

我国本科教育中院校支持的构成是值得研究的现实内容，该研究对我国高校人才培养和高等教育管理具有重要的现实意义。本章首先使用质性研究方法，通过 NVivo 软件对不同地区、不同类型的 6 所院校的 36 位高年级大学生的访谈资料进行编码提炼，总结发现院校支持的构成可总结为七个因子："资金设施"、"教师教学"、"课外活动"、"教务管理"、"就业支持"、"人际社交"和"学术科研"。

我国本科院校众多，对学生的院校支持内容十分丰富，情况多种多样，以上质性研究选取了不同地区、不同层次院校的不同专业与学科的高年级同学作为访谈对象，虽然样本类型丰富，但是数量上仍较少，对我国本科教育中院校支持的构成的归纳可能还不够准确，有待通过大样本的定量研究予以弥补。因此，研究选取中国大学生学习与发展追踪研究调查 2018 年本科版问卷中涉及院校支持内容的 29 道题项组成量表进行探索性因子分析和验证性因子分析，进一步探索和验证院校支持的构成因子。定量因子分析结果显示，量表中存在"资金设施"、"教师教学"、"课外活动"、"教务管理"、"就业支持"、"生师交流"、"生生互助"和"学术科研"八个因子，与质性研究结果两者整体吻合程度很高，并将质性研究提炼出的"人际交流"因子进一步区分为"生师交流"和"生生互助"，其他六个因子相同。质性研究与定量研究相互检验补充，进一步验证了我国本科教育中院校支持的八因子结构的信效度良好。

总的来说，通过以上对我国本科教育中院校支持构成的探索分析，研究得出我国本科教育中院校支持的八因子结构具有较好的效度与信度，为进一步深入分析我国本科教育中院校支持现状和探索院校支持的影响及影响机制打下坚实的基础。

第6章
中国本科教育中院校支持的现状分析

6.1 整体概况

通过前文的探索研究，发现并验证了我国本科教育中院校支持的"资金设施"、"教师教学"、"课外活动"、"教务管理"、"就业支持"、"生师交流"、"生生互助"和"学术科研"八个因子结构。本章将以这一结构框架，考察我国本科教育中院校支持的具体情况，将八个因子作为分析和解释其情况的特征指标，对其整体概况和在各因子上的情况进行分析，并补充质性访谈的相关发现。最后，基于以上分析，对我国本科教育中院校支持的现状进行小结。

在探讨分析我国本科教育中院校支持的现状时，已有的研究提供了两种不同的视角：一是"以变量为中心"（variable-centered）的视角。基于该视角的分析有助于了解全面的情况，但容易掩盖不同学生群体之间的差异。二是"以个体为中心"（person-centered）和"以机构/院校为中心"（school/organization-centered）的视角。基于该视角的分析有利于考察不同群体和不同类型院校学生存在的差异（Lawson et al., 2013）。为此，本章将同时使用这两种视角对我国本科教育中院校支持的现状进行分析。

6.1.1 计算构成因子得分

为更严谨科学地求得各因子的得分，研究使用相关性权重法计算各个因子的分值。该方法依据大样本数据中变量与题项的相关系数，确定各个题项的具体权重，进而计算因子得分。在结构方程模型中，模型的标准化因子负荷即为题项与因子之间的相关系数，对其进行归一化处理便可得到各题项相应的权重①。具体来说，使用全体样本数据运行一阶 CFA 模型，得到各题项标准化因子负荷后，进行归一化处理算出题项的具体权重，进而得出各个因子得分的计算公式，如表 6-1 所示。

表 6-1　院校支持量表标准化因子负荷及因子得分计算公式

因子	因子编号	题项	标准化因子负荷	权重	因子得分计算公式
资金设施	F1	a1	0.897	0.384	$y = 0.384×a1 + 0.365×a2 + 0.250×a3$
		a2	0.853	0.365	
		a3	0.584	0.250	
教师教学	F2	a4	0.704	0.237	$y = 0.237×a4 + 0.268×a5 + 0.269×a6 + 0.227×a7$
		a5	0.798	0.268	
		a6	0.799	0.269	
		a7	0.674	0.227	
课外活动	F3	a8	0.751	0.423	$y = 0.423×a8 + 0.333×a9 + 0.244×a10$
		a9	0.591	0.333	
		a10	0.432	0.244	
教务管理	F4	a11	0.870	0.381	$y = 0.381×a11 + 0.318×a12 + 0.302×a13$
		a12	0.726	0.318	
		a13	0.690	0.302	

① 具体归一化公式为：$y_{ij} = x_{ij} / \sum_{j=1}^{n} x_{ij}$，其中 x_{ij} 为第 j 个题项在第 i 个一阶因子上的标准化因子负荷，y_{ij} 为第 j 个题项在第 i 个一阶因子上的归一化权重。

续表

因子	因子编号	题项	标准化因子负荷	权重	因子得分计算公式
就业支持	F5	a14	0.673	0.204	$y = 0.204 \times a14 + 0.207 \times a15 + 0.175 \times a16 + 0.218 \times a17 + 0.197 \times a18$
		a15	0.683	0.207	
		a16	0.577	0.175	
		a17	0.719	0.218	
		a18	0.652	0.197	
生师交流	F6	a19	0.708	0.217	$y = 0.217 \times a19 + 0.258 \times a20 + 0.253 \times a21 + 0.272 \times a22$
		a20	0.842	0.258	
		a21	0.826	0.253	
		a22	0.886	0.272	
生生互助	F7	a23	0.592	0.217	$y = 0.217 \times a23 + 0.297 \times a24 + 0.264 \times a25 + 0.222 \times a26$
		a24	0.811	0.297	
		a25	0.720	0.264	
		a26	0.607	0.222	
学术科研	F8	a27	0.685	0.381	$y = 0.381 \times a27 + 0.279 \times a28 + 0.340 \times a29$
		a28	0.502	0.279	
		a29	0.612	0.340	

　　求得因子得分之后，对各因子及其得分进行相关分析，结果如表 6-2 所示，所有相关系数均在 0.001 水平上显著。数据显示，各因子得分之间的相关系数与一阶 CFA 模型中各因子间的相关系数差异仅在 0.0019~0.0764 之间，可见使用该方法计算出的因子得分较为符合模型中因子之间的相关关系，验证了此因子得分计算方法的科学与合理性。

表 6-2　院校支持量表因子相关系数及因子得分相关系数

因子编号	因子相关系数（因子得分相关系数）						
	F1	F2	F3	F4	F5	F6	F7
F2	0.300 (0.282)						
F3	0.164 (0.139)	0.230 (0.212)					

续表

因子编号	因子相关系数（因子得分相关系数）						
	F1	F2	F3	F4	F5	F6	F7
F4	0.344 (0.328)	0.496 (0.457)	0.201 (0.195)				
F5	0.201 (0.196)	0.386 (0.368)	0.163 (0.180)	0.380 (0.364)			
F6	0.043 (0.086)	0.278 (0.314)	0.056 (0.132)	0.344 (0.369)	0.380 (0.416)		
F7	0.113 (0.119)	0.410 (0.374)	0.185 (0.187)	0.306 (0.295)	0.362 (0.345)	0.381 (0.386)	
F8	0.051 (0.066)	0.195 (0.187)	0.329 (0.312)	0.253 (0.231)	0.326 (0.287)	0.316 (0.295)	0.299 (0.265)

另外，为了便于理解各个因子和题项得分均值的相对水平，研究对题项进行百分制正向计分，即选择题项的最高一级选项（很经常/非常同意/很友好）为 100 分，最低一级选项（从未/非常不同意/不友好）为 0 分，数值越高代表相应的院校支持水平越高。接下来，研究将采用描述性统计、T 检验和方差分析等方法，对我国本科教育中的院校支持情况进行描述和分析。

6.1.2　整体特征分析

我国本科教育中院校支持的现状究竟如何？为回答这一问题，需要对高校的院校支持特征进行整体上的考察。

图 6.1 展示了我国本科教育中院校支持的八个构成因子的基本情况。因子柱状图之上的数值为该因子的得分均值。由图 6-1 可知，院校支持的构成因子中，课外活动因子的得分最高，其次是教师教学因子，两因子的得分均值超过 70 分，说明学生体验到的课外活动与教师教学支持在八个构成因子中水平较高，对学生的相应支持情况较为良好；其次是教务管理和资金设施因子，两因子均值高于 60 分但均低于 70 分，说明学生体验到的教务管理支持及资金设施支持在八个构成因

子中情况居中，相应支持水平一般；之后是生生互助、就业支持和学术科研因子，得分均值在 50~60 分之间，可见学生在生生互助、就业支持和学术科研方面获得院校支持的情况相对较差；最后是生师交流因子，该因子得分均值最低，也是唯一低于 50 分的因子，可见我国本科教育中院校支持的八个构成因子中，学生感受到的生师交流支持最弱，院校在该方面对学生的相应支持亟待提高。

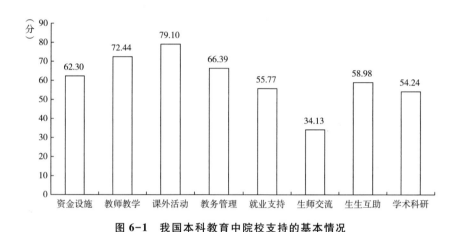

图 6-1　我国本科教育中院校支持的基本情况

6.2　各构成因子情况

6.2.1　资金设施

资金设施方面，本研究使用学生对院校三方面资金设施的满意度来体现院校对学生的资金设施支持情况，具体有：学习硬件，包括教室、图书馆、实验室、网络等；生活硬件，指食堂、宿舍、体育活动场所等；奖助学金和助学贷款。以学生对这三方面的评价，作为衡量院校给予学生资金设施支持的情况，评价越高，表示院校在这方面给予的支持程度越高。每题题项均设置了 7 级量表，采取正向计分，1 表示"非常不满意"，7 表示"非常满意"，从 1 到 7，程度依次变化。

资金设施支持方面的各题项得分均值与各选项占比如表 6-3 所示。

图 6-2 为数值的可视化展示，具体来说图中折线表示各题项的得分均值，柱状图为选项的占比，其中"消极感受"指选择 1 和 2 的学生占比，"中等感受"表示选择 3~5 的学生占比，"积极感受"代表选择 6 和 7 的学生占比。题项得分均值显示，我国本科教育对学生的资金设施支持中，奖助学金和助学贷款方面学生体验最好，其次是学习硬件方面，生活硬件方面学生的体验最差。

表 6-3 资金设施支持的基本特征

单位：分,%

题项	均值	标准差	占比						
			1 非常不满意	→				7 非常满意	
学习硬件	64.17	26.35	3.8	5.3	9.4	18.7	25.2	21.2	16.4
生活硬件	58.58	26.77	4.9	7.5	12.8	21.2	24.5	17.8	11.3
奖助学金和助学贷款	65.10	24.80	3.0	4.2	8.6	20.3	26.2	23.0	14.8

说明：因四舍五入，各题项占比总和有不为 100% 的情况出现。

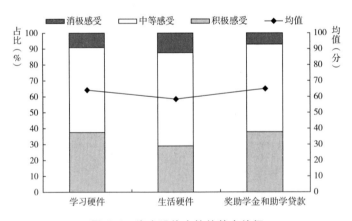

图 6-2 资金设施支持的基本特征

具体来看，在学生评价最高的奖助学金和助学贷款方面，37.8% 的学生对该方面的院校支持给予了积极评价，另外 55.1% 的学生表示感受中等，仅有 7.2% 的学生给予了消极评价。在学习硬件方面，同样有近

38%的学生对院校给予的学习硬件支持给予积极评价，给予中等感受评价的学生占53.3%，少于奖助学金和助学贷款方面学生占比，给予消极感受评价的学生占9.1%，高于奖助学金和助学贷款方面占比。对于学生评价最差的生活硬件支持方面，给予消极感受评价的学生比例达12.4%，为三方面资金设施支持中最高，同时给予积极评价的比例为三方面中最低，不足1/3。另外可以发现，生活硬件方面学生反馈情况的标准差最大，这表明对于生活硬件方面的院校支持，学生评价的内部差异最大，院校对学生们的生活硬件支持水平最为离散。而奖助学金方面标准差最小，学习硬件方面介于两者之间。

结果显示，相对来说，学生对院校的生活硬件支持不满而对奖助学金及学习硬件支持较为满意，这在对学生的访谈中也有体现，如 B02 谈道："从我的感觉来说，院校的经费大部分花在教学设施的改进、教学楼的翻新。一些很旧的宿舍可能很久都不会翻新，教室隔一段时间就会更新一次，更新频率比宿舍快得多。" A06 说道："我们院校女生宿舍条件确实不是很好，宿舍是从别的地方租来的，希望院校能改变一下。"

可见我国本科教育对学生的资金设施支持中，院校应在生活硬件方面给予学生更多的支持。另外，要注意生活硬件的分配管理，给予学生们更为平均的生活硬件支持。

随后，考察在不同人口变量和高等教育变量下，我国高校对不同学生群体的资金设施支持的具体情况（见表6-4）。从性别上看，女生对资金设施的支持情况评价高于男生。男生反馈评价的标准差较大，对资金设施支持的评分较女生更为离散。相对来说，院校对女生的资金设施支持情况较好，对男生的资金设施支持存在较大内部差异。分具体题项来看（见附录 D），在学习硬件、生活硬件、奖助学金和助学贷款三个题项上，女生对相应方面支持的评分均值也都高于男生，评分标准差也较小。男生与女生在资金设施因子及其三个题项上的得分差异均达到统计显著，但效果量 d 值都未达小的效果标准，说明其差异不具实际意义。

表 6-4　不同类别变量下的资金设施支持情况

变量		N	M	SD	显著性检验	效果量
性别 a	男	39492	61.72	23.37	-7.174^{***}	-0.03
	女	38358	62.90	22.39		
户口类型 a	农业	39377	62.67	22.52	4.427^{***}	0.02
	非农业	37899	61.94	23.29		
社会经济地位 a	低地位组	14981	63.32	21.96	21.949^{***}	0.00
	中低地位组	14962	62.19	22.51		
	中高地位组	14966	61.93	23.41		
	高地位组	14910	61.20	24.01		
年级 a	大一	16128	62.21	22.21	15.746^{***}	0.00
	大二	22259	62.40	22.57		
	大三	22185	61.58	23.05		
	大四	17278	63.17	23.70		
学科 a	人文类	10325	62.92	23.28	19.676^{***}	0.00
	社科类	17611	62.90	22.54		
	理学类	12401	61.05	22.69		
	工学类	37095	62.06	22.98		
院校类型 a	985 院校	5902	68.09	20.88	242.525^{***}	0.01
	211 院校	25993	60.85	22.90		
	普通本科院校	45955	62.37	23.03		
院校地区 a	东部	36073	61.18	22.78	843.729^{***}	0.02
	中部及东北	20489	67.67	22.15		
	西部	21288	59.02	22.92		

说明:"性别"与"户口类型"变量的"显著性检验"列数值为 t 值,a 表示违反方差齐性假设 ($p<0.05$),使用方差不齐性对应的 t 值;其他分组变量的"显著性检验"列数值为 F 值,a 表示对应分组违反方差齐性假设 ($p<0.05$),使用校正的 Tamhane's T2 法进行事后检验;*** 表示 $p<0.001$。

　　分户口类型来看,农业户口学生对资金设施支持的评价高于非农业户口学生,且评分标准差更小,评价更为集中,说明院校对农业户口学生的资金设施支持较好。这可能与不同户口学生对院校资金设施支持的心理预期不同有关,总体来说非农业户口学生对院校资金设施的预期一般会高些，特别在学习、生活硬件方面。两类户口学生在资金设施因子的评分差异统计显著，但效果量 d 值未达 0.2，说明此差异不具实际意义。从具体题项来看（见附录 D），农业户口学生对学习硬件、生活硬件、奖助学金和助学贷款的评价均高于非农业户口学生，特别是奖助学金和助学贷款方面。三个题项的得分差异均达到统计显著，但效果量 d 值均未达小效果的标准。

从社会经济地位方面看，随着社会经济地位逐渐升高，学生对院校的资金设施支持的满意程度越低，且评价也越来越离散。低地位组学生对资金设施支持的评分最高，而高地位组学生的评分最低。这一方面可能与不同社会经济地位学生对资金设施支持的预期不同有关，特别在学习、生活硬件方面，且资金设施支持中的助学金和助学贷款支持总体来说更倾向于社会经济地位较低的学生。分具体题项来看（见附录 D），低地位组学生对学习硬件、生活硬件、奖助学金和助学贷款的评分最高，高地位组学生的评分最低，随着学生社会经济地位逐渐升高，题项得分越低也越来越离散。虽然以上差异均统计显著，但效果量值未达 0.01，还不具实际意义，但是综合结果较为类似的分户口类型的情况，院校对学生的资金设施支持总体来说需要进一步提高，以满足期待、要求相对较高的学生人群，而资金设施支持对相对弱势的农业户口、低社会经济地位学生的合理倾向值得延续和保持。

下面从高等教育相关变量方面，分析我国院校对各个学生群体的资金设施支持情况。首先分年级来看，因子得分均值随着年级升高呈现波动变化的情况。大四学生对资金设施支持情况的满意程度最高，大二学生其次，大一学生位列第三，而大三学生对资金设施支持的评价最低。另外随着年级升高，学生对资金设施支持的评分的标准差逐渐变大，学生对资金设施支持的评价日渐离散。总的来说，对大四学生的资金设施支持情况最好，其次是大二学生，再次是大一学生，最后为大三学生。对各年级学生的资金设施支持的内部差异随年级的升高逐渐增大。从具体题项来看（见附录 D），对于学习硬件方面，大四学生评价最高，大一至大三学生评分逐渐降低，另外题项得分标准差随着年级升高而升高，评价日渐离散；在生活硬件方面，大一学生评价最低，其次是大三学生，再次是大二学生，大四学生评价最高。评价的离散程度大四学生最高，大三学生其次，再次是大一学生，大二学生评价离散程度最小；在奖助学金和助学贷款方面，大一学生的满意度最高，其次是大四学生，再次为大二学生，大三学生对其评价最低，另外题项得分的标准差随着年级升高而升高，评价离散程度变大。以上各年级之间的差异均统计显著，但效果量均未达小效果的标准，说明差异不具实际意义。

从学科方面来看，人文类学生对院校的资金设施支持评价最高，其次是社科类学生，第三为工学类学生，理学类学生对院校的资金社会支持评价最低。评价的离散程度方面，四类学科学生标准差差值未超过1，整体来说离散程度相差不大，其中人文类学生评价的标准差最大。可见，对人文类学生的资金设施支持情况最好，其次是社科类，再次是工学类，最后为理学类。院校对四类学生的资金设施支持的内部差异不大。分具体题项来看（见附录 D），对于学习硬件、奖助学金和助学贷款这两个选项，评价最高的均为社科类学生；对院校资金设施整体评价最低的理学类学生，在奖助学金和助学贷款方面给予了最高评价，但对学习硬件和生活硬件方面的评价为四类学生中最低，可见理学类学生对院校资金设施支持的不满意之处主要在于学习硬件和生活硬件方面，而人文类与工学类学生对这三方面的评价均处于中间级别。另外，人文类学生对于学习硬件、奖助学金和助学贷款的评价最为离散，生活硬件方面理学类学生评价最为离散。同样的，计算发现以上各学科之间的差异均统计显著，但效果量都未达小效果的标准，差异不具实际意义。

分院校类型来看，依据学生的评价可知，985 院校对于学生的资金设施支持最高，其次是普通地方本科，而 211 院校最低。211 院校所获评价低于普通地方本科，这和一般认为的情况存在一定的差距，值得关注和思考。随着地方经济的发展，不少地方主办的高校在资金设施支持方面有较快的进步。另外，不同院校类型学生对院校给予的资金设施支持的期待也有所不同，相比于普通地方本科，211 院校学生的期待普遍会高些。从因子得分的标准差来看，从 985 院校到 211 院校再到普通地方本科，标准差逐渐增大，学生对资金设施支持的评价逐渐离散，院校内部的资金设施支持差异也逐步加大。分具体题项上看，在学习硬件和生活硬件方面，985 院校得分最高，其次为普通本科院校，最低为 211 院校。在奖助学金和助学贷款方面，985 院校得分最高，其次为 211 院校，最低为普通本科院校。另外，在学习硬件和生活硬件方面，211 院校得分标准差最大，得分最为离散，奖助学金和助学贷款方面，普通本科院校得分标准差最大，得分最为离散。不同院校类型的院校对学生的资金设施支持存在的差异统计显著，并且效果量达到了小效果的标准，具体题项中，三题的差异统计显著，并且生活硬件、奖助学金和助学贷款方面差异的效果量达到了小效果的标准。

从院校地区来看，由学生的评价情况可知，中部及东北地区院校对学生的资金设施支持最高，其次是东部地区院校，而西部院校最低。另外，从因子得分的标准差来看，西部地区院校标准差最大，学生对资金设施支持的评价最为离散，即对学生的资金设施支持内部差异最大。西部地区得分均值最低且得分离散的情况应该引起我们的关注，而中部及东北地区院校对学生的资金设施支持情况相对来说较为良好。从具体题项上看，在学习硬件、生活硬件、奖助学金和助学贷款三方面，中部及东北地区院校得分最高，东部地区院校其次，最低为西部地区院校。在学习硬件和生活硬件方面，东部地区院校得分标准差最大，得分最为离散，奖助学金和助学贷款方面，西部地区院校得分标准差最大，得分最为离散。特别值得注意的是，从院校地区来看，对学生的资金设施支持存在的差异统计显著，并且效果量超过了小效果的标准，在具体题项里，三题的差异均统计显著，并且学习硬件和生活硬件方面差异的效果量超过了小效果的标准，生活硬件方面效果量更达到了 0.03。可见应努力缩小不同地区院校之间的资金设施条件差距，特别是西部地区院校对学生的生活硬件支持应该进一步加强。

综上，我们可以发现，院校对学生的资金设施支持中，奖助学金和助学贷款方面的支持做得最好，其次是学习硬件方面，生活硬件方面最差。对不同人口变量和高等教育变量下的学生群体的资金设施支持方面，群体间的差异均达到统计显著，但大部分情况效果量均未达到小效果量要求，无实际意义。特别的，不同类型和地区院校对学生的资金设施支持差异达到小效果量标准，存在一定实际意义的差异。

6.2.2　教师教学

教师教学支持部分，本研究调查了教师在教学过程中对以下四方面行为的达成程度，以了解院校给予学生教师教学支持的情况。具体包括以下行为：合理安排教学内容、课程任务过程中给予指导、给作业/测验提供及时反馈、激发学生的学习兴趣。学生反馈教师的达成程度越高，表示院校给予学生的教师教学支持越好。每个题项都设置了4级选项，采取正向计分，1表示"没有做到"，2表示"做到一点"，3表示"基本做到"，4表示"完全做到"（1、2表示低达成，3、4表示高达成）。

我国本科教育中，院校给予学生教师教学支持方面的各题项得分均值和各选项占比如表6-5所示，图6-3为其结果的可视化展示，图中折线表示各个题项的均值，柱状图为选项占比，其中"低达成"指选择选项1和2的学生占比，"高达成"表示选择3和4的学生占比。数据显示，我国本科教育对学生的教师教学支持整体情况良好，四方面行为得分均值都在60以上，三方面行为得分均值超过70分。其中合理安排教学内容方面做的最好，其次是给作业/测验提供及时反馈方面，再次是课程任务过程中给予指导，而激发学生的学习兴趣方面做的最差，是教师教学支持四方面行为中唯一均值低于70分的方面，且得分标准差最大，分值最为离散，对学生的相应支持内部差异最大，应注意加强。

表 6-5　教师教学支持的基本特征

单位：分,%

题项	均值	标准差	占比			
			没做到	做到一点	基本做到	完全做到
合理安排教学内容	78.11	20.90	0.5	6.8	50.6	42.1
课程任务过程中给予指导	72.62	24.71	1.7	15.1	47.0	36.2
给作业/测验提供及时反馈	73.68	23.96	1.2	14.0	47.5	37.4
激发学生的学习兴趣	64.51	26.34	3.4	24.5	47.3	24.8

说明：因四舍五入，各题项占比总和有不为100%的情况出现。

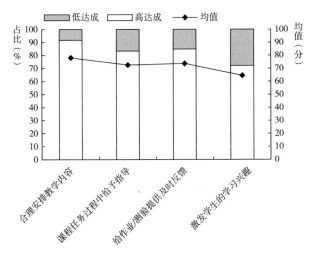

图 6-3　教师教学支持的基本特征

　　具体来看，四方面的教师教学支持均有 70% 以上的学生选择了高达成（基本做到、完全做到），说明院校给予的教师教学支持整体情况较好。其中，合理安排教学内容方面，选择高达成的学生比例达到了 92.7%，仅有 7.3% 的学生给予了低达成的评价；给作业/测试提供及时反馈方面，84.9% 的学生表示教师达成度较高，15.2% 的学生表示教师达成度较低；课程任务过程中给予指导方面，选择高达成的学生比例（83.2%）同样较高，16.8% 学生选择了低达成。特别的，激发学生的学习兴趣方面有 27.9% 的学生选择了低达成，比例较其他三个方面明显增加，其中 3.4% 学生表示教师没有做到，24.5% 的学生表示教师做到一点，为教师教学支持题项中情况最差的方面。

由以上分析可知，院校给予学生的教师教学支持整体情况良好，而在激发学生的学习兴趣上有所欠缺，这在访谈学生过程中也有所体现。例如 D05 同学表示"学校为我们提供了资历较深、关心学生的导师，悉心带领我们更好地适应学习、了解社会发展和社会动态"。A05 谈道："老师特别好，知道我们对哪些东西有点不熟悉，耐心教育我们"。而在激发学生的学习兴趣上，E03 指出"有很多课程上完了也不知道在学什么，也缺乏对它的兴趣"。可见在教师教学方面，院校应进一步加强对学生学习兴趣的培养。

再来分析在人口变量下与高等教育变量下，我国高校对不同学生群体的教师教学支持情况（见表 6-6）。性别方面，女生对教师教学支持情况的评价高于男生，可见，院校对女生的教师教学支持情况相对较好。另外，男生对教师教学支持评分的标准差较大，且评分较女生更为离散，内部差异较大。虽然男生与女生在教师教学因子得分的差异统计显著，但效果量 d 值并未达 0.2 的小效果标准，说明其差异不具实际意义。从具体题项来看（见附录 D），在合理安排教学内容、课程任务过程中给予指导、给作业/测验提供及时反馈、激发学生的学习兴趣四个题项上，女生对相应支持的评分均值也都高于男生，评分标准差也都较小，男女生在四个题项的得分差异均达统计显著，但效果量均小于0.2，并不具实际意义。

表 6-6　不同类别变量下的教师教学支持情况

变量		N	M	SD	显著性检验	效果量
性别 a	男	39492	71.68	20.26	−10.803***	−0.04
	女	38358	73.22	19.52		
户口类型 a	农业	39377	72.18	19.44	−3.846***	−0.01
	非农业	37899	72.73	20.38		

续表

变量		N	M	SD	显著性检验	效果量
社会经济地位 a	低地位组	14981	71.71	19.25	19.551 ***	0.00
	中低地位组	14962	72.01	19.73		
	中高地位组	14966	72.94	20.03		
	高地位组	14910	73.22	20.75		
年级 a	大一	16128	72.22	19.82	49.560 ***	0.00
	大二	22259	72.27	19.64		
	大三	22185	71.57	20.24		
	大四	17278	73.97	19.86		
学科 a	人文类	10325	74.45	19.93	44.151 ***	0.00
	社科类	17611	72.29	19.90		
	理学类	12401	71.58	19.70		
	工学类	37095	72.26	19.95		
院校类型 a	985 院校	5902	73.72	19.42	26.441 ***	0.00
	211 院校	25993	71.83	20.12		
	普通本科院校	45955	72.62	19.85		
院校地区 a	东部	36073	72.25	20.00	29.503 ***	0.00
	中部及东北	20489	73.32	19.54		
	西部	21288	71.91	20.11		

　　说明："性别"与"户口类型"变量的"显著性检验"列数值为 t 值，a 表示违反方差齐性假设（$p<0.05$），使用方差不齐性对应的 t 值；其他分组变量的"显著性检验"列数值为 F 值，a 表示对应分组违反方差齐性假设（$p<0.05$），使用校正的 Tamhane's T2 法进行事后检验；*** 表示 $p<0.001$。

　　分户口类型来看，非农业户口学生对教师教学支持的评价高于农业户口学生，但评分标准差相对较大，评分更为离散。相对来说，院校对非农业户口学生的教师教学支持较好，但对其的教师教学支持的内部差异也较大。两类户口学生在教师教学因子的得分差异统计显著，但效果量 d 值未达 0.2，差异不具实际意义。从具体题项来看（见附录 D），农业户口学生对教师合理安排教学内容的评价稍高于非农业户口学生（统计不显著），但在课程任务过程中给予指导、给作业/测验提供及时反馈、激发学生的学习兴趣三个方面评分低于非农业户口，可见对农业户口学生的教师教学支持的不足主要体现在这三个方面。两类学生在四个具体题项上的得分差异均达到统计显著，但效果量 d 值均未达小效果标准，差异还不具有实际意义。

从社会经济地位方面看，随着社会经济地位逐渐提高，学生对教师教学支持的评分均值逐渐升高，且评分标准差逐步增大。说明院校对社会经济地位越高的学生的教师教学支持程度越高，给予的教师教学支持的内部差异也越大。对不同社会经济地位学生的教师教学支持的差异均统计显著，但效果量值未达 0.01，不具实际意义。从具体题项来看（见附录 D），高地位组学生对合理安排教学内容、课程任务过程中给予指导、给作业/测验提供及时反馈、激发学生的学习兴趣四个题项的评分均为最高，标准差也均为最大；低地位组对教师合理安排教学内容的评分位于第二，但在其他三个题项的评分都为最低；中低地位组对教师合理安排教学内容的评价最低，在其他三个题项的评分均为第三；中高地位组对四个方面的教师教学支持评价多处于中间的第二或第三位。特别的，相比于其他三组学生，高地位组学生对这四个方面的教师教学支持的评分标准差都为最大，评分最为离散。不同社会经济地位学生群体在四个题项的评分上具有差异，教师合理安排教学内容方面差异不显著，其他三个方面差异显著，但效果量值未达小效果量标准，还不具有实际意义。

随后从高等教育相关变量方面分析我国院校对各个学生群体的教师教学支持情况。分年级来看，教师教学因子得分均值随着年级升高呈现出波动变化的情况。大四学生对教师教学支持情况的满意程度最高，大二学生其次，大一学生位列第三，而大三学生对教师教学支持的评价最低。可见，院校对大四学生的教师教学支持程度最高，其次是大二学生，再次为大一学生，对大三学生的教师教学支持最低。另外随着年级升高，学生对教师教学支持的评分的标准差，即对各年级学生的教师教学支持内部差异也有所波动。从大一到大四，学生评分的离散程度先下降，后上升，再下降。大三学生对教师教学支持的评分离散程度最高，其次是大四学生，再次是大一学生，大二学生的评分离散度最低。以上各年级之间的差异均统计显著，但效果量均未达小效果的标准，说明差异不具实际意义。从具体题项来看（见附录 D），在合理安排教学内容方面，大一学生的评价最高，其次是大二学生，再次为大四学生，大三学生对其评价最低，且由大一至大四，学生评分的标准差逐渐增大，离散程度逐渐上升。可见由大一到大三，学生在该方面获得的支持程度逐渐下降，到大四时稍有回升，并且随年级升高，学生在该方面获得支持的内部差异也越大；课程任务过程中给予指导方面，由大一至大四，学生评分逐渐升高且标准差逐渐减小，评分更为集中，支持情况稳步提升；给作业/测验提供及时反馈方面，随着年级升高，评分呈现波动变化，大二学生对此评价最高，其次是大四学生，再次为大一学生，大三学生对此评价最低。评价的离散程度也随年级变化而波动变化，大三学生对此评价最为离散，其次是大一学生，再次是大四学生，大二学生对该方面评价的离散程度最低；激发学生的学习兴趣方面，同样随着年级升高，得分均值和标准差均呈现波动变化。大四学生对激发学生的学习兴趣的支持情况评价最高且离散程度最低，大一学生评价其达成情况最低且离散程度最高。大二与大三学生的评分均值与标准差介于大一和大四学生之间。四个题项各年级之间的差异均统计显著，且在课程任务过程中给予指导方面效果量达到小效果的标准，说明院校对各年级学生提供的课程任务过程中给予指导方面的教师教学支持，存在一定实际意义的差异。

从学科方面来看，人文类学生对院校的教师教学支持评价最高，其次是社科类，第三为工学类学生，理学类学生对院校的教师教学支持评价最低。评价的离散程度方面，四类学科学生标准差差值未超过 1，整体来说离散程度相差不大，其中工学类学生评分的标准差最大，理学类学生评分的标准差最小。可见，对人文类学生的教师教学支持情况最好，其次是社科类，再次是工科类，最后为理学类学生。对四类学生的教师教学支持的内部差异不大。从具体题项来看（见附录 D），在合理安排教学内容方面，四学科类别学生的评分均值相差不大，其中理学类学生给予的评价最高，其次是人文类，再次是社科类，最后是工学类；在课程任务过程中给予指导和给作业/测验提供及时的反馈两方面，人文类学生的评分的均值最大，离散程度也最小，理学类学生的评分均值最小，离散程度也最大，社科类和工学类学生的评分均值及标准差在两者之间；激发学生的学习兴趣方面，人文类学生给予的评价最高，其次是理学类，再次是社科类，工学类给予的评价最低，四类不同学科的学生对这方面教师教学支持的评分标准差差值不到 1，工学类学生最高，理学类学生最低。以上各学科之间的差异均统计显著，但效果量均未达小效果的标准，说明差异不具有实际意义。

分院校类型来看，由学生的评价情况可知，985 院校对学生的教师教学支持水平最高，其次是普通本科院校，支持水平最低的是 211 院校。而三类院校中得分标准差最大的也是 211 院校，说明其分值离散程度最大，对学生的教师教学支持内部差异较大。三类院校在教师教学支持方面的差异统计显著，但效果量未达小效果标准，不具有实际意义。分具体题项来看（见附录 D），在合理安排教学内容、给作业/测验提供及时的反馈和激发学生的学习兴趣三方面，985 院校支持水平最高，其次是普通本科院校，最低为 211 院校。特别的是，在完成课程任务中给予指导题项中，普通本科院校超过 985 院校，得分最高，211 院校依然得分最低。从得分离散程度方面看，合理安排教学内容、给作业/测验提供及时的反馈两方面，普通本科院校得分标准差最大、离散度最大，其次是 211 院校，985 院校得分标准差最小、离散度最小；给作业/测验提供及时的反馈方面，985 院校得分标准差最大、离散度最大，其次是 211 院校，普通本科院校得分标准差最小、离散度最小；激发学生的学习兴趣方面，211 院校得分标准差最大、离散度最大，其次是普通本科院校，985 院校得分标准差最小、离散度最小。在四个题项上，各学科之间的差异均统计显著，但效果量都未达小效果的标准。

从院校地区来看，中部及东北地区院校的教师教学支持得分均值最高且标准差最小，东部地区院校得分均值位居第二位，标准差也为第二位，西部地区院校得分最低且标准差最大，可见中部及东北院校对学生的教师教学支持情况最好，且内部离散程度最小，而西部地区院校对学生的教师教学支持情况相对最差，且内部离散程度最大。三个地区院校对学生的教师教学支持得分差异均统计显著，但效果量还未达小效果的标准。分具体题项来看（见附录 D），在合理安排教学内容、课程任务过程中给予指导、给作业/测验提供及时的反馈三方面，中部及东北地区院校均得分最高，其次为东部地区院校，西部地区院校均为最低；而在激发学生的学习兴趣方面，中部及东北地区院校得分依旧最高，西部地区院校得分超过东部地区院校，位列第二。从得分标准差数值来看，西部地区院校在合理安排教学内容、课程任务过程中给予指导、给作业/测验提供及时的反馈三方面得分离散程度均最高，其次是东部地区院校，中部及东北得分离散程度均最低，而在激发学生的学习兴趣方面，东部地区院校得分离散程度超过西部地区，位列第一，中部及东北地区得分离散程度依然最小。四题项中，各地区院校之间的差异均统计显著，但效果量同样都未达小效果的标准，差异不具有实际意义。

综上我们可以发现，院校对学生的教师教学支持整体情况较好，其中合理安排教学内容方面的支持做得最好，而激发学生学习兴趣方面的教师教学支持最差。在不同人口变量和高等教育变量下，对不同学生群体的教师教学支持的差异均达到统计显著，特别是对各年级学生在课程任务过程中给予指导方面，随年级升高相应支持力度稳步提升，且各年级间差异效果量达到小效果标准。其他情况下差异的效果量均未达到小效果量要求，差异还不具有实际意义。

6.2.3　课外活动

课外活动支持部分，本研究调查了学生参与以下三类主要课外活动的情况：社会实践或调查、社区服务或志愿者、实习。以学生对这三类课外活动的参与程度，评估院校给予的课外活动支持情况，学生反馈的活动参与程度越高，表示院校给予的课外活动支持越好。每个题项都设置了4级选项，采取正向计分，1表示"不打算做"，2表示"还没决定做"，3表示"打算做"，4表示"已经做了"。

我国本科教育中，院校给予学生课外活动支持方面的各题项得分均值和各选项占比如表6-7所示，图6-4为其结果的可视化展示，图中折线表示各个题项的得分均值，柱状图为各选项占比，其中"低参与"指选择选项1和2的学生占比，"高参与"表示选择3和4的学生占比。统计发现，我国本科教育对学生的课外活动支持的三方面得分均值均在75以上，情况良好。其中社会实践或调查方面做的最好，其次是社区服务或志愿者方面，而实习相比来说稍差。另外，社区服务或志愿者方面得分标准差最大，对学生的相应支持最为离散；实习方面标准差最小，对学生的相应支持离散程度最低；社会实践或调查方面支持的离散程度处于两者之间。

表6-7　课外活动支持的基本特征

单位：分,%

题项	均值	标准差	占比			
			不打算做	还没决定做	打算做	已经做了
社会实践或调查	80.37	28.73	7.8	3.5	36.6	52.0
社区服务或志愿者	79.47	30.00	8.6	4.4	34.6	52.4
实习	76.40	24.90	5.4	4.8	58.3	31.5

说明：因四舍五入，各题项占比总和有不为100%的情况出现。

具体来看，社会实践或调查方面，高参与学生的比例为88.6%，另外11.4%的学生参与情况为低参与；社区服务或志愿者方面，87.0%的学生为高参与，是三题项中高参与学生比例最低的题项；实习方面，高参与学生比例高达89.8%，为三题项中高参与学生比例最高的题项。三个题项的高参与学生占比均在85%以上，可见对学生的课外活动支持

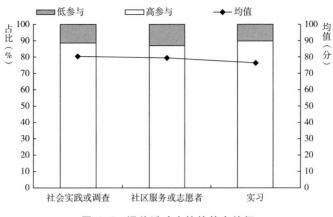

图 6-4　课外活动支持的基本特征

情况良好。特别的是，实习方面高参与学生中 58.3% 的学生为打算做，这与我国院校安排学生实习活动多在大四时有关，低年级学生参与实习的机会较少。

数据体现出我国院校对学生良好的课外活动支持情况，这在学生访谈中也有所体现。A03 说道："有院校对我们实践活动方面的支持，我们可以去做自己想做的事，比如做志愿者，帮助需要帮助的人。还有实践活动，让我们勇敢面对现实，克服自己的胆小自卑。"C04 表示"我个人的专业为会计学，院校和不少事务所进行合作，为我们提供实习岗位"。E06 谈道："院校的大学生实践服务中心会不定期地在公众号上发有关志愿者的活动，学校官方公众号、校团委也会宣传，组织一些像'三下乡'这样的活动，去乡村支教，参与实践调研，自己在大一、大二也都参加过这些活动，让自己有机会能够服务于社会，给需要帮助的人带来温暖，实现自己的价值。"F05 表示"我们专业每个学期都有去见习的机会，就是实践的机会。我们学院的老师帮忙联系的学校有公立幼儿园，也有私立幼儿园，也有一些高档的幼儿园。见习有时是 1 周，有时是 3~5 天"。学生多表示在课外活动方面，院校给予的支持很多且让自己受益匪浅。

再来分析在人口变量和高等教育变量下，我国高校对不同学生群体的课外活动支持情况（见表 6-8）。性别方面，女生课外活动的参与情况优于男生，且分值离散程度更低，相对来说，院校对女生的课外活动支持较好，且支持的内部差异较小。男女生在课外活动支持因子得分的差异统计显著，但效果量绝对值为 0.1，未达到 0.2 的小效果标准，差异不具有实际意义。从具体题项来看（见附录 D），在社会实践或调查、社区服务或志愿者、实习三个方面，女生的评分均值均高于男生且分值离散程度都更低。三个方面男女生的差异均统计显著，但差异的效果量未达小效果标准，其中社区服务或志愿者方面差异的效果量绝对值（0.11）最大。

表 6-8　不同类别变量下的课外活动支持情况

变量		N	M	SD	显著性检验	效果量
性别 a	男	39492	76.87	23.55	-29.013***	-0.10
	女	38358	81.40	19.96		
户口类型 a	农业	39377	79.52	21.40	4.930***	0.02
	非农业	37899	78.74	22.54		
社会经济地位 a	低地位组	14981	80.07	21.16	12.207***	0.00
	中低地位组	14962	79.09	21.78		
	中高地位组	14966	78.73	22.58		
	高地位组	14910	78.75	22.76		
年级 a	大一	16128	76.00	18.15	174.776***	0.01
	大二	22259	79.97	19.91		
	大三	22185	78.84	23.38		
	大四	17278	81.23	25.33		
学科 a	人文类	10325	79.55	21.35	113.050***	0.00
	社科类	17611	81.64	19.91		
	理学类	12401	77.98	22.24		
	工学类	37095	78.18	22.88		
院校类型 a	985 院校	5902	81.61	19.82	42.540***	0.00
	211 院校	25993	79.05	22.81		
	普通本科院校	45955	78.81	21.74		

续表

变量		N	M	SD	显著性检验	效果量
院校地区 a	东部	36073	79.91	22.16	62.545***	0.00
	中部及东北	20489	79.03	22.13		
	西部	21288	77.79	21.44		

说明："性别"与"户口类型"变量的"显著性检验"列数值为 t 值, a 表示违反方差齐性假设 ($p<0.05$), 使用方差不齐性对应的 t 值; 其他分组变量的"显著性检验"列数值为 F 值, a 表示对应分组违反方差齐性假设 ($p<0.05$), 使用校正的 Tamhane's T2 法进行事后检验; *** 代表 $p<0.001$。

　　分户口类型看, 农业户口学生评分高于非农业学生, 且分值标准差低于非农业学生, 分值离散程度较低。可见, 农业户口学生体验到的课外活动支持情况更好, 且对其的课外活动支持内部差异较小。对两类户口类型学生的课外活动支持及其具体题项方面的差异均统计显著, 但效果量未达小效果标准, 差异还不具实际意义。

　　从社会经济地位来看, 低地位组学生对课外活动因子的评分均值最高, 其次是中低地位组, 再次为高地位组, 而中高地位组学生的评分均值最低。得分离散程度方面, 随着社会经济地位的提升, 学生对课外活动支持因子的评分标准差逐渐增大, 分值越来越离散。可见院校对低地位组学生的课外活动支持最好, 其次为中低地位组, 再次是高地位组, 而对中高地位组的课外活动支持相对最差。随着学生社会经济地位的提高, 院校给予学生的课外活动支持的内部差异也越大。四个学生群体对课外活动因子的评分均值、标准差的差异在 2 以内, 分值差异不大, 虽然差异统计显著, 但效果量未达到小效果标准, 差异不具有实际意义。详细到具体题项, 社会实践或调查方面, 低地位组学生的评分最高, 其次是中低地位组, 再次是高地位组, 中高地位组的评分最低; 社区服务或志愿者方面, 低地位组的评分最高, 其次是高地位组, 再次是中低地位组, 中高地位组的评分最低; 实习方面, 随着社会经济地位的提升, 四个学生群体的评分数值逐渐降低。分值的离散程度上, 随着社会经济地位的提升, 学生在社会实践或调查、实习两方面的评分标准差均逐渐增大, 分值越来越离散。社区服务或志愿者方面, 分值离散程度最高的是中高地位组，其次为高地位组，再次为中低地位组，低地位组分值离散程度最低。四个学生群体对社会实践或调查、实习两个题项的评分差异显著，但差异效果量均为 0.00，差异不具有实际意义。社区服务或志愿者题项的得分差异不显著。

接着从高等教育相关变量方面分析我国院校对各个学生群体的课外活动支持情况。分年级来看，课外活动因子得分均值随着学生年级升高呈现波动变化的情况，其中大四学生对课外活动因子的评分最高，其次为大二学生，再次为大三学生，大一学生的评分最低。综合来说，院校对大四学生的课外活动支持程度最高，其次是大二学生，再次为大三学生，对大一学生的课外活动支持程度最低。随着学生年级升高，院校给予学生的课外活动支持的内部差异越大。对各年级学生的课外活动支持之间存在的差异统计显著，且效果量为 0.01，刚好达到小效果量的标准。从具体题项来看（见附录 D），社会实践或调查方面，大二学生的评分最高，其次是大四学生，再次为大三学生，大一学生评分最低；社区服务或志愿者方面，大二学生的评分最高，其次为大一学生，再次为大三学生，大四学生评分最低；实习方面，随着年级升高，学生评分逐渐升高。另外得分离散程度方面，随着年级的升高，三个题项的分值标准差逐渐增大，分值越来越离散，内部差异变大。三个题项上年级间的差异均统计显著，但社区服务或志愿者方面效果量为 0.00，未达小效果标准，而社会实践或调查、实习两方面效果量达小效果标准，特别是实习方面，效果量为 0.03，差异具有小效果标准的实际意义。

从学科来看，社科类学生对课外活动因子的评分最高，且分值标准差最小，分值离散程度最小；其次是人文类学生，其分值离散程度大小位列第三；再次是工学类学生，分值离散程度最大；理学类学生的评分最低，分值离散程度大小位列第二。可见相对来说，对社科类学生的课外活动支持情况最好，其次是人文类，再次是工科类，最后为理学类学生。对四类学生的课外活动支持的内部差异由大到小依次为：工学类、理学类、人文类、社科类。对四类学生的课外活动支持的差异统计显著，但效果量未达小效果标准，不具实际意义。分具体题项来看（见附录 D），在社会实践或调查方面，社科类学生评分最高，其次是人文类，再次为工学类，最后为理学类。其得分离散程度方面，理学类最大，其次为工学类，再次为人文类，社科类离散程度最小；在社区服务或志愿者方面，社科类学生得分最高，其次为理学类，再次为人文类，最后为工学类学生。分值离散程度由大到小依次为：工学类、理学类、人文类、社科类；实习方面，人文类学生评分最高，社科类学生紧随其后（差值不足 0.01），再次为理学类学生，工学类学生评分最低。在分值离散程度方面，工学类分值离散程度最高，其次是理学类，再次为人文类，社科类分值离散程度最低。不同学科学生在三个题项上的差异统计显著，但效果量未达小效果标准，还不具有实际意义。

分院校类型看，由学生的反馈情况可知，985 院校对学生的课外活动支持程度最高，且内部差异最小，支持的离散程度最低；211 院校对学生的课外活动支持程度位列第二，且内部差异最大，支持的离散程度最高；普通本科院校对学生的课外活动支持程度最低，支持的内部差异介于 985 院校与 211 院校之间。从具体题项来看（见附录 D），在社会实践或调查、社区服务或志愿者两方面，由 985 院校到 211 院校再到普通本科院校，得分逐渐变小。而实习方面正好相反，由 985 院校到 211 院校再到普通本科院校，得分逐渐变大。另外，社会实践或调查方面的得分标准差，211 院校最大，得分离散程度最高，其次是普通本科，最后是 985 院校。社区服务或志愿者方面的得分标准差，普通本科院校最大，得分离散程度最高，其次是 211 院校，最后是 985 院校。实习方面的得分标准差，211 院校最大，得分离散程度最高，其次是 985 院校，最后是普通本科院校。三类院校对学生的课外活动支持及其具体题项方面支持的差异均统计显著，但效果量都没有达到小效果标准，差异无实际意义。

从院校地区来看，东部地区院校在课外活动因子上的得分均值最高，其次是中部及东北地区院校，最后为西部地区院校。分值离散程度方面，依据得分标准差可知，同样的，东部地区院校得分离散程度最大，其次是中部及东北地区院校，最后为西部地区院校。这说明东部地区院校对学生的课外活动支持情况最好，但内部离散程度最大；中部及东北地区院校对学生的课外活动支持情况位列第二，且内部离散程度同为第二；而西部地区院校对学生的课外活动支持情况相对最差，内部离散程度最小。三个地区院校在课外活动因子上得分的差异统计显著，但效果量未达到小效果标准，差异无实际意义。分具体题项来看（见附录 D），社会实践或调查方面，东部地区院校得分最高，其次是中部及东北地区院校，最后为西部地区院校。得分的标准差方面，东部地区院校标准差最大，得分离散程度最高，其次是西部地区院校，中部及东北地区院校得分标准差最小，得分离散程度最低；社区服务或志愿者方面，东部地区院校得分最高，其次是西部地区院校，最后为中部及东北地区院校。得分的标准差方面，中部及东北地区院校标准差最大，离散程度最高，其次是西部地区院校，东部地区院校得分标准差最小，得分离散程度最低；实习方面，西部地区院校得分最高，其次是中部及东北地区院校，最后为东部地区院校。得分离散程度上，东部地区院校标准差最大，离散程度最高，其次是中部及东北地区院校，西部地区院校得分标准差最小，得分离散程度最低。三类地区院校对学生的以上具体支持的差异都统计显著，且在社区与服务方面效果量刚好达到小效果标准，其他两个方面差异效果量没有达到小效果标准，差异无实际意义。

综上，我们发现我国本科教育对学生的课外活动支持整体情况较好，其中社会实践或调查方面做得最好，而实习相对来说情况较差。在不同人口变量和高等教育变量下，对不同学生群体的课外活动支持的差异均达到统计显著，特别是对不同年级学生在社会实践或调查、实习两方面的支持，不同地区院校在社区与服务方面对学生的支持，差异的效果量达到小效果标准。其他情况下差异的效果量均未达到小效果量要求，差异不具有实际意义。

6.2.4 教务管理

教务管理支持部分，本研究通过考查学生需要帮助时，能否找到具体教务工作人员并获得帮助，来衡量院校给予学生的教务管理支持水平。教务工作人员具体包括学生系统工作人员、行政管理人员和任课教师。以学生反馈能找到/有帮助的程度，评价院校对学生的教务管理支持情况，学生反馈能找到/有帮助的程度越高，院校给予学生的教务管理支持水平越高。每个题项均设置了 7 级量表，采取正向计分，1 表示"找不到/没帮助"，7 表示"能找到/有帮助"，由 1 到 7，程度依次变化。

我国本科教育中，院校给予学生教务管理支持方面的各题项均值和各选项占比如表 6-9 所示，图 6-5 是其结果的可视化展示，图中折线表示各个题项的均值，柱状图为选项占比，其中"消极感受"指选择 1 和 2 的学生占比，"中等感受"表示选择 3~5 的学生占比，"积极感受"代表选择 6 和 7 的学生占比。数据显示，我国本科教育对学生的教务管理支持三方面得分均值为 60~70 分，支持水平较为一般。其中学生系统工作人员方面做的最好，任课老师次之，行政管理人员方面相对最差。另外，行政管理人员方面得分的标准差最大，对学生的相应支持离散程度最大；学生系统工作人员方面标准差最小，对学生的相应支持离散程度最低；任课教师方面支持的离散程度处于两者之间。

表 6-9　教务管理支持的基本特征

单位：分，%

题项	均值	标准差	占比						
			1（找不到/没帮助）→7（能找到/有帮助）						
学生系统工作人员	68.77	25.18	2.6	3.7	6.6	19.2	23.9	22.0	22.1
行政管理人员	61.10	27.11	4.8	6.5	9.7	23.5	22.5	17.8	15.2
任课教师	68.75	23.91	1.8	3.1	6.8	20.0	25.9	22.2	20.3

说明：因四舍五入，各题项占比总和有不为 100% 的情况出现。

具体来说，学生系统工作人员方面，44.1% 的学生对其帮助支持表示感受积极，49.7% 的学生表示感受中等，6.3% 的学生表示感受消极；行政管理人员方面，仅有 33.0% 的学生对其帮助支持表示感受积极，

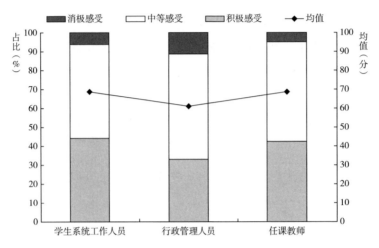

图 6-5　教务管理支持的基本特征

55.7%的学生表示感受中等，高达 11.3%的学生表示感受消极，是三方面支持中情况最差的；任课老师方面，42.5%的学生对其帮助支持表示感受积极，52.7%的学生表示感受中等，仅有 4.9%的学生表示感受消极。

　　由以上分析可知，院校给予学生的教务管理支持整体情况一般，行政管理人员方面给予的支持较差，这在访谈学生过程中也有所体现。A06 同学表示："辅导员还是很关心我们学生个人的发展，我们遇到什么困难，去和老师聊聊天，老师都会给我们解决。"B03 同学谈道："辅导员会对我们的学习情况给予关注，给予鼓励。"C01 同学指出："从大一开始老师就会和我们说考研的话要做什么事情，就业的话我们可以做什么事情。主要是任课老师。"而在行政管理人员方面，B01 同学反映："院校的行政效率很低，申请有时半天批不下来，老师很多流程也跟不上、不熟悉，喜欢互相推诿。"F03 同学说道："我作为一个考研党，当我向院校申请假期留校时，分院让我去找社区的负责老师，而社区的负责老师又让我去找分院的老师申请，各部门等于在踢皮球，久久不给一个答复，最终我无法留校住宿。"可见行政管理人员给予学生的教务管理支持还应该进一步加强。

　　随后来分析在人口变量和高等教育变量下，我国高校对不同学生群体的教务管理支持情况（见表 6-10）。从性别上看，女生对院校的教务管理评价均值高于男生，且分值标准差更小，离散程度更低，可见相对来说院校对女生的教务管理支持程度较高，且支持的内部差异较小。从具体题项来看（见附录 D），学生系统工作人员、行政管理人员和任课老师三方面，女生对他们帮助支持的评分均高于男生且分值标准差较小，评分离散程度更低。对男女学生的教务管理支持及其具体题项的差异均统计显著，但效果量绝对值未达到 0.2 的小效果标准，差异不具有实际意义。

表 6-10　不同类别变量下的教务管理支持情况

变量		N	M	SD	显著性检验	效果量
性别 a	男	39492	65.81	22.31	-7.517***	-0.03
	女	38358	67.00	21.84		
户口类型 a	农业	39377	66.03	21.90	-4.898***	-0.02
	非农业	37899	66.81	22.25		
社会经济地位 a	低地位组	14981	65.40	21.83	35.580***	0.00
	中低地位组	14962	65.84	21.92		
	中高地位组	14966	67.12	22.15		
	高地位组	14910	67.70	22.40		
年级 a	大一	16128	65.79	21.84	120.097***	0.00
	大二	22259	65.82	21.89		
	大三	22185	65.25	22.43		
	大四	17278	69.17	21.89		
学科 a	人文类	10325	67.82	22.39	18.358***	0.00
	社科类	17611	66.42	21.92		
	理学类	12401	65.77	22.10		
	工学类	37095	66.23	22.06		
院校类型 a	985 院校	5902	68.62	21.58	33.486***	0.00
	211 院校	25993	66.05	22.20		
	普通本科院校	45955	66.30	22.07		

变量		N	M	SD	显著性检验	效果量
院校地区 a	东部	36073	66.42	22.11	27.105 ***	0.00
	中部及东北	20489	67.18	21.93		
	西部	21288	65.59	22.17		

说明："性别"与"户口类型"变量的"显著性检验"列数值为 t 值，a 表示违反方差齐性假设（$p<0.05$），使用方差不齐性对应的 t 值；其他分组变量的"显著性检验"列数值为 F 值，a 表示对应分组违反方差齐性假设（$p<0.05$），使用校正的 Tamhane's T2 法进行事后检验；*** 表示 $p<0.001$。

分户口类型来看，对于院校的教务管理支持，非农业户口学生的评分高于农业户口学生，但评分标准差高于农业户口学生，评分离散程度较高。可见，对非农业户口学生的教务管理支持情况更好，但对非农业户口学生的教务管理支持更为离散，内部差异更大。从具体题项看，在学生系统工作人员、行政管理人员和任课老师三方面，非农业户口学生对相应支持的评分均高于农业户口学生，但分值标准差较大，评分离散程度更高。对两类户口学生的教务管理支持及其具体题项方面的差异统计显著，但效果量绝对值未达到小效果标准，差异不具有实际意义。

从社会经济地位来看，随着社会经济地位的提升，学生对教务管理支持因子的评分均值逐渐增大，且标准差逐渐增大。可见对较高社会经济地位学生的教学管理支持较好，而对较低地位组的支持相对较差，且对越高社会经济地位学生群体的教务管理支持内部差异越大。详细到具体题项，在学生系统工作人员和任课教师两题项上，随着学生社会经济地位的提升，学生对其评分均值都逐渐升高，分值标准差均逐渐增大；在行政管理人员方面，中高地位组学生对其评分最高，其次是高地位组，再次是中低地位组，低地位组学生对行政管理人员的评价最低。特别的，在三个题项上，随着学生社会经济地位的提升，学生对相应支持的评分标准差越大，分值越来越离散，即内部差异越大。对不同社会经济地位的四组学生的教务管理支持及其具体题项方面的差异均统计显著，但差异的效果量均未达到小效果标准，差异还不具有实际意义。

　　接着从高等教育相关变量上分析我国院校对各个学生群体的教务管理支持情况。分年级来看，教务管理因子得分均值随着学生年级升高呈现出波动变化的情况，其中大四学生对教务管理支持的评分最高，其次为大二学生，再次为大一学生，大三学生对其评分最低。评分离散程度方面，大三学生的评分标准差最大，分值最为离散，其次是大四、大二学生，大一学生的评分标准差最小，分值最为集中。总体来说，对大四学生的教务管理支持情况最好，其次是大二学生，再次是大一学生，最差为大三学生。对四个年级学生的教务管理支持的内部差异由大到小依次为大三、大四、大二、大一。从具体题项来看（见附录 D），学生系统工作人员和行政管理人员方面，对大四学生的帮助支持均值最高，其次是大一，再次是大二，对大三学生的帮助支持均值最低。得分标准差上，学生系统工作人员给予学生帮助支持的得分标准差由大到小依次为大三、大二、大四、大一。行政管理人员给予学生帮助支持的得分标准差由大到小依次为大三、大四、大二、大一。在任课教师方面，随着学生年级的上升，任课教师给予的帮助支持情况逐渐提升。评分标准差上，大一学生评分最为离散，标准差最大，其次是大三学生，再次为大二学生，大四学生评分标准差最小，分值最为集中。对四个年级学生的教务管理支持及其具体题项方面的得分差异统计显著，但差异效果量均未达小效果标准，差异不具有实际意义。

　　从学科来看，人文类学生对教务管理支持的评分均值最高，其次是社科类学生，再次为工学类学生，理学类学生对教务管理支持的评分均值最低。分值标准差方面，人文类学生分值标准差最大，评分离散程度最高，其次为理学类，再次是工学类，最后是社科类。这说明对人文类学生的教务管理支持情况最好，其次是社科类，再次是工学类，最差为理工类。对四类学科学生的教务管理支持的内部差异由大到小依次为：人文类、理学类、工学类、社科类。深入具体题项来看（见附录 D），学生系统工作人员方面，对工学类学生的帮助支持得分均值最高，其次是人文类，再次为社科类，最后为理学类。行政管理人员方面，对人文类学生的帮助支持得分均值最高，其次是社科类，再次为工学类，最后为理学类。以上两方面得分标准差都为人文类学生最大，得分离散程度最高，对其支持内部差异最大，其次为理学类，再次是工学类，最后是社科类。任课教师方面，对人文类学生的帮助支持得分均值最高，其次是社科类，再次为理学类，最后为工学类。工学类学生评分标准差最大，分值离散程度最高，对其相应支持的内部差异最大，其次为理学类，再次是社科类，最后是人文类。对四类学科学生的教务管理支持及其具体题项方面的差异均统计显著，但效果量均未达小效果标准，差异不具有实际意义。

分院校类型来看，依据学生的评分均值可知，985 院校对学生的教务管理支持程度最高，且内部差异最小，支持的离散程度最低；211 院校对学生的教务管理支持程度最低，且内部差异最大，支持的离散程度最高；普通本科院校对学生的教务管理支持程度位列第二，支持的内部差异同样介于 985 院校与 211 院校之间。从具体题项来看（见附录 D），学生系统工作人员方面，985 院校学生对其的帮助支持评分均值最高，其次是 211 院校，再次为普通本科院校。评分标准差方面，211 院校最大，评分离散程度最高，即 211 院校对学生的相应支持内部差异最大，其次为普通本科院校，最后是 985 院校。行政管理人员和任课教师方面，985 院校学生对其的帮助支持评分均值最高，其次是普通本科院校，再次为 211 院校。行政管理人员方面，211 院校学生的评分标准差最大，评分离散程度最高，即 211 院校对学生的相应支持内部差异最大，其次为 985 院校，最后是普通本科院校。任课教师方面，211 院校学生的评分标准差依然最大，评分离散程度最高，即 211 院校对学生的相应支持内部差异最大，其次为普通本科院校，最后是 985 院校。三类院校对学生的教务管理支持及其具体题项方面支持的分值差异统计显著，但效果量均未达小效果标准，因此差异不具有实际意义。

从院校地区来看，中部及东北地区院校对学生的教务管理支持得分的均值最高，其次是东部地区院校，西部地区院校得分均值最低。其分值标准差西部地区院校最大，得分离散程度最高，其次为东部地区院校，最后是中部及东北地区院校。可见中部及东北地区院校对学生的教务管理支持情况最好，且内部离散程度最小；东部地区院校对学生的教务管理支持情况位列第二，内部离散程度同样为第二；而西部地区院校对学生的课外活动支持情况相对最差，且内部离散程度最大。从具体题项来看（见附录 D），学生系统工作人员方面，东部地区院校对学生的相应支持得分均值最高，其次是中部及东北地区院校，最后为西部地区院校。东部地区院校得分标准差最大，得分离散程度最高，即东部地区院校对学生的相应支持内部差异最大，其次为西部地区，最后是中部及东北；行政管理人员和任课教师方面，中部及东北地区院校对学生的相应支持得分均值最高，其次是东部地区院校，再次为西部地区院校。两方面的得分标准差方面，东部地区院校最大，得分离散程度最高，即东部地区院校对学生的相应支持内部差异最大，其次为西部地区院校，最后是中部及东北地区院校。不同地区院校对学生的教务管理支持及其具体题项方面的差异统计显著，但效果量均未达小效果标准，因此差异不具有实际意义。

基于以上分析，我们发现我国本科教育对学生的教务管理支持整体水平一般，其中学生系统工作人员方面做得最好，任课老师次之，而行政管理人员方面相对最差。在不同人口变量和高等教育变量下，对不同学生群体的教务管理支持的差异均达到统计显著，但差异的效果量均未达到小效果量要求，差异还不具有实际意义。

6.2.5　就业支持

就业支持部分，本研究通过调查学生对就业五方面情况的认同程度，来考量院校给予学生就业支持的程度。这五方面情况具体包括：专业学习让我具备就业所需知识和技能、专业课强调现实问题解决能力、院校在所学专业领域很牛、对未来就业情况有清晰认识、已与就业领域人员建立关系。这五方面分别测量了院校对学生的知识技能培养、现实问题解决能力培养、声誉支持、就业信息提供、就业对接引导的支持情况。以学生对这五方面的认同程度评价院校给予学生的就业支持情况，学生反馈的认同程度越高，院校给予学生的就业支持情况越好。每个题项均设置了 4 级量表，采取正向计分，1 表示"不认同"，2 表示"不太认同"，3 表示"比较认同"，4 表示"非常认同"。

我国本科教育给予学生就业支持方面的各题项均值及各选项占比见表 6-11，图 6-6 是其数值的可视化展示，图中折线表示各个题项的均值，柱状图为选项占比。其中"低认同"指选择 1 和 2 的学生占比，"高认同"表示选择 3 和 4 学生占比。统计发现，我国本科教育对学生的就业支持整体情况较差，5 个题项中只有 2 个题项得分均值稍高于 60 分，而另外 3 个题项得分均值都低于 60 分。相对来说，让学生具备就业所需知识和技能方面做的最好，专业课强调现实问题解决能力方面次之，第三是让学生对未来就业情况有清晰认识，第四是已与就业领域人员建立关系，最后是院校在所学专业领域很牛。另外，院校在所学专业领域很牛方面得分的标准差最大，分值最为离散；让学生具备就业所需知识和技能方面标准差最小，分值离散程度最低；已与就业领域人员建立关系、对未来就业情况有清晰认识和专业课强调现实问题解决能力方面得分离散程度处于以上两者之间。总的来说，对学生的知识、能力培养方面的就业支持做得相对较好，而对就业信息的提供、就业的对接引导，特别是声誉支持方面做得有所不足。

表 6-11 就业支持的基本特征

单位：分，%

题项	均值	标准差	占比			
			不认同	不太认同	比较认同	非常认同
专业学习让我具备就业所需知识和技能	64.30	21.98	2.4	18.4	63.2	16.0
专业课强调现实问题解决能力	61.02	24.10	3.4	25.9	55.0	15.7
院校在所学专业领域很牛	48.37	28.08	12.0	41.9	35.1	11.0
对未来就业情况有清晰认识	53.82	25.05	5.3	38.9	44.8	11.0
已与就业领域人员建立关系	49.87	26.60	9.4	41.4	39.3	9.9

　　具体来看，对于专业学习让我具备就业所需知识和技能方面，高达 79.2% 的学生对此表示高认同，20.8% 的学生对此表示低认同，其中仅 2.4% 的学生表示不认同；在专业课强调现实问题解决能力方面，70.7% 的学生对此表示高认同。以上两方面，高认同学生比例均超过 70%，相应支持情况较好。对未来就业情况有清晰认识方面，55.8% 的同学表示高认同，而在已与就业领域人员建立关系、院校在所学专业领域很牛方面，分别仅有 49.2%、46.1% 的同学表示高认同。对于以上这三个方面，近半的学生表示低认同，相应支持情况较差（见图 6-6）。

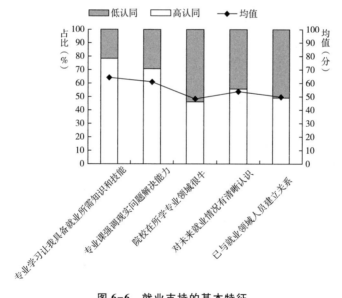

图 6-6　就业支持的基本特征

　　以上数据反映出的就业支持情况，在访谈中也有所验证：如专业学习让我具备所需知识和技能方面，E04 同学表示："院校不仅教给我们书面知识，也让我们亲身体会一些软件的操作使用方法。"专业课强调问题解决能力方面，A02 同学反映："上了大学，因为专业原因，许多实验需要实际操作，例如焊电路等，我的动手能力也有了很大的提高。"而对于剩余三方面的就业支持，C03 同学提出："我觉得院校需要提供更加丰富的就业信息和就业指导信息。"C06 同学说道:"不管是院校还是学院,对于以后的就业,他们会给我们画大饼,真正到实习的时候会发现他们的饼画得太大了,太过于吹捧自己。"D06 同学更是指出:"根据我周边同学的情况,他们虽然已经进入大三,但都对自己的就业没有很好的规划。"可见我国高校对学生的就业支持在知识技能培养、现实问题解决能力培养上情况较好,而在声誉支持、就业信息的提供、就业对接引导上还存在明显不足,亟须提高。

随后,考察我国高校对不同人口变量和高等教育变量下的学生群体的就业支持情况(见表 6-12)。分性别来看,男生对院校的就业支持评价均值高于女生,但分值标准差更大,离散程度更高。可见院校对男生的就业支持较好,但对男生的就业支持内部差异较大。从具体题项来看(见附录 D),在对学生的知识技能培养、现实问题解决能力培养、声誉支持、就业信息提供、就业对接引导五方面,男生对具体支持的评分均高于女生,但分值标准差较大,评分离散程度高。对男女学生的就业支持及其具体题项方面的差异均统计显著,但差异效果量绝对值未达到小效果标准,差异还不具有实际意义。

表 6-12   不同类别变量下的就业支持情况

变量		N	M	SD	显著性检验	效果量
性别 a	男	39492	57.74	19.60	29.233***	0.10
	女	38358	53.75	18.45		
户口类型 a	农业	39377	54.55	18.73	-18.022***	-0.06
	非农业	37899	57.03	19.48		
社会经济地位 a	低地位组	14981	53.31	18.53	262.540***	0.01
	中低地位组	14962	55.08	18.50		
	中高地位组	14966	57.40	19.30		
	高地位组	14910	59.06	20.06		

续表

变量		N	M	SD	显著性检验	效果量
年级 a	大一	16128	54.89	18.54	142.649 ***	0.01
	大二	22259	54.96	18.66		
	大三	22185	55.17	19.24		
	大四	17278	58.42	19.93		
学科 a	人文类	10325	54.20	19.51	198.666 ***	0.01
	社科类	17611	53.38	18.62		
	理学类	12401	55.87	19.23		
	工学类	37095	57.33	19.10		
院校类型 a	985 院校	5902	57.12	18.76	63.817 ***	0.00
	211 院校	25993	56.59	19.46		
	普通本科院校	45955	55.14	18.98		
院校地区 a	东部	36073	56.48	19.38	49.460 ***	0.00
	中部及东北	20489	54.91	18.93		
	西部	21288	55.41	18.88		

说明："性别"与"户口类型"变量的"显著性检验"列数值为 t 值，a 表示违反方差齐性假设（$p<0.05$），使用方差不齐性对应的 t 值；其他分组变量的"显著性检验"列数值为 F 值，a 表示对应分组违反方差齐性假设（$p<0.05$），使用校正的 Tamhane's T2 法进行事后检验；*** 表示 $p<0.001$。

从户口类型来看，对于院校的就业支持，非农业户口学生的评分高于农业户口学生，但评分标准差高于非农业学生，评分离散程度较高。可见，院校对非农业户口学生的就业支持情况更好，但对非农业户口学生的就业支持内部差异更大。从具体题项看，在对学生知识技能培养、现实问题解决能力培养、声誉支持、就业信息提供、就业对接引导五方面，非农业户口学生对相应支持的评分均高于农业户口学生，但分值标准差较大，评分离散程度更高。对两类户口学生的就业支持差异统计显著，且效果量未达到小效果标准。具体题项上，对两类户口学生相应支持的差异统计显著，但效果量绝对值均未达到小效果标准，差异不具有实际意义。

从社会经济地位来看，随着学生社会经济地位的提升，其对就业支持的评分均值逐渐升高，且标准差逐渐增大。可见，院校对处于越高社会经济地位的学生的就业支持越好，且对处于越高社会经济地位的学生的就业支持内部差异越大。详细到具体题项，在对学生知识技能培养、现实问题解决能力培养、声誉支持、就业信息提供、就业对接引导五方面，随着学生社会经济地位的提升，学生对相应支持的评分均值都逐渐升高。分值离散程度方面，在声誉支持、就业信息提供两方面的支持上，随着学生社会经济地位的提升，学生对相应支持评分的分值标准差均逐渐增大，分值离散程度逐渐升高。而在对学生知识技能培养、现实问题解决能力培养、就业对接引导三方面，高地位组学生的评分标准差最大，分值离散程度最高，其次是中高地位组，再次是低地位组，中低地位组学生对相应支持评分的标准差最小，分值离散程度最低。对不同社会经济地位学生的就业支持及其具体题项方面的差异均统计显著，且在就业支持整体和其中的声誉支持、就业信息提供、就业对接引导三方面差异效果量达到 0.01 的小效果标准。

接着从高等教育相关变量上分析我国院校对不同学生群体的就业支持情况。分年级来看，学生对院校给予的就业支持的评分均值随着学生年级升高而逐渐升高，但评分的标准差逐渐增大。可见，院校对较高年级学生的就业支持较好，而对较低年级学生的就业支持相对较弱，但对越高年级学生的就业支持内部差异越大。从具体题项来看（见附录D），在让学生具备就业所需知识和技能方面，院校对大一学生的相应支持的得分均值最高，其次是大四年级，再次是大二，对大三年级学生的相应支持的得分均值最低。分值离散程度上，随着学生年级升高，相应支持得分的标准差逐渐增大，这说明对越高年级学生的知识和技能培养支持的内部差异越大；在专业课强调现实问题解决能力方面，对大一学生的相应支持的得分均值最高，其次是大四年级，再次是大二，对大三学生的相应支持的得分均值最低。对不同年级学生的专业课现实问题解决能力培养支持的内部差异，由大到小依次是大四、大三、大一、大二；在院校在所学专业领域很牛方面，即院校给予的声誉支持方面，对大四年级学生的相应支持的得分均值最高，其次是大一，再次是大二，对大三学生的相应支持的得分均值最低。分值离散程度上，对大四年级学生的相应支持的得分标准差最大，即对大四学生的相应支持的内部差异最大，其次是大一，再次是大三，最后是大二；在让学生对未来就业情况有清晰认识方面，即就业信息提供方面，相应支持的得分均值随着学生年级升高而逐渐升高。分值离散程度上，随着学生年级升高相应支持得分的标准差逐渐减小，可见对越高年级学生的相应支持越大且内部差异越小；在让学生与就业领域人员建立关系方面，即就业对接引导方面，相应支持的得分均值随着学生年级升高而逐渐升高，即给予越高年级学生的相应支持越好。对不同年级学生给予相应支持的内部差异方面，大一最大，其次是大三，再次是大二，最后是大四。对四个年级学生的就业支持及其具体题项方面的差异均统计显著，且在就业支持整体和其中就业信息提供、就业对接引导两方面的差异效果量达到 0.01 的小效果标准。

从学科类型来看，对工学类学生的就业支持的得分均值最高，其次是理学类学生，再次为人文类学生，对社科类学生的就业支持的得分均值最低。分值的标准差方面，人文类学生最大，分值离散程度最高，对其就业支持的内部差异最大，其次为理学类，再次是工学类，最后是社科类。深入具体题项来看（见附录 D），让学生具备就业所需知识和技能方面，对理学类学生的相应支持的得分均值最高，其次是工学类，再次为人文类，最后为社科类。在相应支持得分的标准差上，理学类学生最大，得分离散程度最高，对其相应支持的内部差异最大，其次为人文类，再次是工学类，最后是社科类；在专业课强调现实问题解决能力方面，对工学类学生的相应支持的得分均值最高，其次是理学类，再次为社科类，最后为人文类。在相应支持得分的标准差上，理学类学生最大，得分离散程度最高，对其相应支持的内部差异最大，其次为人文类，再次是社科类，工学类最小，得分离散程度最低，对其相应支持的内部差异最小；在院校在所学专业领域很牛，即给予学生声誉支持方面，对工学类学生的相应支持的得分均值最高，其次是理学类，再次为人文类，最后为社科类。相应支持得分的标准差上，理学类学生最大，得分离散程度最高，对其相应支持的内部差异最大，其次为人文类，再次是工学类，最后是社科类；在让学生对未来就业情况有清晰认识方面，对人文类学生的相应支持的得分均值最高，其次是工学类，再次为理学类，最后为社科类。相应支持得分的标准差上，理学类学生最大，得分离散程度最高，对其相应支持的内部差异最大，其次为人文类，再次是工学类，社科类最小，得分离散程度最低，对其相应支持的内部差异最小；让学生与就业领域人员建立关系方面，对工学类学生的相应支持的得分均值最高，其次是人文类，再次为社科类，最后为理学类。相应支持得分的标准差上，理学类学生最大，得分离散程度最高，对其相应支持的内部差异最大，其次为人文类，再次是工学类，最后是社科类。对四类学科学生的就业支持及其具体题项方面的差异均统计显著，且在就业支持整体和其中的现实问题解决能力培养、声誉支持两方面的差异效果量达到小效果标准，特别是其中的声誉支持方面，差异效果量达 0.03。

分院校类型来看，依据学生的评价可知，985 院校对学生的就业支持程度最高，其次是 211 院校，普通本科院校对学生的就业支持程度最低。对学生就业支持的内部差异方面，211 院校对学生的就业支持内部差异最大，离散程度最高，其次为普通本科院校，最后是 985 院校。从具体题项来看（见附录 D），在让学生具备就业所需知识和技能、专业课强调现实问题解决能力、院校在所学专业领域很牛三方面，985 院校对学生的相应支持的得分均值都最高，其次是 211 院校学生，普通本科院校对学生的就业支持的得分均值都为最低。支持的内部差异上，让学生具备就业所需知识和技能方面，985 院校对学生相应支持的内部差异最大，离散程度最高，其次为普通本科院校类，再次是 211 院校。在专业课强调现实问题解决能力、院校在所学专业领域很牛两方面，985 院校对学生相应支持的内部差异同样是最大，离散程度最高，其次为 211

院校，再次是普通本科院校；在让学生对未来就业情况有清晰认识、与就业领域人员建立关系两方面，普通本科院校对学生的相应支持的得分均值最高，其次是 211 院校学生，985 院校对学生的相应支持的得分均值最低，并且支持的内部差异上，由普通本科院校到 211 院校，再到 985 院校，内部差异逐渐增大，离散程度提升。三类院校对学生的就业支持及其具体题项方面的差异均统计显著，但仅在声誉支持方面差异效果量达到小效果标准，就业支持整体和其他方面差异的效果量均未达到小效果量要求，差异不具有实际意义。

从院校地区来看，东部地区院校对学生的就业支持的得分均值最高，其次是西部地区院校，中部及东北地区院校对学生的就业支持的得分均值最低。对学生就业支持的内部差异方面，东部地区院校对学生的就业支持内部差异最大，离散程度最高，其次为中部及东北地区院校，最后是西部地区院校。从具体题项来看（见附录 D），在让学生具备就业所需知识和技能、专业课强调现实问题解决能力、院校在所学专业领域很牛、对未来就业情况有清晰认识四方面，东部地区院校对学生的相应支持的得分均值最高，其次是西部地区院校，最后为中部及东北地区院校。支持的内部差异上，让学生具备就业所需知识和技能、专业课强调现实问题解决能力、院校在所学专业领域很牛三方面，东部地区院校内部差异最大，离散程度最高，其次为西部地区院校，再次是中部及东北地区院校。让学生对未来就业情况有清晰认识方面，东部地区院校对学生相应的内部差异依旧最大，离散程度最高，其次为中部及东北地区院校，再次是西部地区院校；在让学生与就业领域人员建立关系方面，中部及东北地区院校对学生的相应支持的得分均值最高，其次为西部地区院校，再次是东部地区院校。对学生相应支持的内部差异上，东部地区院校内部差异最大，离散程度最高，其次为中部及东北院校，最后是西部地区院校。不同地区院校对学生的就业支持及其具体题项方面的差异均统计显著，但仅在声誉支持方面差异效果量达到小效果标准，就业支持整体和其他方面差异的效果量均未达到小效果量要求，差异还不具有实际意义。

通过以上分析，我们发现我国本科教育对学生的就业支持整体情况较差，其中对学生就业所需的知识和技能培养方面的支持相对较好，而对就业信息的提供、对接引导，特别是专业声誉方面的支持相对较差。在不同人口变量和高等教育变量下，对不同学生群体的就业支持的差异均达到统计显著，特别是对不同社会经济地位、年级和学科的学生的就业支持差异的效果量达到小效果标准，而对不同性别、院校类型、院校地区学生的就业支持差异的效果量未达到小效果标准，差异还不具有实际意义。

6.2.6　生师交流

生师交流部分，本研究通过考查学生与教师或辅导员讨论职业计划和想法或人生观价值观等问题的频率，来测量本科教育中院校对学生的生师交流支持情况。学生反馈的相应生师交流频率越高，则院校的生师交流支持情况越好。每个题的题项均设置了4级量表，采取正向计分，1表示"从未"，2表示"有时"，3表示"经常"，4表示"很经常"。

我国本科教育给予学生生师交流支持方面的各题项的得分均值及各选项占比如表6-13所示，图6-7是其数值的可视化展示，图中折线表示各个题项的均值，柱状图为选项占比，其中"低频率"指选择1和2的学生占比，"高频率"表示选择3和4学生占比。统计发现，我国本科教育对学生的生师交流支持情况很差，各题项的得分均值在30~40分之间。其中和教师讨论职业计划与想法方面相对来说得分最高，和辅导员/班主任讨论职业计划与想法方面次之，第三是和辅导员/班主任讨论人生观、价值观等，最后是和教师讨论人生观价值观等。另外，和教师讨论人生观价值观等方面的得分标准差最大，分值最为离散；和辅导员/班主任讨论人生观、价值观等方面得分标准差位于第二，即分值离散程度位于第二；和教师、辅导员/班主任讨论职业计划与想法两方面标准差并列最小，分值离散程度最低。总的来说，在学生职业计划和想法方面的生师交流支持相对较好，而在人生观、价值观等方面的生师交流支持相对较差。

表 6-13　生师交流支持的基本特征

单位：分，%

题项	均值	标准差	占比			
			从未	有时	经常	很经常
和教师讨论职业计划与想法	38.18	28.03	22.0	48.5	22.4	7.1
和辅导员/班主任讨论职业计划与想法	35.05	28.03	26.8	47.5	19.7	6.1
和教师讨论人生观、价值观等	31.94	28.72	33.5	43.0	17.8	5.8
和辅导员/班主任讨论人生观、价值观等	32.07	28.71	33.5	43.0	17.8	5.8

说明：因四舍五入，各题项占比总和有不为100%的情况出现。

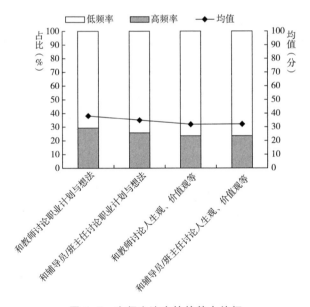

图 6-7　生师交流支持的基本特征

具体来看，在和教师讨论职业计划与想法方面，有70.5%的学生表示此类交流为低频率，29.5%的学生表示此类交流为高频率；在和辅导员/班主任讨论职业计划与想法方面，有74.3%的学生表示此类交流为低频率，25.8%的学生表示此类交流为高频率。从数据可以看出，以上两方面均有 1/4 以上的学生认为该方面的生师交流支持为高频率，支持情况相对较好。对和教师或辅导员/班主任讨论人生观、价值观等这两方面，高于 3/4 的同学表示此类交流为低频率。

以上数据反映出的生师交流情况，在学生访谈中也有所体现：如与教师交流职业计划和想法方面，E03 同学表示"对我们之后的职业生涯规划，上专业课时老师或多或少会提及"。C01 同学反映"老师会和我们说考研的话要做什么事情，就业的话我们可以做什么事情，从大一开始就有了"。E04 同学提及"大三时学校给我们分配了导师，当时导师提前和我们进行了沟通，帮助我们明确了未来的规划"。而与教师交流人生观、价值观等方面，在所有被访谈学生中，仅有 D05 同学表示"院校给我分配了自己的导师，导师也关注着我们的学习和生活，为我建立正确的人生观、价值观"。可见我国高校对学生的生师交流支持整体上还需加强，特别是人生观、价值观等方面的生师交流支持还存在明显不足，亟须提高。

随后，考察我国高校对不同人口变量和高等教育变量下学生群体的生师交流支持的具体情况（见表 6-14）。从性别来看，男生对院校生师交流支持的评分均高于女生（见附录 D），但分值标准差相比更大，离散程度更高。可见，院校对男生的生师交流支持较好，但对男生的生师交流支持内部差异较大。对男女生的生师交流支持及其具体题项方面的差异统计显著，但差异效果量绝对值未达到小效果标准，差异还不具有实际意义。

表 6-14　不同类别变量下的生师交流支持情况

变量		N	M	SD	显著性检验	效果量
性别 a	男	39492	36.58	25.73	27.582***	0.10
	女	38358	31.61	24.48		
户口类型 a	农业	39377	33.68	24.53	-5.218***	-0.02
	非农业	37899	34.63	25.96		

续表

变量		N	M	SD	显著性检验	效果量
社会经济地位 a	低地位组	14981	32.25	24.18	107.524 ***	0.01
	中低地位组	14962	33.02	24.53		
	中高地位组	14966	36.11	25.97		
	高地位组	14910	36.51	26.54		
年级 a	大一	16128	28.44	23.85	1193.794 ***	0.04
	大二	22259	30.99	24.25		
	大三	22185	34.32	24.99		
	大四	17278	43.26	25.57		
学科 a	人文类	10325	38.37	26.42	151.239 ***	0.01
	社科类	17611	34.02	24.71		
	理学类	12401	31.27	24.64		
	工学类	37095	34.05	25.23		
院校类型 a	985 院校	5902	27.92	24.37	410.460 ***	0.01
	211 院校	25993	32.06	25.02		
	普通本科院校	45955	36.10	25.26		
院校地区 a	东部	36073	32.36	25.09	166.672 ***	0.00
	中部及东北	20489	35.48	24.95		
	西部	21288	35.83	25.58		

说明："性别"与"户口类型"变量的"显著性检验"列数值为 t 值，a 表示违反方差齐性假设（$p<0.05$），使用方差不齐性对应的 t 值；其他分组变量的"显著性检验"列数值为 F 值，a 表示对应分组违反方差齐性假设（$p<0.05$），使用校正的 Tamhane's T2 法进行事后检验；*** 表示 $p<0.001$。

　　分户口类型来看，对于院校的生师交流支持，非农业户口学生的评分高于农业户口学生，但评分标准差非农业学生更大，评分离散程度较高。对两类户口学生的生师交流支持及其具体题项方面的差异都统计显著，但差异效果量绝对值均未达到小效果标准，差异不具有实际意义。

　　从社会经济地位来看，随着学生社会经济地位的提高，生师交流支持因子得分均值逐渐增大，且标准差逐渐增大。院校对越高社会经济地位的学生的生师交流支持越好，而对越低社会经济地位的学生的支持相对越差，且对越高社会经济地位的学生的生师交流支持内部差异越大。详细到具体题项，在和教师、辅导员/班主任讨论职业计划与想法，和辅导员/班主任讨论人生观、价值观等三方面，随着学生社会经济地位的提升，题项得分均值逐渐升高。而和教师讨论人生观、价值观等问题项上，中高地位组对相应支持的评分均值最高，其次是高地位组，再次是中低地位组，最后是低地位组。分值离散程度方面，随着学生社会经济地位的提升，4个题项的分值标准差均逐渐增大，分值离散程度逐渐升高，可见院校对社会经济地位越高的学生的相应支持内部差异越大。对不同社会经济地位的学生的生师交流支持及其具体题项方面的差异均统计显著，且在生师交流支持整体和与辅导员/班主任讨论职业计划与想法或人生观、价值观方面差异效果量达到0.01的小效果标准。

随后从高等教育相关变量角度分析我国高校对不同类别学生的生师交流支持情况。分年级来看，生师交流支持因子得分均值随着学生年级升高而逐渐升高，但标准差逐渐增大。可见，院校对越高年级学生的生师交流支持越好，而对越低年级学生的生师交流支持相对越弱，但对越高年级学生的生师交流支持内部差异越大。从具体题项来看（见附录D），在和教师、辅导员/班主任讨论职业计划与想法，和教师、辅导员/班主任讨论人生观、价值观等四方面，题项得分均值与标准差都随着学生年级升高而逐渐增大。可见随着学生年级升高，院校对学生的相应支持逐步增强，对越高年级学生的相关支持越大，但对越高年级学生的相应的内部差异也越大。对四个年级学生的生师交流支持及其具体题项方面的差异均统计显著，且差异的效果量均达到0.01的小效果标准。特别是和教师讨论职业计划与想法方面，差异效果量达0.05，接近中等效果量的标准（0.06）。

从学科类型来看，院校对人文类学生的生师交流支持得分均值最高，其次是工学类学生，再次为社科类学生，对理学类学生的生师交流支持得分均值最低。分值的标准差方面，人文类学生最大，分值离散程度最高，对其的生师交流支持的内部差异最大，其次为工学类，再次是社科类，最后是理学类。深入具体题项来看（见附录 D），在和教师讨论职业计划与想法，以及和教师讨论人生观、价值观等两方面，院校对人文类学生的相应支持得分均值最高，其次是社科类，再次为工学类，最后为理学类。以上两个方面支持分值的标准差，人文类学生最大，分值离散程度最高，对其相应支持的内部差异最大，其次为工学类，再次是理学类，社科类学生分值标准差最小，分值离散程度最低，对其相应支持的内部差异最小；在和辅导员/班主任讨论职业计划与想法，和辅导员/班主任讨论人生观、价值观等两方面，院校对人文类学生的相应支持得分均值最高，其次是工学类，再次为社科类，最后为理学类。这两个方面分值的标准差，人文类学生最大，分值离散程度最高，对其相应支持的内部差异最大，其次为工学类，再次是社科类，理学类学生分值标准差最小，分值离散程度最低，对其相应支持的内部差异最小。对不同学科学生的生师交流支持及其具体题项方面的差异均统计显著，且在生师交流支持整体，和教师讨论职业计划与想法，和教师讨论人生观、价值观等两方面的差异效果量达到小效果标准。

　　分院校类型来看，普通本科院校对学生的生师交流支持得分均值最高，其次是 211 院校，985 院校对学生的生师交流支持得分均值最低。支持分值的标准差方面，普通本科院校最大，分值离散程度最高，对学生的生师交流支持的内部差异最大，其次为 211 院校，最后是 985 院校。从具体题项来看（见附录 D），在和教师、辅导员/班主任讨论职业计划与想法，和教师、辅导员/班主任讨论人生观、价值观等四方面，普通本科院校对学生的相应支持的得分均值都最高，其次是 211 院校，985 院校对学生的相应支持的得分均值都为最低。相应支持分值的标准差上，在和教师讨论职业计划与想法方面，985 院校分值标准差最大，分值离散程度最高，对学生相应支持的内部差异最大，其次为 211 院校，再次是普通本科院校。在和辅导员/班主任讨论职业计划与想法方面，普通本科院校分值标准差最大，分值离散程度最高，对学生相应支持的内部差异最大，其次为 211 院校，再次是 985 院校。而在和教师或辅导员/班主任讨论人生观、价值观等两方面，从普通本科院校到 211 院校，再到 985 院校，分值标准差逐步增大，分值离散程度变高，对学生相应支持的内部差异逐步增大。三类院校对学生的生师交流支持及其具体题项方面支持的差异均统计显著，且在生师交流支持整体，和教师讨论职业计划与想法或讨论人生观、价值观等，和辅导员/班主任讨论人生观、价值观等三方面的差异效果量达到小效果标准。

从院校地区来看，西部地区院校对学生的生师交流支持得分均值最高，其次是中部及东北地区院校学生，东部地区院校对学生的生师交流支持得分均值最低。其分值标准差西部地区院校最大，分值离散程度最高，对学生的生师交流支持的内部差异最大，其次为东部地区院校，最后是中部及东北地区院校。从具体题项来看（见附录 D），在和教师讨论职业计划与想法，和教师讨论人生观、价值观等，和辅导员/班主任讨论人生观、价值观等三方面，西部地区院校对学生的相应支持得分均值最高，其次是中部及东北地区院校，最后为东部地区院校。和教师讨论人生观、价值观等方面，中部及东北地区院校对学生的相应支持得分均值最高，其次是西部地区院校，最后为东部地区院校。相应支持分值的标准差上，西部地区院校分值标准差最大，分值离散程度最高，对学生的相应支持的内部差异最大，其次为中部及东北地区院校，东部地区院校分值标准差最小，分值离散程度最低，对学生的相应支持的内部差异最小。不同地区院校对学生的生师交流支持及其具体题项方面的差异均统计显著，但仅在和教师讨论职业计划与想法或人生观、价值观等两方面的差异效果量达到小效果标准，生师交流支持整体和其他方面差异的效果量均未达到小效果量要求，差异还不具有实际意义。

基于以上分析我们发现，我国本科教育对学生的生师交流支持整体情况很差，其中对学生职业计划和想法方面的生师交流相对较好，而人生观、价值观等问题方面的生师交流相对较差。在不同人口变量和高等教育变量下，对不同学生群体的生师交流支持的差异均达到统计显著，特别是对不同社会经济地位、年级、学科和院校类型学生的生师交流支持差异的效果量达到小效果标准，而对不同性别、户口类型、院校地区学生的生师交流支持差异的效果量未达到小效果标准，差异不具有实际意义。

6.2.7 生生互助

生生互助部分，本研究通过考查学生与同学进行互助的频率，来评价本科教育中院校对学生的生生互助支持情况。具体互助内容包括四个方面：与其他同学合作完成课程作业或任务、帮助其他同学理解课程内容、就课程内容向其他同学请教、课后和同学讨论课程内容。学生反馈的互动频率越高，院校的生生互助支持情况越好。每个题项均设置了 4 级量表，采取正向计分，1 表示"从未"，2 表示"有时"，3 表示"经常"，4 表示"很经常"。

我国本科教育对学生的生生互助支持方面的各题项得分均值及各选项占比情况如表 6-15 所示，图 6-8 是其数值的可视化展示，图中折线表示各个题项得分的均值，柱状图为选项占比，其中"低频率"指选择 1 和 2 的学生占比，"高频率"表示选择 3 和 4 学生占比。统计发现，我国本科教育对学生的生生互助支持中，与其他同学合作完成课程作业或任务方面做得最好，其次是就课程内容向其他同学请教方面，第三是课后和同学讨论课程内容，最后是帮助其他同学理解课程内容。另外课后和同学讨论课程内容方面分值的标准差最大，分值最为离散，其次是帮助其他同学理解课程内容，再次是就课程内容向其他同学请教，与其他同学合作完成课程作业或任务方面分值的标准差最小，分值离散程度最低。四个题项得分均值在 60 分左右，可见，我国高校对学生的生生互助支持情况一般，其中对与其他同学合作完成课程作业或任务和就课程内容向其他同学请教的支持情况较好，但对课后和同学讨论课程内容的支持较差。

表 6-15   生生互助支持的基本特征

单位：分，%

题项	均值	标准差	占比			
			从未	有时	经常	很经常
与其他同学合作完成课程作业或任务	65.18	24.93	1.7	25.3	48.9	24.2
就课程内容向其他同学请教	62.98	25.00	1.7	29.3	47.5	21.5
帮助其他同学理解课程内容	53.41	25.60	3.8	45.9	36.6	13.7
课后和同学讨论课程内容	54.20	25.66	3.3	45.2	36.9	14.5

说明：因四舍五入，各题项占比总和有不为 100% 的情况出现。

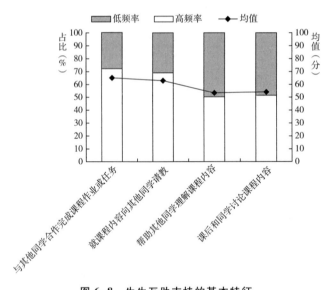

图 6-8   生生互助支持的基本特征

具体来看，在与其他同学合作完成课程作业或任务和就课程内容向其他同学请教两方面，分别有 73.1% 和 69.0% 的学生表示此类交流为高频率，以上两方面生生互助频率越高，院校给予的相应支持情况相对较好；而在帮助其他同学理解课程内容、课后和同学讨论课程内容两方面，仅有稍高于 50%（分别为 50.3% 和 51.4%）的学生表示此类交流为高频率，院校给予的相应支持情况相对较差。

以上数据体现的生生互助支持情况，在学生访谈中也有所体现：例如 B05 同学指出"大学里同学间的交流远比老师与同学间的交流频繁，可以说，从别的同学优秀之处学习对我意义重大"。E03 同学表示"我经常觉得我是个'亿万富翁'，因为我在大学期间可以免费阅读浩如烟海的书籍和论文，同时还可以与同学和老师讨论交流想不通的问题"。B04 同学提到"在学校认识了很多厉害的同学，在与不同的人交流的过程中，我们知道了很多新东西，对某些事情有多样的看法，对某些问题有了更深入的看法。现在，知道了每个人的路是不同的，就看自己想要什么，满足于什么"。可见在院校给予的支持中，生生互助支持时常被同学谈起，其对学生的发展影响重大，我国高校应该重视并进一步引导生生互助，加强对学生的生生互助支持。

随后，分析不同人口变量和高等教育变量下我国高校对学生群体的生生互助支持的具体情况（见表 6-16）。分性别来看，女生对于院校的生生互助支持评分均值高于男生，且分值标准差相比来说更小，离散程度更低。可见，院校对女生的生生互助支持较好，且对女生的生生互助支持内部差异较小。从具体题项来看（见附录 D），在与其他同学合作完成课程作业或任务、课后和同学讨论课程内容、就课程内容向其他同学请教三方面，女生对相应支持的评分均高于男生且分值标准差较小，评分离散程度更低。在帮助其他同学理解课程内容方面，男生对相应支持的评分高于女生但分值标准差较大，评分离散程度更高。对男女生的生生互助支持及其具体题项方面的差异均统计显著，但差异的效果量绝对值未达到小效果标准，差异还不具有实际意义。

表 6-16　不同类别变量下的生生互助支持情况

变量		N	M	SD	显著性检验	效果量
性别 a	男	39492	58.53	20.43	-6.336***	-0.02
	女	38358	59.44	19.60		
户口类型 a	农业	39377	57.63	19.31	-19.328***	-0.07
	非农业	37899	60.41	20.66		

续表

变量		N	M	SD	显著性检验	效果量
社会经济地位 a	低地位组	14981	56.20	18.75	282.089 ***	0.01
	中低地位组	14962	57.77	19.61		
	中高地位组	14966	60.59	20.53		
	高地位组	14910	62.32	21.16		
年级 a	大一	16128	57.99	19.65	31.382 ***	0.00
	大二	22259	58.66	19.74		
	大三	22185	59.23	20.17		
	大四	17278	60.01	20.52		
学科 a	人文类	10325	61.25	20.52	133.160 ***	0.00
	社科类	17611	59.07	19.86		
	理学类	12401	56.10	19.41		
	工学类	37095	59.27	20.06		
院校类型 a	985 院校	5902	57.92	19.94	12.473 ***	0.00
	211 院校	25993	58.81	20.44		
	普通本科院校	45955	59.22	19.81		
院校地区 a	东部	36073	59.16	20.39	10.608 ***	0.00
	中部及东北	20489	59.22	19.74		
	西部	21288	58.44	19.69		

说明:"性别"与"户口类型"变量的"显著性检验"列数值为 t 值,a 表示违反方差齐性假设($p < 0.05$),使用方差不齐性对应的 t 值;其他分组变量的"显著性检验"列数值为 F 值,a 表示对应分组违反方差齐性假设($p < 0.05$),使用校正的 Tamhane's T2 法进行事后检验;*** 代表 $p < 0.001$。

从户口类型来看,对于院校的生生互助支持,非农业户口学生的评分高于农业户口学生,但非农业学生的评分标准差更大,评分离散程度较高。总体来说,对非农业户口学生的生生互助支持情况更好,但支持更为离散,内部差异更大。从具体题项看,在就课程内容向其他同学请教、与其他同学合作完成课程作业或任务、课后和同学讨论课程内容、帮助其他同学理解课程内容四方面,非农业户口学生对相应支持的评分均高于农业户口学生,但分值标准差较大,评分离散程度更高。对两类户口学生的生生互助支持及其具体题项方面的差异均统计显著，但差异效果量未达到小效果标准，差异不具有实际意义。

分社会经济地位来看，随着学生社会经济地位的提高，生生互助支持因子得分均值逐渐增大，且标准差逐渐增大。可见，院校对越高社会经济地位的学生的生生互助支持越好，而对越低社会经济地位的学生的支持相对越差，且对越高社会经济地位的学生的生生互助支持内部差异越大。详细到具体题项，在就课程内容向其他同学请教、与其他同学合作完成课程作业或任务、课后和同学讨论课程内容、帮助其他同学理解课程内容四方面，随着学生社会经济地位的提升，题项得分均值逐渐升高，且分值标准差均逐渐增大，分值离散程度逐渐升高。对不同社会经济地位学生的生生互助支持及其具体题项方面的差异均统计显著，且差异的效果量均达到 0.01 的小效果标准。

随后从高等教育相关变量上，分析我国高校对不同学生的生生互助支持情况。分年级来看，生生互助支持因子得分均值随着学生年级升高逐渐升高，但标准差逐渐升高。可见，对越高年级学生的生生互助支持越好，而对越低年级学生的生生互助支持相对越弱，但对越高年级学生的生生互助支持内部差异越大。从具体题项来看（见附录 D），与其他同学合作完成课程作业或任务方面，对大三学生的生生互助支持均值最高，其次是大四学生，再次为大二学生，对大一学生的生生互助支持均值最低。相应支持分值的标准差上，大一学生最大，分值离散程度最高，对其相应支持的内部差异最大，其次为大四学生，再次是大三学生，最后是大二学生。在就课程内容向其他同学请教、帮助其他同学理解课程内容、课后和同学讨论课程内容三方面，题项得分均值都随着学生年级升高而逐渐升高。可见随着学生年级升高，院校对学生的相应支持逐步增强，对越高年级学生的相应支持越大。分值离散程度上，就课程内容向其他同学请教方面，大三学生分值标准差最大，分值离散程度最高，对其相应支持的内部差异最大，其次为大一学生，再次是大四学生，最后是大二学生；帮助其他同学理解课程内容方面，大三学生分值标准差最大，分值离散程度最高，对其相应支持的内部差异最大，其次为大四学生，再次是大二学生，最后是大一学生；课后和同学讨论课程内容方面，随着学生年级升高，相应支持分值标准差逐渐增大，即对越高年级学生的相关支持内部差异越大。对不同年级学生的生生互助支持及其具体题项方面的差异均统计显著，但差异效果量均未达到小效果标准，差异不具有实际意义。

从学科类型来看，人文类学生对生生互助支持的评分均值最高，其次是工学类学生，再次为社科类学生，对理学类学生的生生互助支持的评分均值最低。分值的标准差方面，人文类学生最大，分值离散程度最高，对其生生互助支持的内部差异最大，其次为工学类，再次是社科类，最后是理学类。深入具体题项来看（见附录 D），与其他同学合作完成课程作业或任务方面，人文类学生对相应支持的评分均值最高，其次是社科类，再次为工学类，最后为理学类。其分值的标准差，工学类学生最大，分值离散程度最高，对其相应支持的内部差异最大，其次为理学类，再次是人文类，社科类学生最小，分值离散程度最低，对其相应支持的内部差异最小；就课程内容向其他同学请教方面，工学类学生对相应支持的评分均值最高，其次是人文类，再次为社科类，最后为理学类。其分值的标准差，人文类学生最大，分值离散程度最高，对其相应支持的内部差异最大，其次为社科类，再次是工学类，最后是理学类；帮助其他同学理解课程内容方面，人文类学生对相应支持的评分均值最高，其次是工学类，再次为社科类，最后为理学类。其分值的标准差，人文类学生最大，分值离散程度最高，对其相应支持的内部差异最大，其次为工学类，再次是社科类，理学类学生最小，分值离散程度最低，对其相应支持的内部差异最小；课后和同学讨论课程内容方面，人文类学生对相应支持的评分均值最高，其次是工学类，再次为社科类，最后为理学类。其分值的标准差，人文类学生最大，分值离散程度最高，对其相应支持的内部差异最大，其次为工学类，再次是社科类，最后是理学类。对四类学科学生的生生互助支持及其具体题项方面的差异均统计显著，但仅在与其他同学合作完成课程作业或任务题项上的差异效果量达到小效果标准。生生互助支持整体和其他具体题项方面的支持的差异效果量均未达到 0.01 的小效果标准，差异不具有实际意义。

　　分院校类型来看，普通本科院校对学生的生生互助支持的得分均值最高，其次是 211 院校，985 院校对学生的生生互助支持的得分均值最低。分值标准差 211 院校最大，分值离散程度最高，对学生的生生互助支持的内部差异最大，其次为 985 院校，最后是普通本科院校。从具体题项来看（见附录 D），在与其他同学合作完成课程作业或任务方面，普通本科院校对学生的相应支持的得分均值最高，其次是 985 院校，211 院校对学生的相应支持的得分均值最低；就课程内容向其他同学请教方面，211 院校对学生的相应支持的得分均值最高，其次是普通本科院校，985 院校对学生的相应支持的得分均值最低；帮助其他同学理解课程内容方面，普通本科院校对学生的相应支持的得分均值最高，其次是 211 院校，985 院校对学生的相应支持的得分均值最低；课后和同学讨论课程内容方面，211 院校对学生的相应支持的得分均值最高，其次是 985 院校，普通本科院校对学生的相应支持的得分均值最低。以上四方面的分值标准差，211 院校的分值标准差均最大，分值离散程度最高，对学生的相应支持的内部差异最大，其次为 985 院校，普通本科院校的分值标准差均最小，分值离散程度最低，对学生的相应支持的内部差异最小。三类院校对学生的生生互助支持及其具体题项方面的差异均统计显著，但差异的效果量均未达到小效果标准，差异不具有实际意义。

　　从院校地区来看，中部及东北地区院校对学生的生生互助支持的得分均值最高，其次是东部地区院校，西部地区院校的生生互助支持的得分均值最低。其分值标准差东部地区院校最大，分值离散程度最高，对学生的生生互助支持的内部差异最大，其次为中部及东北地区院校，最后是西部地区院校。从具体题项来看（见附录 D），与其他同学合作完成课程作业或任务方面，中部及东北地区院校对学生的相应支持的得分均值最高，其次是西部地区院校，最后为东部地区院校；在课程内容向其他同学请教、帮助其他同学理解课程内容两方面，中部及东北地区院校对学生的相应支持的得分均值都最高，其次是东部地区院校，西部地区院校均最低；课后和同学讨论课程内容方面，东部院校对学生的相应支持的得分均值最高，其次是中部及东北地区院校，最后为西部地区院校。在与其他同学合作完成课程作业或任务、就课程内容向其他同学请教两个方面，东部地区院校的分值标准差均最大，分值离散程度最高，对学生的相应支持的内部差异最大，其次为西部地区院校，最后是中部及东北地区院校。而在帮助其他同学理解课程内容、课后和同学讨论课程内容两方面，东部地区院校的分值标准差也均最大，得分离散程度最高，对学生的相应支持的内部差异最大，其次为中部及东北地区院校，西部地区院校的分值标准差均最小，分值离散程度最低，对学生的相应支持的内部差异最小。不同地区院校对学生的生生互助支持及其具体题项方面的差异均统计显著，但差异的效果量均未达到小效果量要求，差异还不具有实际意义。

通过以上分析，我们发现我国本科教育对学生的生生互助支持情况一般，对与其他同学合作完成课程任务和就课程内容向其他同学请教的支持情况较好，但对课后与同学讨论课程内容和帮助其他同学理解课程内容的支持较差。在不同人口变量和高等教育变量下，对不同学生群体的生生互助支持的差异均达到统计显著，但对不同社会经济地位类型学生的生生互助支持、对不同学科学生在与其他同学合作完成课程作业或任务方面的支持，差异的效果量达到小效果标准，而其他情况下差异的效果量均未达到小效果量要求，差异不具有实际意义。

6.2.8 学术科研

学术科研支持部分，本研究调查了学生参与三类学术科研有关活动的情况，以此来考察院校的学术科研支持水平。三类学术科研活动具体包括：和教师一起做科研、参加各类学术竞赛、向期刊/会议等投稿。以学生对这三类学术科研活动的参与程度，评估院校给予学生的学术科研支持情况，学生反馈的参与程度越高，表示院校给予学生的学术科研支持越好。每个题项共设置了 4 级选项，采取正向计分，1 表示"不打算做"，2 表示"还没决定做"，3 表示"打算做"，4 表示"已经做了"。

在我国本科教育中，院校给予学生学术科研支持方面的各题项的得分均值和各选项占比结果如表 6-17 所示，图 6-9 为其数值的可视化展示，图中折线表示各个题项的得分均值，柱状图为选项占比，其中"低参与"指选择选项 1 和 2 的学生占比，"高参与"表示选择 3 和 4 的学生占比。统计发现，我国本科教育对学生的学术科研支持中，在参加各类学术竞赛方面相对做得最好，其次是和教师一起做科研方面，而向期刊/会议等投稿方面相比来说最差。另外，参加各类学术竞赛方面得分的标准差最大，分值最为离散；和教师一起做科研方面标准差最小，分值离散程度最低；向期刊/会议等投稿方面的分值离散程度处于两者之间。总的来看，我国本科教育对学生的学术科研支持的三方面得分均值均在 60 以下，整体情况较差，特别是向期刊/会议等投稿方面，分值低于 50。

表 6-17　学术科研支持的基本特征

单位：分,%

题项	均值	标准差	占比			
			不打算做	还没决定	打算做	已经做了
和教师一起做科研	57.78	35.43	19.5	14.0	49.2	17.4
参加各类学术竞赛	58.23	36.84	20.7	13.6	43.8	22.0
向期刊/会议等投稿	47.01	35.54	27.5	18.3	47.2	7.1

说明：因四舍五入，各题项占比总和有不为 100% 的情况出现。

具体来看，和教师一起做科研方面，高参与的学生比例为 66.6%，

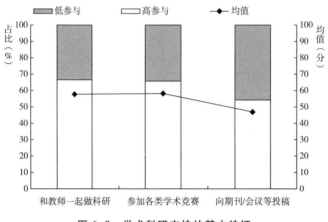

图 6-9　学术科研支持的基本特征

是三个题项中高参与学生比例最高的题项；参加各类学术竞赛方面，65.8%的学生为高参与，另外34.3%的学生为低参与。三个题项高参与学生占比在60%左右，情况一般。特别的是向期刊/会议等投稿方面，还有一定的提升空间。

　　以上数据体现的院校对学生的学术科研支持，在学生访谈中也有所体现：如参加各类学术竞赛方面，C02同学表示"学校提供的各种大大小小的比赛机会对我影响很大，迄今为止，我已先后参加了四个项目活动"；和教师一起做科研方面，E03同学表示"学校老师会主动邀请我们参加他的课题项目，同时我们也可以自己联系老师参加相关课题的研究"；但在向期刊/会议等投稿方面，所有访谈学生均未提及有过类似经验，可见相应的支持引导相对较少。另外，还有不少学生提到院校给予的学术科研支持较少，如A04同学表示"院校非常重视同学们的实践应用能力，而相对来说，对学术研究重视不足"。F03同学指出"院校在大学生创业就业方面支持更多，在学术研究方面支持较少"。可见同学时常提起和关注院校给予的学术科研支持，我国高校应进一步加强对学生的学术科研支持，并重视引导学生，特别是支持其尝试向期刊/会议等投稿，促进学生的学术成长与发展。

　　再来分析在人口变量和高等教育变量下，我国高校对不同学生群体的学术科研支持情况（见图 6-18）。性别方面，女生对学术科研参与情况评分均值稍高于男生，且分值离散程度更低。可见，院校对女生的学术科研支持较好，且对女生的学术科研支持的内部差异较小。从具体题项来看（见附录 D），在和教师一起做科研方面，对女生的相应支持的得分均值稍低于男生；参加各类学术竞赛、向期刊/会议等投稿两方面，对女生的相应支持的得分均值都稍高于男生。以上三方面男生分值的标准差均大于女生，分值离散程度更高，即对男生的学术科研支持的内部差异较大。对男女生的学术科研支持及其具体题项方面的差异均不显著，效果量也未达到小效果标准，差异不具有实际意义。

表 6-18　不同类别变量下的学术科研支持情况

变量		N	M	SD	显著性检验	效果量
性别 a	男	39492	54.22	28.31	-0.216	-0.00
	女	38358	54.26	27.58		
户口类型 a	农业	39377	53.44	27.72	-8.507***	-0.03
	非农业	37899	55.15	28.14		
社会经济地位 a	低地位组	14981	52.14	27.80	120.880***	0.01
	中低地位组	14962	53.68	27.90		
	中高地位组	14966	55.37	28.20		
	高地位组	14910	58.01	27.92		
年级 a	大一	16128	55.54	24.47	102.496***	0.00
	大二	22259	56.30	26.16		
	大三	22185	52.84	29.12		
	大四	17278	52.18	31.25		
学科 a	人文类	10325	52.03	27.88	138.883***	0.01
	社科类	17611	51.25	28.82		
	理学类	12401	54.87	27.34		
	工学类	37095	55.97	27.61		

变量		N	M	SD	显著性检验	效果量
院校类型 a	985 院校	5902	57.88	26.32		
	211 院校	25993	55.22	28.09	96.482***	0.00
	普通本科院校	45955	53.22	28.02		
院校地区 a	东部	36073	55.53	28.12		
	中部及东北	20489	52.61	27.72	78.382***	0.00
	西部	21288	53.64	27.79		

说明："性别"与"户口类型"变量的"显著性检验"列数值为 t 值，a 表示违反方差齐性假设（$p<0.05$），使用方差不齐性对应的 t 值；其他分组变量的"显著性检验"列数值为 F 值，a 表示对应分组违反方差齐性假设（$p<0.05$），使用校正的 Tamhane's T2 法进行事后检验；*** 代表 $p<0.001$。

分户口类型看，非农业户口学生的学术科研参与情况得分均值高于农业学生，但分值标准差高于农业学生，分值离散程度较高。可见，院校对非农业户口学生的学术科研支持情况更好，但对非农业户口学生的学术科研支持的内部差异较大。从具体题项看，在和教师一起做科研、参加各类学术竞赛、向期刊/会议等投稿三个方面，非农业户口学生参与情况的得分分值均高于农业户口学生，但分值离散程度更高，与因子整体分值情况相同。对两类户口类型学生的学术科研支持及其具体题项方面的差异均统计显著，但差异效果量未达小差异标准，差异不具实际意义。

从社会经济地位来看，随着学生社会经济地位的提升，院校对学生的学术科研支持的得分均值逐渐提升。分值标准差方面，中高地位组分值标准差最大，分值离散程度最高，其次为高地位组，再次为中低地位组，低地位组分值离散程度最低。可见，社会经济地位越高的学生获得的学术科研支持越好。院校对中高地位组学生的学术科研支持的内部差异最大，其次是高地位组，再次是中低地位组，最后为低地位组。详细到具体题项，在和教师一起做科研、参加各类学术竞赛、向期刊/会议等投稿三方面，随着学生社会经济地位的提升，院校对学生的相应支持的得分均值逐渐上升。分值离散程度上，和教师一起做科研、参加各类学术竞赛两方面，分值离散程度最高的是低地位组，其次为中高地位组，再次为中低地位组，高地位组分值离散程度最低。向期刊/会议等投稿方面，分值离散程度最高的是中高地位组，其次为中低地位组，再次为低地位组，高地位组分值离散程度最低。对不同社会经济地位学生的学术科研支持及其具体题项方面的差异均统计显著，但仅学术科研支持整体的差异效果量达到小效果标准，具体题项方面支持的差异效果量均未达小效果标准，还不具有实际意义。

接下来从高等教育相关变量角度分析我国高校对不同学生群体的学术科研支持情况。分年级来看，学术科研支持的得分均值随着学生年级升高呈现先升后降的变化情况，其中对大二学生的学术科研支持分值最高，其次为大一学生，再次为大三学生，大四学生最低。且随着年级的上升，分值的标准差逐渐增大，分值越来越离散。对不同年级学生的学术科研支持的差异统计显著，但效果量未达到小效果量的标准。从具体题项来看（见附录 D），和教师一起做科研方面，院校对大二学生的相应支持分值最高，其次是大三学生，再次为大一学生，对大四学生的相应支持分值最低；参加各类学术竞赛方面，随着年级升高，院校对学生的相应支持分值逐渐降低；向期刊/会议等投稿方面，院校对大一学生的相应支持分值最高，其次是大二学生，再次为大四学生，对大三学生的相应支持分值最低。另外分值标准差方面，随着学生年级的升高，院校对学生三个方面支持的分值标准差逐渐增大，分值越来越离散，对学生的相应支持的内部差异变大。对各年级学生的三个方面支持的差异均统计显著，但仅参加各类学术或专业等竞赛方面支持的差异效果量为 0.01，达小效果标准，而其他两方面的差异效果量未达小效果标准。

从学科类型来看，院校对工学类学生的学术科研支持的得分均值最高，其次是理学类学生，再次为人文类学生，对社科类学生的学术科研支持的得分均值最低。分值的标准差方面，社科类学生最大，分值离散程度最高，对其学术科研支持的内部差异最大，其次为人文类，再次是工学类，最后是理学类。深入具体题项来看（见附录 D），和教师一起做科研方面，对理学类学生的相应支持的得分均值最高，其次是工学类，再次为社科类，最低为人文类。分值的标准差方面，人文类最大，分值离散程度最高，对其相应支持的内部差异最大，其次为社科类，再次是工学类，理学类分值标准差最小，分值离散程度最低，对其相应支持的内部差异最小；参加各类学术竞赛方面，对工学类学生的相应支持的得分均值最高，其次是人文类，再次为社科类，最低为理学类。分值的标准差方面，社科类最大，分值离散程度最高，对其相应支持的内部差异最大，其次为理学类，再次是人文类，最后是工学类；向期刊/会议等投稿方面，对理学类学生的相应支持的得分均值最高，其次是人文类，再次为工学类，最后为社科类。分值的标准差方面，社科类最大，分值离散程度最高，对其相应支持的内部差异最大，其次为人文类，再次是工学类，理工类分值标准差最小，分值离散程度最低，对其相应支持的内部差异最小。对四类学科学生的学术科研支持及其具体题项方面的差异均统计显著，且在学术科研支持整体和其中的和教师一起做科研、参加各类学术竞赛两题项上的差异效果量达到 0.01 的小效果标准，特别是和教师一起做科研方面，差异效果量达 0.02。

分院校类型来看，985 院校对学生的学术科研支持的得分均值最高，其次是 211 院校，普通本科院校对学生的学术科研支持的得分均值最低。分值标准差方面，211 院校最大，分值离散程度最高，对学生的学术科研支持的内部差异最大，其次为普通本科院校，最后是 985 院校。从具体题项来看（见附录 D），和教师一起做科研、向期刊/会议等投稿两方面，985 院校对学生的相应支持的得分均值最高，其次是 211 院校，普通本科院校对学生的相应支持的得分均值最低。在以上两方面的分值标准差上，普通本科院校分值标准差均最大，分值离散程度最高，对学生的相应支持的内部差异最大，其次为 211 院校，985 院校分值标准差均最小，分值离散程度最低，对学生的相应支持的内部差异最小；参加各类学术竞赛方面，211 院校对学生的相应支持的得分均值最高，其次是 985 院校，普通本科院校对学生的相应支持的得分均值最低。在分值标准差上，985 院校分值标准差最大，分值离散程度最高，对学生的相应支持的内部差异最大，其次为普通本科院校，211 院校分值标准差最小，分值离散程度最低，对学生的相应支持的内部差异最小。三类院校对学生的和教师一起做科研、参加各类学术竞赛两方面支持的差异均统计显著，但仅和教师一起做科研题项的差异效果量达到小效果标准。三类院校对学生的学术科研支持整体及其他题项的差异效果量均未达到小效果标准，差异不具有实际意义。

从院校地区来看，东部地区院校对学生的学术科研支持的得分均值最高，其次是西部地区院校，中部及东北地区院校对学生的学术科研支持的得分均值最低。分值标准差方面，东部地区院校最大，分值离散程度最高，对学生的学术科研支持的内部差异最大，其次为西部地区院校，最后是中部及东北地区院校。从具体题项来看（见附录 D），和教师一起做科研、参加各类学术竞赛、向期刊/会议等投稿三方面，东部地区院校对学生的相应支持的得分均值都最高，其次是西部地区院校，中部及东北地区院校的相应支持的得分均值都为最低。分值标准差上，和教师一起做科研方面，西部地区院校分值标准差均最大，分值离散程度最高，对学生的相应支持的内部差异最大，其次为中部及东北地区院校，最后是东部地区院校；参加各类学术竞赛、向期刊/会议等投稿两方面，东部地区院校分值标准差均最大，分值离散程度最高，对学生的相应支持的内部差异最大，其次为西部地区院校，中部及东北地区院校分值标准差均最小，得分离散程度最低，对学生的相依支持的内部差异最小。不同地区院校对学生的学术科研支持及其具体题项中和教师一起做科研、参加各类学术竞赛两方面的差异均统计显著，但仅和教师一起做科研题项的差异效果量达到小效果标准。不同地区院校对学生的学术科研支持整体及其他题项的差异效果量均未达到小效果标准，差异不具有实际意义。

基于以上分析我们可以发现，我国本科教育对学生的学术科研支持整体情况较差，其中对支持学生参加各类学术竞赛方面相对较好，其次是和教师一起做科研方面，而向期刊/会议等投稿方面的引导支持较差。

在不同人口变量和高等教育变量下，对不同学生群体的学术科研支持的差异，除性别变量外，均达到统计显著。其中对不同社会经济地位、不同学科学生的学术科研支持的差异效果量达到小效果标准，其他情况下差异的效果量均未达到小效果量要求，差异还不具有实际意义。

6.3　院校支持存在的具体不足

通过对我国本科教育中院校支持的整体概况和各因子状况的分析，我们对其情况有了全面而深入的认识。基于学生访谈的整理编码，本研究进一步挖掘了我国本科教育中院校支持存在的具体不足，以作为进一步了解我国本科教育中院校支持现状的有益补充。

对学生"就个人来看，您觉得学校对学生的支持还存在哪些不足或者需要改进之处？"的回答，依据表 5-2 的编码规则进行编码发现，各院校支持构成因子的材料来源数依次为：资金设施（28 份）、教务管理（15 份）、教师教学（10 份）、课外活动（10 份）、就业支持（4 份）、学术科研（2 份）和人际社交（0 份）。被访谈学生提及资金设施支持具有不足的次数最多，其中医食住行和教室场地方面的材料来源数较多。特别的，在学生提及具有不足的院校支持构成因子中，教务管理支持的材料来源数超过教师教学支持和课外活动支持，位列第二。各院校支持构成因子具体不足中具有代表性的材料信息如表 6-19 所示。具体来说，对学生的资金设施支持存在不少具体不足，特别是其中的医食住行和教室场地方面，具体如宿舍条件差、人员多、距离校区远，自习场地少、开放时间短，仪器老旧，贫困补助名额少，图书、网络资源不足等；教务管理支持存在效率低、服务差的情况；教师教学支持存在教学作用不明显且导论课程缺乏、对学生兴趣激发弱、教学能力水平低的问题；课外活动支持存在形式化、活动少、缺乏管理的问题；就业支持存在对学生就业引导不足的问题；学术科研支持存在信息公开程度不够、机会不平等的情况。

表 6-19　各院校支持构成因子不足之处的具体材料信息

单位：份

树节点	自由节点	材料来源数	内容列举
资金设施	医食住行	9	女生宿舍确实不是很好，宿舍是从别的地方租来的，离学院有 10 分钟路程，而且现在学生越来越多，人数有点饱和了。女生宿舍外屋是 4~6 个人，里面是 8 个人，也就是一间宿舍的居住人数达 12~14 个。(A06) 食宿方面，褒贬不一，各个校区差别非常大。老校区的宿舍环境很差，新校区宿舍是三室一厅，带卫生间，新建没几年，现在还在盖新的（楼）。我大二时在新校区，现在搬到老校区了，宿舍很旧，用了几十年了，一直没有翻新。老校区食堂吃的东西也和新校区差很远。(B01) 我们学校分为东区和西区，东区这边宿舍都是比较老旧一点的。我们来学校前就在网上查学校宿舍情况怎么样，有人就回答说，大一时先骗你们在西区住一年，大二的时候发现东区的宿舍不好，但想退又没有退路。我不知道学校什么时候会将这些比较旧的宿舍翻新，可能要很久。(D03)
	教室场地	8	我们学校提供的自习场地主要是图书馆和教室。这两种地方常常有些问题。教室在假期或者有重大活动时会封闭，图书馆修建得像个景点，会举办一些活动，活动期间图书馆的环境不是那么安静。再加上这两年学校有些设施的升级，装修比较多，经常会听到装修的声音，有时让人无法忍受。(A01) 我觉得最大的（问题）是学校提供的自习室比较少，而且开放时间比较短，大部分自习室晚上 9 点 30 分就会关闭，学习的地方比较少，而其他教室又有课，进不去。图书馆也是 9 点 30 关门，图书馆座位少。(E01) 运动场地有点少，老校区是对外开放的，校区内有很多居民楼，晚上的时候运动场上外来人员比校内学生还要多，很拥挤。(B01)
	仪器设备	5	实验仪器较为破旧，数据偏差较大。(D02) 学校的实验室开放度不够高，很多教授的实验室不会轻易让你了解或参与其中的一些研究。(B02)
	贫困补助	3	在学校对于学生的经济支持方面，学校容易出现"误"资助，有些学校甚至根本就不了解学生的家庭情况，仅凭学生的一面之词而做定论，而且学生还不用对自己所说的话负责，可能他的家境远远要比他说的好得多，这对于一些本身相对更贫困但又相对诚实的人不公平。(B03) 有补助但是名额很少。(F02)

续表

树节点	自由节点	材料来源数	内容列举
资金设施	比赛竞赛	1	应该大力支持学生走出去与其他高校学生进行比赛，让学生更有竞争力。（D02）
	图书资源	1	有时候在图书馆找不到相关文献。（E02）
	网络资源	1	建议再多弄一些可查阅资料的网站等，再多一些查阅资料的路径。（F01）
教务管理		15	学校的行政办事效率很低，一些申请好久批不下来，老师在很多流程上也跟不上，不熟悉，喜欢互相推诿。（B01） 我觉得我们校区实验室的仪器管理制度有必要改善一下，行政机构的审批速度也可以再提提。（B05） 纪律、学风方面还有些欠缺吧，学校对大一学生就抓得不是很紧，有点松，学风方面一开始营造得不是特别好。（C01） 我希望学校不要放弃大三、大四的学生，我很乐意看到课程设置越来越合理，也能够理解对于大三、大四高年级的课程设置变动会很麻烦，但是还是希望能够再克服一点困难，再努力一点，让大三、大四的同学也能够上更适合的课程。（C05）
教师教学	老师指导	7	刚开学时，老师不了解比较内向且身体不好的我，会想这个学生怎么老迟到呢？会批评我几句，那时说得重了一些，我没办法接受，就很气愤地离开了，没有跟老师调解好。我发现周围很多同学和老师存在这个问题，就是老师不了解学生，老师有时候不信任学生，学生也不信任老师，他会觉得双方存在一种敌对的关系，就会产生一些矛盾。（A06） 有很多时候老师传达的信息是错误的。比如如何才能毕业，还有例如保研率的问题，老师在这期间起到了一个干扰的作用。（B01）
	课程	2	应该为我们提供更多的导论课，更加详细地介绍学生所学专业课程，有很多课程上完了也不知道在学什么，也缺乏对它的兴趣。（E03）
	师资	1	"水课"，有一种是教授比较水，这里没有任何贬低的意思，但是我确实遇到过基本全靠自学的课程。一个原因可能是教授本身对于执教的课程了解有限，另一个原因可能是教授们的科研水平很高但是教学能力有限。（C05）

续表

树节点	自由节点	材料来源数	内容例举
课外活动	活动讲座	4	我觉得学校可以相对减少一些形式化的活动。（F06） 我觉得需要举办更多的与专业相关的学术讲座。（C03）
	交流交换	3	学校应增加更多的学习交流项目。（A04） 交换项目的效果并没有想象中好，我之前曾经和一个朋友想要参与一个柏林的项目，学校这边的费用比柏林那所大学官网挂出来的贵很多。结合两位参加了其他项目的朋友的经历，我觉得基本只适合满足"玩一下，见识一下"的心态。（B04）
	实习实践	3	学校应多组织一些活动，提高我们的实践能力水平。 我们的活动太少了，我们失聪群体的学习认识能力比不上健全人，如果增加活动和实践，那也许会对我们有很大的影响。（A05） 实习的时候觉得学校就把你丢给医院了，学校就不管了。（C06）
就业支持		4	校招方面信息不够统合，大家都在被推着走学术发展道路。（B04） 针对就业问题，学校会给我们画大饼，他们的饼画得太大了，太过吹捧自己。还是希望在之前可以画一点饼，但不要太虚，要不然会像我一样，之前也没考虑这些事情，真是开心地度过了上课的每一天，但是现在真的要面对这些问题时会有很大的落差。（C06） 根据我周边同学的情况看，从大一开始到现在已经进入大三，他们对自己的未来都没有很好的规划。（D06）
学术科研		2	我希望我们学校能够透明公开各学院各学科的科研项目的招募，同样也希望能够给同学尽量平等的科研机会。因为我一直很想做科研，但是我们学院不公开这类的信息，或者说我没有渠道能够了解这类信息，当同届学生参与的项目都结项了，我才知道有这样的机会，然而我已经大四了，所以我一直觉得很遗憾。（C05）

　　说明：为精简篇幅，对学生表述原文进行了不影响其原意的删减；"内容列举"中，注释括号内代码为相应学生的编号。

此外，笔者在访谈西部地区院校学生时，有不少学生指出学校的资金设施支持与我国发达地区院校相比有不小差距，应该加强对西部地区院校学生的资金设施支持。如来自 211 院校的 D03 同学表示"我觉得一个高校它所在的城市的发展水平也差不多决定了它的办学水平。现在我们贵州算是在倾全力建一座高校，但是当我去那边（某发达地区的暑期实践地）时，真正给我的感受就是我们这边的一个 211 院校还不如发达城市的一所普通一本学校"。D01 说道："我觉得我们西南地区的教学资源投入不够，很多的教学设施不齐全，希望国家加大对我们学校的经济投入。"我国地区间的教育资源分布差异较大，西部地区院校由于地区经济发展相对落后，客观上与东部地区存在一定差距，在给予学生的资金设施支持方面存在的不足之处较多，而这在上文的资金设施因子情况的数据分析部分也有所体现。对此，国家和社会应给予关注，加强对西部地区院校的倾斜扶持。

再者，在对 6 所院校的样本学生进行访谈的过程中，有 4 所院校学生在反馈学校的不足时提及学校校区之间的差异与不均衡。如 A06 同学指出"我们学校总部条件还不错，但有的小校区只有几栋楼"；B01 同学认为"各个校区差别非常大。老校区的宿舍环境很差，新校区宿舍是三室一厅。老校区食堂吃的东西也和新校区差很远"；D03 同学提及"东区这边宿舍都是比较老旧一点的。我们来学校前就在网上查学校的宿舍情况怎么样，有人就回答说，大一时先骗你们在西区住一年，大二的时候发现东区的宿舍不好，但想退又没有退路。我不知道学校什么时候会将这些比较旧的宿舍翻新，可能要很久"；E06 同学表示"与新校区的宽敞相比，老校区更加狭小一些，宿舍楼由原来的 5 层增加到了 14 层，上下虽说有电梯，但是赶上高峰期需要排很长的队"。近年来由于学校发展、学生增多等原因，高校掀起了一股创建分校区、新校区的风潮。相比于主校区，规模较小的分校区常如"卫星城"游离于主体之外，不受关注；而相较于旧校区，新校区建成时间较晚，硬件设施条件往往更好，校区之间的差异与不均衡问题凸显。对此，学校应该积极引导资源的分配，加强对规模较小的分校区的关注和推进旧校区的升级改造，让校内的学生享受到较为均衡的院校支持。

总而言之，我国本科教育中院校支持存在的具体不足是其现状的重要反应，访谈中学生指出的院校支持目前存在的不足，可以为改进优化院校支持提供具体方向。在此需要指出的是，因为访谈的样本院校及学生数较少，可能并不能准确反映我国本科教育中院校支持存在的具体不足的分布情况，应谨慎对待各院校支持因子的材料来源数量。另外，学生反馈的院校支持在各方面存在的具体不足仅为现实不足的一部分，其因学校的历史、发展状况不同而多种多样，研究中学生反馈的具体不足为改进优化我国本科教育中的院校支持提供了具体方向，但并非全部。

6.4　本章小结

大学生是我国优秀青年的代表，承担着国家未来发展的重任，对其给予院校支持的情况关系到大学生个人、家庭与整个国家的发展。本章综合我国全国性问卷调查——中国大学生学习与发展追踪研究调查的数据和学生访谈资料，通过对我国本科教育中院校支持情况的分析，有如下一些发现。

首先，基于"以变量为中心"（variable-centered）的视角，了解全面情况。整体上说我国大学对本科生的院校支持有较好的方面，但也有不足的方面。院校支持的八个构成因子中，课外活动支持和教师教学支持水平较高，对学生的相应支持情况较为良好；随后是教务管理支持和资金设施支持，相应支持情况尚可；之后是生生互助支持、就业支持和学术科研支持，支持水平较差，有待提高；而生师交流支持水平最差，亟待提高。具体在各因子方面，资金设施支持中，对学生奖助学金和助学贷款方面的支持最好，其次是学习硬件方面，生活硬件方面的支持最差；教师教学支持中，合理安排教学内容方面的支持最好，其次是给作业/测验提供及时反馈方面，再次是课程任务过程中给予指导，而激发学生学习兴趣方面相对最差；课外活动支持中，社会实践或调查方面的支持做得最好，其次是社区服务或志愿者方面，而实习方面的支持相对来说稍差；教务管理支持中，学生系统工作人员方面对学生的支持最好，任课老师次之，而行政管理人员方面相对最差；就业支持中，对学生的知识、能力培养方面的就业支持相对较好，而对就业信息的提供、就业对接引导，特别是声誉支持方面情况较差；生师交流支持中，对学生职业计划与想法方面的生师交流支持相对较好，而人生观、价值观等问题方面的生师交流支持相对较差；生生互助支持中，对与其他同学合作完成课程任务和向他人请教的支持情况较好，但对与其他同学课后讨论和帮助同学的支持较差；学术科研支持中，对支持学生参加各类学术竞赛方面相对较好，其次是和教师一起做科研方面，而向期刊/会议等投稿方面的引导支持较差。对于我国本科教育中院校支持整体及各因子状况的分析发现，在对学生的访谈中也有不少验证。

其次，从"以个体为中心"（person-centered）和"以机构/院校为中心"（school/organization-centered）的视角，考察不同人口变量和高等教育变量下我国高校对不同学生群体院校支持的差异。研究发现，对不同类型学生的院校支持差异大都达到统计显著，但大部分情况的差异效果量没达到小效果量要求，无一差异的效果量达中效果量标准。少数达到小效果标准的差异具体有：不同类型院校和不同地区院校对学生的资金设施支持；教师教学支持中，对各年级学生在课程任务过程中给予指导方面；课外活动支持中，对不同年级学生在社会实践或调查、实习两方面的支持，不同地区院校在社区与服务活动方面对学生的支持；对不同社会经济地位、年级和学科学生的就业支持；对不同社会经济地位、年级、学科和不同院校类型的学生的生师交流支持；对不同社会经济地位的学生的生生互助支持，对不同学科学生在与其他同学合作完成课程作业或任务方面的支持；对不同社会经济地位、不同学科学生的学术科研支持。总体来说，对人口变量和高等教育变量下的不同类型学生的院校支持的差异基本统计显著，但大部分情况的差异效果量较小，实质意义较为有限，人口变量和高等教育变量不能有效区分对学生的院校支持情况。

最后，通过对学生访谈资料的整理编码，进一步挖掘我国本科教育中院校支持存在的具体不足，以作为深入了解我国本科教育中院校支持现状的有益补充。总的来说，对学生的资金设施支持存在着不少具体的不足，特别是在医食住行和教室场地方面，具体如宿舍条件差、人员多、距离校区远，自习场地少、开放时间短，仪器老旧，贫困补助名额少，图书、网络资源不足等；教务管理支持存在效率低、服务差的情况；教师教学支持存在教学作用不明显且导论课程缺乏、对学生兴趣激发弱、教学能力水平低的问题；课外活动支持存在形式化、活动少、缺乏管理的情况；就业支持存在对学生就业引导不足的问题；学术科研支持存在信息公开程度不够、机会不平等的问题。此外，西部地区院校有不少的学生样本指出学校的资金设施支持与我国发达地区院校相比有不小差距。特别是近年高校掀起了一股建立分校区、新校区的风潮。与此同时，主校区与分校区、新校区与旧校区之间的资源分布差异与不均衡问题凸显。

第 7 章
基于大学教育力理论的学生分类与分析

通过以上研究分析，我们对我国本科教育中院校支持的构成和具体现状有了深入的了解。依据研究设计，研究将进而探讨院校支持的影响及影响机制。但大学生是一个庞大的群体，且日益多元化和异质化，整体性探讨院校支持的影响机制不够严谨、科学，研究结果的实际指导意义也非常有限。Astin（1993a）指出，只有借助分类学的语言，才能与大学生的相关研究展开有意义的对话。基于前文研究，人口变量和高等教育变量不能有效区分对学生的院校支持情况。因此，本章将基于大学教育力理论对学生进行分类，以多维度了解我国本科教育中的院校支持，并分析各类学生的分布特征和其在学习行为、学习兴趣、学生发展方面的情况，初步认识院校支持的影响，为更有意义、深入透彻地探讨我国本科教育中院校支持的影响及影响机制打下基础。

7.1　学生分类标准的制定

金子元久的大学教育力理论中，依据学生是否进入大学教育的"射程"与学生"自我-社会认识"是否确立，将大学生分为高度匹配型、被动顺应型、独立型及排斥型四种类型。据此为指引，本研究将学生自我汇报的院校支持均值是否高于所在院校的院校支持均值，作为判断学生是否在大学教育"射程"内的标准；以学生反馈的毕业后有无明确计划，作为判断学生"自我-社会认识"是否确立的标准，对学生进行分类。

首先，计算院校支持因子得分。同前文，为更严谨科学地求得因子的得分，使用相关性权重法计算院校支持因子的分值。具体来说，使用全体数据运行二阶 CFA 模型，得到各题项标准化因子负荷后，进行归一化处理，算出子因子的具体权重，进而得出院校支持因子得分的计算公式（见表 7-1）。求得各学生样本的院校支持因子得分后，进而求得其所在院校的院校支持均值。

其次，学生反馈的毕业后有无明确计划的相关数据来自样本同时填答的中国大学生学习与发展追踪研究调查本科问卷的题项：毕业后，你准备做什么？（限单选）。其回答选项为：1. 在国内工作；2. 到国外工作；3. 在国内升学；4. 到国外升学；5. 创业；6. 尚无明确计划。选择 1~5，表示学生已有明确的毕业后计划，而选择 6 表示学生尚无明确的毕业后计划。

表 7-1　院校支持标准化因子负荷及因子得分计算公式

子因子	标准化因子负荷	权重	子因子编号	得分计算公式
资金设施	0.350	0.077	F1	
教师教学	0.680	0.149	F2	
课外活动	0.396	0.087	F3	$y = 0.077 \times F1 + 0.149 \times F2 + 0.087 \times F3 +$
教务管理	0.692	0.152	F4	$0.152 \times F4 + 0.148 \times F5 + 0.134 \times F6 +$
就业支持	0.675	0.148	F5	$0.138 \times F7 + 0.115 \times F8$
生师交流	0.611	0.134	F6	
生生互助	0.630	0.138	F7	
学术科研	0.525	0.115	F8	

因此，如果学生样本的院校支持因子得分大于或等于所属院校的院校支持均值，且反馈毕业后有无明确计划题项选择 1~5，则该学生为高度匹配型；如果学生样本的院校支持因子得分小于所属院校的院校支持均值，且反馈毕业后有无明确计划题项选择 1~5，则该学生为独立型；

如果学生样本的院校支持因子得分大于或等于所属院校的院校支持均值，且反馈毕业后有无明确计划题项选择 6，则该学生为被动顺应型；如果学生样本的院校支持因子得分小于所属院校的院校支持均值，且反馈毕业后有无明确计划题项选择 6，则该学生为排斥型。具体如图 7-1 所示。

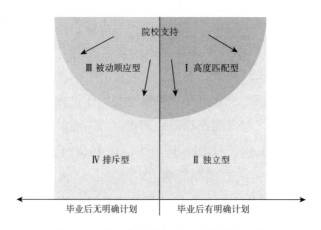

图 7-1　基于大学教育力理论的学生分类

7.2　不同类别学生的基本特征

那么，基于大学教育力理论区分出的四类学生各具有什么样的特征？下面从人口变量、高等教育变量、学习行为、学习兴趣和学生发展五方面，剖析四类学生的基本特征，以了解四类学生的分布及有关的学习发展情况，为更为有意义地、深入透彻地探讨院校支持的影响机制打下基础。

7.2.1　在人口变量上的分布

分析四类学生在人口变量上的具体分布情况，有助于了解四类学生的背景特征，有助于高校在本科教育实践中更为有效快捷地甄别与引导不同类型的学生。

四类学生在人口变量上的分布情况如表 7-2 所示。从性别来看，男生中高度匹配型学生比例最高，其次是独立型学生，再次是排斥型学生，最后是被动顺应型学生。而女生中独立型学生比例最高，其次是高度匹配型学生，再次是排斥型学生，最后是被动顺应型学生。不同性别学生的四类学生分布情况差异统计不显著（$p = 0.315 > 0.05$），且效果量未达小效果标准（$\eta^2 = 0.00 < 0.01$），这说明男女生中四类学生的分布情况差异不存在实际意义。另外我们可以发现，在男女大学生中高度匹配型和独立型学生比例均在45%左右，而排斥型学生比例在5%左右，被动顺应型学生比例在2.5%左右。相比来说，男生中高度匹配型、被动顺应型和排斥型学生比例稍高于女生，女生中独立型学生比例稍高于男生。

表 7-2　四类学生在人口学变量上的分布情况

单位：人，%

变量		高度匹配型		独立型		被动顺应型		排斥型	
		人数	占比	人数	占比	人数	占比	人数	占比
性别	男	18319	46.45	17876	45.33	1045	2.65	2198	5.57
	女	17522	45.74	17925	46.79	926	2.42	1937	5.06
户口类型	农业	17601	44.70	18776	47.68	889	2.26	2073	5.26
	非农业	17996	47.48	16779	44.27	1053	2.78	2009	5.30
社会经济地位	低地位组	6413	42.84	7439	49.70	294	1.96	823	5.50
	中低地位组	6639	44.42	7117	47.61	348	2.33	843	5.64
	中高地位组	7262	48.58	6541	43.75	386	2.58	761	5.09
	高地位组	7602	51.09	6120	41.13	479	3.22	679	4.56

从户口类型上看，农业户口学生中独立型学生比例最高，其次是高度匹配型学生，再次是排斥型学生，最后是被动顺应型学生。非农业户口学生中高度匹配型学生比例最高，其次是独立型学生，再次是排斥型学生，最后是被动顺应型学生。两种户口类型学生中四类学生分布情况的差异统计显著（$p = 0.000 < 0.05$），但效果量未达小效果标准（$\eta^2 = 0.0002 < 0.01$），说明不同户口类型学生中四类学生的分布差异不存在

实际意义。另外我们可以发现，在户口类型变量中高度匹配型和独立型学生比例均在45%左右，是不同户口类型学生中的主要类型，而排斥型学生比例均稍高于5%，被动顺应型学生比例在2.5%左右。相比来说，非农业户口学生中高度匹配型、被动顺应型与排斥型学生的比例高于农业户口学生，农业户口学生中独立型学生的比例高于非农业户口学生。

分社会经济地位看，低地位组和中低地位组学生中独立型学生比例最高，其次是高度匹配型学生，再次是排斥型学生，被动顺应型学生的比例最低；中高地位组和高地位组学生中高度匹配型学生比例最高，其次是独立型学生，再次是排斥型学生，最后是被动顺应型学生；不同社会经济地位学生中四类学生分布情况的差异统计显著（$p = 0.000 < 0.05$），但效果量未达小效果标准（$\eta^2 = 0.0002 < 0.01$），说明不同社会经济地位学生中四类学生的分布差异不存在实际意义。另外，通过分析可以发现，随着学生社会经济地位的提高，高度匹配型与被动顺应型学生的占比逐渐提升，独立型学生的占比逐渐下降。而排斥型学生的比例随着学生社会经济地位的提升先升后降，在中低地位组学生中比例达到最高。四类社会经济地位学生中，高度匹配型和独立型学生比例均在40%以上，依旧是各类社会经济地位学生中的主要类型，而排斥型学生比例在5%左右，被动顺应型学生比例在2.5%左右，两者在全体学生中的比例很低。

7.2.2　在高等教育变量上的分布

分析四类学生在高等教育变量上的分布情况，有助于了解四类学生的教育相关信息，有助于认识总结相关规律，从而使高校在本科教育实践中可对不同类型学生加以有效甄别与引导。

四类学生在高等教育变量上的分布情况如表7-3所示，从年级来看，大一、大二和大三年级学生中独立型学生比例最高，其次是高度匹配型学生，再次是排斥型学生，最后是被动顺应型学生；大四年级学生中高度匹配型学生比例最高，其次是独立型学生，再次是排斥型学生，最后是被动顺应型学生。不同年级学生中四类学生分布情况的差异统计显著（$p = 0.000 < 0.05$），且效果量达到小效果标准（$\eta^2 = 0.02 > 0.01$），说明其分布差异存在小效果的实际意义。另外我们可以发现，随着学生年级的提升，高度匹配型学生的比例逐渐上升；独立型学生的比例先升后降，在大三学生中比例达到最高；被动顺应型和排斥型学生的比例逐渐下降。各个年级的学生中，高度匹配型和独立型学生的比例均在40%以上，是各年级学生中的主要类型，而各年级学生中排斥型学生比例均高于被动顺应型学生比例，但两者占全体学生的比例均较低。

表 7-3　四类学生在高等教育变量上的分布情况

单位：人,%

变量		高度匹配型		独立型		被动顺应型		排斥型	
		人数	百分比	人数	百分比	人数	百分比	人数	百分比
年级	大一	6495	40.37	7437	46.23	696	4.33	1460	9.08
	大二	9786	44.00	10310	46.36	699	3.14	1446	6.50
	大三	10052	45.36	10835	48.89	397	1.79	876	3.95
	大四	9508	55.09	7219	41.83	179	1.04	353	2.05
学科	人文类	4907	47.57	4403	42.69	363	3.52	642	6.22
	社科类	7799	44.34	8656	49.21	357	2.03	778	4.42
	理学类	5438	44.01	5943	48.10	304	2.46	670	5.42
	工学类	17510	47.23	16618	44.83	920	2.48	2022	5.45
院校类型	985 院校	2658	45.48	2687	45.98	176	3.01	323	5.53
	211 院校	11983	46.15	12078	46.52	603	2.32	1300	5.01
	普通本科院校	21200	46.15	21036	45.79	1192	2.59	2512	5.47
院校地区	东部	16659	46.24	16640	46.19	898	2.49	1828	5.07
	中部及东北	9416	46.02	9466	46.27	496	2.42	1082	5.29
	西部	9766	45.93	9695	45.60	577	2.71	1225	5.76

分学科来看，人文类、工学类学生中高度匹配型学生比例最高，其次是独立型学生，再次是排斥型学生，最后是被动顺应型学生；社科类、理学类学生中独立型学生比例最高，其次是高度匹配型学生，再次

是排斥型学生，被动顺应型学生的比例最低。不同学科学生中的四类学生分布情况差异统计显著（$p = 0.000 < 0.05$），但效果量未达到小效果标准（$\eta^2 = 0.00 < 0.01$），说明其分布差异不具有实际意义。另外我们可以发现，四类学科学生中，高度匹配型和独立型学生比例均在42%以上，是各学科学生中的主要类型，而被动顺应型学生比例在3%左右，排斥型学生比例在5%左右，两者占全体学生的比例都很低。

从院校类型来看，985院校和211院校学生中独立型学生比例最高，其次是高度匹配学生，再次是排斥型学生，最后是被动顺应型学生；普通本科院校学生中高度匹配型学生比例最高，其次是独立型学生，再次是排斥型学生，最后是被动顺应型学生。不同类型院校中四类学生分布情况的差异统计显著（$p = 0.039 < 0.05$），但差异效果量未达到小效果标准（$\eta^2 = 0.00 < 0.01$），说明不同类型院校中四类学生的分布差异不具有实际意义。另外我们可以发现，三类院校学生中，高度匹配型和独立型学生比例均在45%以上，是三类院校中的主要学生类型，而被动顺应型学生比例在2.5%左右，排斥型学生比例均高于5%，两者占全体学生的比例都较低。

从院校地区来看，中部及东北地区院校学生中独立型学生比例最高，其次是高度匹配学生，再次是排斥型学生，最后是被动顺应型学生；东部、西部地区院校学生中高度匹配型学生比例最高，其次是独立型学生，再次是排斥型学生，最后是被动顺应型学生。不同地区院校中四类学生分布情况的差异统计显著（$p = 0.016 < 0.05$），但差异效果量未达到小效果标准（$\eta^2 = 0.00 < 0.01$），说明不同地区院校中四类学生的分布差异还不具有实际意义。另外我们可以发现，在不同地区院校学生中高度匹配型和独立型学生比例均在45%以上，是学生中的主要类型，而被动顺应型学生比例在2.5%左右，排斥型学生的比例均高于5%，两者占全体学生的比例都很低。

7.2.3 在学习行为方面的特征

通过以上分析可知，四类学生在人口变量和高等教育变量上的分布情况存在一定差异，但这些差异大多数没有达到有实际意义的效果量，仅在不同年级的分布上具有小效果量差异。那么四类学生在学习行为方面是否存在显著的不同？

如前文所述，本研究构建了学生学习行为量表，从课前、课堂上、课后三方面，全面考察学生的学习行为，能够比较全面地衡量学生的学习行为。其中课前的学习行为指课前完成规定的阅读或作业；课上的学习行为包括课堂上主动提问或参与讨论、积极思考、专心听老师讲解；课后的学习行为包括课后复习课堂笔记、总结课程中所学到的东西。通过调查学生以上学习行为的实施频率，衡量学生的学习行为情况。频率越高，学习行为越多，情况越好。

四类学生在学习行为因子上的得分情况如表 7-4 所示，数据显示，高度匹配型学生的学习行为分值最高，其次是被动顺应型学生，再次是独立型学生，排斥型学生的学习行为分值最低。学习行为分值离散程度方面，被动顺应型学生分值标准差最大，分值离散程度最高，其次为高度匹配型学生，再次为排斥型学生，独立型学生分值离散程度最低。可见，高度匹配型学生的学习行为情况最好，其次是被动顺应型学生，再次是独立型学生，最后是排斥型学生。而被动顺应型学生学习行为情况的内部差异最大，其次为高度匹配型学生，再次为排斥型学生，最后为独立型学生。四类学生在学习行为方面的差异统计显著，且差异效果量大于大的效果标准（0.14），差异具有实际意义。

表 7-4　四类学生在学习行为方面的特征

单位：分

变量	均值（标准差）				F	η^2
	高度匹配型	独立型	被动顺应型	排斥型		
学习行为[a]	71.18 (17.07)	53.45 (16.50)	68.33 (17.64)	49.40 (16.66)	7525.130 ***	0.23

说明：[a] 表示方差齐性假设不成立（$p<0.05$），使用 Tamhane's T2 法进行事后检验；*** 表示 $p<0.001$。

详细到具体题项，如图 7-2 所示。我们可以发现，四类学生在学习行为方面做得最好的均为课上专心听讲，第二是课前完成作业，第三是课上做笔记，第四为总结课程所学，课后复习笔记方面相对做得最差。整体来说，课前和课上的学习行为表现较好，而课后学习行为较弱。

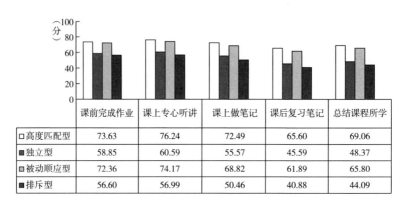

	课前完成作业	课上专心听讲	课上做笔记	课后复习笔记	总结课程所学
□ 高度匹配型	73.63	76.24	72.49	65.60	69.06
■ 独立型	58.85	60.59	55.57	45.59	48.37
▨ 被动顺应型	72.36	74.17	68.82	61.89	65.80
■ 排斥型	56.60	56.99	50.46	40.88	44.09

图 7-2 四类学生在学习行为方面的题项得分

7.2.4 在学习兴趣方面的特征

随后分析四类学生在学习兴趣方面的特征。如前文所述，本研究构建了学生学习兴趣量表，考察了学生对自己专心致志学习时内心充满快乐、愿意学习和学习遇到困难时想办法克服的认同程度，以了解把握学生的学习兴趣情况。认同程度越高，学习兴趣越高。

四类学生在学习兴趣因子上的得分情况如表 7-5 所示。数据显示，高度匹配型学生的学习兴趣分值最高，其次是被动顺应型学生，再次是独立型学生，排斥型学生的学习兴趣分值最低。学习兴趣分值离散程度方面，排斥型学生分值标准差最大，分值离散程度最高，其次为被动顺应型学生，再次为高度匹配型学生，独立型学生分值离散程度最低。可见，高度匹配型学生的学习兴趣水平最高，其次是被动顺应型学生，再次是独立型学生，排斥型学生的学习兴趣水平最低。而排斥型学生学习兴趣情况的内部差异最大，其次为被动顺应型学生，再次为高度匹配型学生，最后为独立型学生。四类学生在学习兴趣方面的差异统计显著，且差异效果量大于中等效果标准（0.06）并非常接近大的效果标准（0.14），差异在实际中具有中等效果。

表 7-5 四类学生在学习兴趣方面的特征

单位：分

变量	均值（标准差）				F	η^2
	高度匹配型	独立型	被动顺应型	排斥型		
学习兴趣[a]	76.46 (16.00)	64.21 (15.90)	74.11 (16.30)	60.26 (17.42)	4042.037***	0.13

说明：[a] 表示方差齐性假设不成立（$p<0.05$），使用 Tamhane's T2 法进行事后检验；*** 表示 $p<0.001$。

详细到具体题项，如图 7-3 所示，在学习时内心充满快乐、愿意学习、学习遇到困难时想办法克服三方面，高度匹配型和被动顺应型学生在以上三方面的分值均值相对较高，而独立型和排斥型学生在以上三方面的分值均值相对较低。

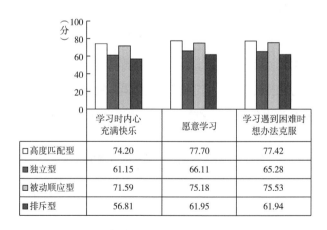

	学习时内心充满快乐	愿意学习	学习遇到困难时想办法克服
□高度匹配型	74.20	77.70	77.42
■独立型	61.15	66.11	65.28
▨被动顺应型	71.59	75.18	75.53
■排斥型	56.81	61.95	61.94

图 7-3 四类学生在学习兴趣方面的题项得分

另外，我们发现四类学生在三方面的分值多在 60 分以上，高度匹配型与被动顺应型学生分值更都在 70 分以上，整体学习兴趣的情况较好。除被动顺应型学生之外，其他三类学生对三方面认同程度最高的均为愿意学习，其次是学习遇到困难时想办法克服，最后是学习时内心充满快乐。总体来说，学生首先基于让自己成长的目的努力学习，且愿意克服过程中的困难，但学习时真正取得内心快乐的程度则相对较低。

7.2.5 在学生发展方面的特征

最后分析四类学生在学生发展方面的特征。本研究构建的学生发展量表调查了大学的学习生活使学生的知识、能力、价值观获得提高的情况，具体包含涉猎各个知识领域、专业知识与技能、运用信息技术的能力、与他人有效合作的能力、组织领导能力、确立/明晰人生观/价值观六个题项。这些题项可以较为完整地体现学生的发展情况。

四类学生在学生发展因子上的分值情况如表 7-6 所示，数据显示高度匹配型学生的学生发展分值最高，第二是被动顺应型学生，第三是独立型学生，排斥型学生的学生发展分值最低。学生发展分值离散程度方面，被动顺应型学生分值标准差最大，分值离散程度最高，其次为排斥型学生，再次为高度匹配型学生，独立型学生分值的离散程度最低。可见，高度匹配型学生的学生发展情况最好，第二是被动顺应型学生，第三是独立型学生，排斥型学生的学生发展情况最差。而被动顺应型学生的学生发展情况的内部差异最大，随后为排斥型学生，再次为高度匹配型学生，最后为独立型学生。四类学生在学生发展方面的差异统计显著，且差异效果量大于大的效果标准（0.14），差异在实际中具有大的效果。

表 7-6 四类学生在学生发展方面的特征

变量	均值（标准差）				F	η^2
	高度匹配型	独立型	被动顺应型	排斥型		
学生发展[a]	71.83 (17.58)	52.13 (16.64)	67.24 (18.57)	45.53 (17.83)	9115.652***	0.26

说明：[a] 表示方差齐性假设不成立（$p < 0.05$），使用 Tamhane's T2 法进行事后检验；*** 表示 $p < 0.001$。

从具体题项来看，如图 7-4 所示，在涉猎各个知识领域、专业知识与技能、运用信息技术的能力、与他人有效合作的能力、组织领导能

力、确立/明晰人生观/价值观六方面，高度匹配型和被动顺应型学生在
以上六方面的分值都相对较高，而独立型和排斥型学生在以上六方面的
分值均值都相对较低。

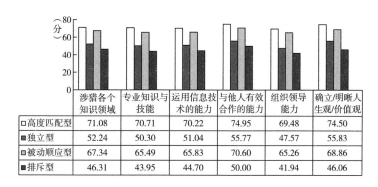

	涉猎各个知识领域	专业知识与技能	运用信息技术的能力	与他人有效合作的能力	组织领导能力	确立/明晰人生观/价值观
□高度匹配型	71.08	70.71	70.22	74.95	69.48	74.50
■独立型	52.24	50.30	51.04	55.77	47.57	55.83
□被动顺应型	67.34	65.49	65.83	70.60	65.26	68.86
■排斥型	46.31	43.95	44.70	50.00	41.94	46.06

图 7-4　四类学生在学生发展方面的题项得分

　　另外，我们发现高度匹配型学生在以上六方面中提高最多的是与他
人有效合作的能力，第二是确立/明晰人生观/价值观，第三是涉猎各个
知识领域，第四为专业知识与技能，第五是运用信息技术的能力，组织
领导能力方面的提高相对最小；独立型学生在确立/明晰人生观/价值观
方面提高最多，第二是与他人有效合作的能力，第三是涉猎各个知识领
域，第四为运用信息技术的能力，第五是专业知识与技能，组织领导能
力方面的提高同样最小；被动顺应型学生在与他人有效合作的能力方面
提高最多，第二是确立/明晰人生观/价值观，第三是涉猎各个知识领
域，第四为运用信息技术的能力，第五是专业知识与技能，组织领导能
力方面相对提升同样最小；排斥型学生在与他人有效合作的能力方面提
升最多，第二是涉猎各个知识领域，第三是确立/明晰人生观/价值观，
第四为运用信息技术的能力，第五是专业知识与技能，组织领导能力方
面的提高同样最小。整体来说，四类学生在与他人合作、知识领域和明
确人生观价值观方面提高较多，而在专业知识与技能、信息技术运用能
力和组织领导能力方面提高相对较少。特别是组织领导能力方面，四类
学生均表示此方面提高最小。

7.3　本章小结

大学扩招之后我国大学生规模迅速扩大，大学生群体日益多元化和异质化。通过上一章对我国本科教育中院校支持现状的分析，我们发现人口变量与高等教育变量不能有效区分院校支持情况不同的学生群体。为此，本章基于大学教育力理论，依据学生反馈的院校支持情况与毕业后有无明确计划，将学生分为高度匹配型、独立型、被动顺应型和排斥型四种类型。

通过对四类学生在人口变量上的分布情况的分析，我们发现，从性别来看，男生中高度匹配型、被动顺应型和排斥型学生比例稍高于女生，女生中独立型学生比例稍高于男生；从户口类型上看，非农业户口学生中高度匹配型、被动顺应型和排斥型学生比例高于农业户口学生，农业户口学生中独立型学生比例高于非农业户口学生；从社会经济地位看，随着学生社会经济地位的提高，高度匹配型与被动顺应型学生的占比逐渐提升，独立型学生的占比逐渐下降。而排斥型学生的比例随着学生社会经济地位的提升先升后降，在中低地位组学生中比例达到最高。不同性别、户口类型、社会经济地位的学生中高度匹配型和独立型是的主要类型，排斥型比例稍高于被动顺应型，但两者的比例都很低。

对四类学生在高等教育变量上的分布情况的分析发现，从年级来看，大一和大二学生中独立型学生比例最高，其次是高度匹配学生，大三和大四学生中高度匹配型学生比例最高，其次是独立型学生。另外，随着学生年级的提升，高度匹配型学生的比例逐渐上升，独立型学生的比例先升后降，在大三学生中比例达到最高，被动顺应型和排斥型学生的比例逐渐下降；从学科来看，人文类、工学类学生中高度匹配型学生比例最高，其次是独立型学生，社科类与理学类学生中独立型学生的比例最高，其次是高度匹配型学生。从院校类型来看，985 院校和 211 院校学生中独立型学生比例最高，其次是高度匹配学生，普通本科院校学生中高度匹配型学生比例最高，其次是独立型学生。从院校地区来看，中部及东北地区院校学生中独立型学生比例最高，其次是高度匹配学生，东部、西部地区院校学生中高度匹配型学生比例最高，其次是独立型学生。不同年级、学科、院校类型和院校地区中高度匹配型和独立型都是主要类型，排斥型比例稍高于被动顺应型，两者的比例都很低。

　　但不同人口变量和高等教育变量下的学生群体中，高度匹配型、独立型、被动顺应型与排斥型四种类型学生的分布差异多不存在实际意义，仅在不同年级中存在小效果的分布差异。

　　对四类学生学习行为、学习兴趣、学生发展情况的研究发现，高度匹配型学生的学习行为、学习兴趣和学生发展情况都最好，其次是被动顺应型学生，再次是独立型学生，最后是排斥型学生。内部的离散程度上，学习行为方面，被动顺应型学生内部差异最大，离散程度最高，其次为高度匹配型学生，再次为排斥型学生，独立型学生内部差异最小，离散程度最低；学习兴趣方面，排斥型学生内部差异最大，离散程度最高，其次为被动顺应型学生，再次为高度匹配型学生，独立型学生内部差异最小，离散程度最低；学生发展方面，被动顺应型学生的内部差异最大，离散程度最高，其次为排斥型学生，再次为高度匹配型学生，独立型学生内部差异最小，离散程度最低。

　　值得注意的是，四类学生在学习行为、学习兴趣、学生发展方面的差异均统计显著，且差异效果量在学习兴趣方面达到中效果标准，学习行为和学生发展方面达到大的效果标准，差异在实际中不可忽视，具有中度以上的效果。而院校支持水平较高的高度匹配型、被动顺应型学生的学习行为、学习兴趣、学生发展情况明显好于院校支持水平较低的被动顺应型、独立型学生，可见院校支持对学生学习行为、学习兴趣、学生发展可能具有正向积极的影响。基于大学教育力理论，依据对学生的院校支持水平及毕业后有无明确计划将学生进行分类，在能有效区分院校支持情况不同的学生群体的同时，更揭示了不同群体学生在学习行为、学习兴趣、学生发展方面的显著差异，为下文更加深入而有意义地探讨我国本科教育中院校支持的影响及影响机制打下了基础。

第 8 章
中国本科教育中院校支持的影响
及影响机制探索

　　通过前文的研究分析可知，基于大学教育力理论分出的四类学生在学习行为、学习兴趣和学生发展上存在着显著的差异，院校支持对学生学习行为、学习兴趣、学生发展可能具有正向积极的影响。此外，如本研究的文献综述，已有相关研究对院校支持影响机制进行了探索，对院校支持与学生学习行为、学习兴趣、学生发展几方面的关系多有涉及。因此，本章首先将整理编码学生访谈资料，分析我国本科教育中的院校支持对学生学习发展的具体影响，随后构建并检验院校支持的影响机制模型。大学生是一个庞大的群体且日益多元化和异质化，整体性谈论院校支持的影响机制不够严谨科学，研究结果的实际指导意义也较为有限。为此，本章将进一步考察院校支持对基于大学教育力理论分析出的四类学生的影响机制，对比不同类型学生间院校支持影响机制的异同，分析认识具体规律，以更加深入透彻地探讨我国本科教育中院校支持的影响及影响机制，为我国本科教育实践对不同类型学生加以有效支持引导提供理论支持，助力我国本科教育的发展与质量提升。

　　院校支持的根本目的在于促进学生发展，基于已有研究构建的影响模型及前文对院校支持相关研究的分析，本研究将构建并检验我国本科教育中院校支持的影响机制模型。模型参考和借鉴了已有研究提出的影响机制模型，如 Astin 的 I-E-O 模型、Pascarella 的大学生发展的综合因果模型、Tinto 的学生成功的院校行动模型等。不同于已有模型，本研究构建的院校支持的影响机制模型主要在以下两方面做了改进和提升：（1）明确拓展，并细化了院校支持的构成因子。已有相关模型未提出院校支持或对院校支持的构成因子归纳不全，研究不够深入和细致；（2）模型聚焦院校支持的同时，综合考虑学习行为、学习兴趣对学生发展的影响，非仅仅关注某一方面对学生发展的影响，以使影响模型更为科学和完善。

8.1　院校支持的具体影响

基于学生的自身实际体验，了解院校支持对学生发展的具体影响，是把握我国本科教育中院校支持影响的关键。对样本学生就"大学期间，学校的这些支持对您有何影响，能具体举个例子吗？"的回答依据表 5.2 的编码规则进行编码分析。各院校支持构成因子影响的具体材料信息如表 8-1 所示。

具体来说，通过学生访谈发现，资金设施支持中的贫困补助对学生缓解经济困难、顺利完成学业具有举足轻重的影响，而医食住行、图书资源、仪器设备、教室场地等支持则为学生生活学习提供了坚强保障，另外其中的奖学金则起到奖励优秀学生、提高学生积极性的作用；教师教学支持对学生的学习、能力提升和人生规划具有直接影响；课外活动支持对于锻炼学生专业实践能力、提升专业知识水平和开阔学生眼界具有重要影响；人际社交支持对学生的大学适应、团队合作能力提升等具有促进作用；教务管理支持对学生的学习开展与学业完成具有不小的影响；就业支持则丰富了学生的就业知识与经验，直接影响学生就业。综上，我国本科教育中的院校支持对学生的学习与发展具有重要的影响作用。

表 8-1 各院校支持构成因子影响的具体材料信息

单位：份

树节点	自由节点	材料来源数	内容列举
资金设施	贫困补助	5	我是农村出身，家境相对贫寒，家中上学人口多，曾经一度认为大学这四年上不完。来到大学后，学校每个月给我 400 元的生活补贴，冬天还有冬衣补助等，让我度过那段"艰难时期"。（B03） 学校设立了奖助学金，给了我这个贫困大学生很大的经济支持，让我的家庭经济压力缓解不少。（D03）
	图书资源	4	我在学习一些课程的时候，经常产生很多疑惑，通过阅读学校图书馆书籍，我解决了很多的困难，省去了很多的麻烦。我经常觉得我是个"亿万富翁"，因为我在大学期间拥有浩如烟海的书籍可以免费阅读（E03）。 我于平常课程少的时候经常去图书馆学习，除了学习专业课上的知识，还可以学到很多课外知识，读到很多课外名著，感觉给自己的灵魂进行了洗礼。（D02）
	竞赛经费	3	我参加过几次比赛，比赛的花费比较大，学校给予了一些支持。我想如果学校不提供相应的经费支持，我就没有那么高的热情去把它实现。（A01） 学校提供的各种大大小小的比赛机会对我影响很大，迄今为止，我已先后参加了四个项目活动。大多项目需要启动资金，在经济未独立的情况下，没有学校的支持，我很难掏出这些资金，而这些资金主要用于购买数据库、域名、云储存服务等。（C02）
	医食住行	2	我们学校将原来因为下雨起泡的操场跑道重新铺设了新材料，这样跑步的同学不容易脚下打滑。（C05）
	仪器设备	1	我之前也是加入了我们学校的自媒体运营，设备购置方面学校给了非常多的资金支持，单反相机、无人机等我可以一直用着。我们不只是单纯的学习，我在课外也学到了其他一些技能。（E01）
	奖学金	1	学校的资助其实给了我很多帮助，当然很大一部分是我自己争取到的奖学金。其实我在学校拿的奖助学金可以覆盖我的学费，且还有剩余。（B02）
	教室场地	1	图书馆等都免费开放，查阅资料很方便，想什么时候去都可以。（C01）

树节点	自由节点	材料来源数	内容列举
资金设施	网络资源	1	我发现一些网络资源是学校专有的，我会时常看一些论文，找一些学术文章或者报告。校内学生是可以免费下载这些文献，如果是普通的社会人士，还需要交费。（A01）
教师教学	老师指导	9	老师特别好，知道我们对哪些东西不熟悉，耐心教育我们。（A05） 影响最大的就是给我分配了自己的导师，在人生学习规划、学习能力提高上给予很大帮助。（D05） 学院老师给予的帮助是我获得的最大的支持，在我的生活上和创作上，老师会很耐心地给你梳理和讲解相关知识，为我们搭建了很好的桥梁。（F01）
	师资	2	我觉得还是师资对我的影响最大。简单来说，学生上课如果没有老师教的话，就算不要学费、活动空间多等，这些都无关紧要，学生主要是来学东西的。（A06）
课外活动	实习实践	4	学校对我的支持影响最大的是实践活动方面。没参加实践活动前，我是自卑、内向、想做却不敢做的男孩。后来在学校的支持、老师的鼓励、同学的帮助下，我变成了阳光、外向、想做就做的男孩。感谢学校的支持。（A03） 大学期间可能对我支持影响最大的就是实习实践上的支持。在校期间我参与了分院的实践工作室的活动，让我在短时间内学习到了很多平时学习过程中所无法接触到的内容，同时也锻炼了自己专业实践工作的能力并提高了对行业的认知。（F03）
	活动讲座	3	我们院经常会举办有关专业知识的讲座，讲座人有国内的优秀人士，也有国外的大师，我觉得这个很好，让我们能从不同的方面接触和了解更多的专业知识，对我专业知识的学习帮助很大。（F06）
	活动讲座	3	学校相关活动的开展对我影响最大，从刚刚入学的"新生之夜"到"文化之旅"，活动既有趣又有意义。（C04）
	交流交换	3	大三上学期，我有幸参加了学校的交流项目，来到 A 大学交流，让我体验 211 学校的师生课堂氛围、校园文化；在这里我看到很多比我优秀的人在一直努力，这也给我很大的触动。（A04） 大二的暑假，学校为家庭困难学生争取了免费出国访学的名额，在全校学生中选取了四十多名优秀同学分别赴日本和美国进行访学，我也是其中之一。赴日的访学开阔了我的眼界，让我知道国内外的一些差距，并对未来有了规划。（B06）

树节点	自由节点	材料来源数	内容列举
人际社交		6	在学校认识了很多厉害的同学，老师帮助我们拓展知识面，也让人看到没有被时光磨灭的风骨。在与不同的人交流的过程中，我们知道了很多新东西，对某些问题有了更深入的看法。（B04） 大学里同学间的交流远比老师与同学间的交流频繁，可以说，从别的同学优秀之处学习和老师教授都对我意义重大。老师教授的大多是书本上的理论知识和对人生原则的把握，但是从同学相处中学到的就是为人处世的具体方式和思维方式。（B05） 最能影响我的就是大学的社团（校团委），因为我初来到一个很陌生的城市，学长学姐们帮我熟悉校园环境，一起去完成活动的整个流程，明白了团队的重要性。我有很多技能都是在社团里学到的，比如PPT操作、WPS操作、策划等。（F01）
教务管理		4	学校实行了课堂无手机化措施，还在每个教室安装了手机袋，约束我们玩手机的行为，提高了我们听课的效率。学校还安排同学每天在教学楼大门口值班，专门负责抓迟到的同学，纪律比以前好太多了。（D04） 我觉得对我影响最大的院校支持是学分政策。因为我学到一半了，对自己的专业不是很感兴趣，（有这个政策）可以避免修很多专业选修课，别的同学在学选修课的时候，我可以去修外专业的课程。我之前也挂过一些科，但是由于学校有比较好的关于重修的规定，现在都补上了，补上来是很快的，节约了我很多的时间。（B01）
就业支持		2	就业支持对我影响最大，通过三次的暑期实习，积累了丰富的就业经验。（C03）

说明：为精简篇幅，对学生表述原文进行了不影响其原意的删减；"内容列举"中，注释括号内代码为相应学生的编号。

8.2　院校支持影响机制模型的建立

由前文可知，院校支持概念源自院校影响相关研究，得力于社会支持概念及其相关研究，相比于院校支持，院校影响和社会支持的相关研究已积累了较为丰富的研究结果，为研究我国本科教育中院校支持的影响及影响机制提供了可供借鉴的经验和有益的指引。另外，访谈中学生的反馈也给本研究中院校支持影响机制模型的建立提供了不少启发。

8.2.1　变量选择及路径假设

虽然不同学者基于经验总结和相关研究构建的影响模型中的因子常常不同，但是对院校支持、学生学习行为、学习兴趣、学生发展几方面的关系多有涉及，学习行为方面如 Pascarella 模型中的"学生努力质量"因子，学习兴趣方面如 Tinto 模型中的"态度、价值观"因素，学生发展方面更是各个模型共同的关注点，例如 Astin 模型中的"产出"变量、Pascarella 模型中的"认知发展"因素、Tinto 模型中的"成功"因子等，这几方面的关系多是模型的核心部分。兴趣、行为和结果也是心理学中频繁讨论的三个紧密相关的因素（李小平 等，2005；Yan et al.，2019）。这为构建本科教育中院校支持的影响机制初步模型提供了具体的指导与思路。

在对学生访谈过程中，院校支持对学生学习与发展的直接影响多有体现，表 8-1 中进行了详细列举，在此不再赘述。另外，学生在回答"回想起来，学校的这些支持对您产生影响的过程中，有哪些关键的中间或者相关因素？"这一问题时，学习兴趣被不时地提及。如 A02 同学表示"以前对科技方面接触的不多，也就没有兴趣。上了大学，才了解到技术的关键性和重要性，才会对其好奇，从而产生学习的兴趣"。A06 同学指出"我觉得第一个关键因素就是学生的学习兴趣。因为有的学生有可能对这个学校不感兴趣或对这个专业不感兴趣，他就不太愿意学习"。

综合以上相关分析，本文认为我国本科教育中院校支持的影响机制为：院校支持对学生的学习行为、学习兴趣和学生发展具有直接正向影响，同时，院校支持通过学生学习行为与学习兴趣间接正向影响学生发展。另外，学生的学习行为与学习兴趣相互影响促进，两者也对学生发展具有直接正向影响。具体变量的选取方面，院校支持使用前文研究探索得出的院校支持八个因子，八个因子之间互相关联；学生的学习行为、学习兴趣和学生发展源自前文构建的"学习行为量表"、"学习兴趣量表"和"学生发展量表"。

初步构建的影响机制模型如图 8-1 所示：表征院校支持的八个变量分别对表征学生学习行为和学习兴趣的变量产生正向的影响，并且分别对表征学生发展的变量产生正向的影响。表征学习行为和学习兴趣的两个变量分别对表征学生发展的变量产生正向的影响，并且两者之间相互影响促进。

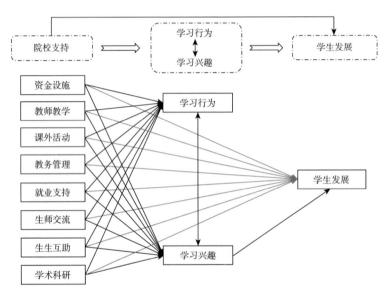

图 8-1　院校支持影响机制的初始模型

8.2.2　模型拟合评价

随后使用全体学生样本数据检验初始模型的路径假设是否成立。结果显示，在初始模型中有多条路径假设的显著概率值 p 大于 0.05，为统计不显著，例如"资金设施→学习行为"，"课外活动→学习行为"等。可见该路径连接的两个变量之间不存在共变关系，故将其删去。

图 8-2 为院校支持影响机制修正模型的示意图。结果显示，模型可以解释学生发展变量变异的 57.5%，对学生发展具有较强的解释力。

接着检验修正后的模型的拟合情况。结果显示，修正后的模型中不

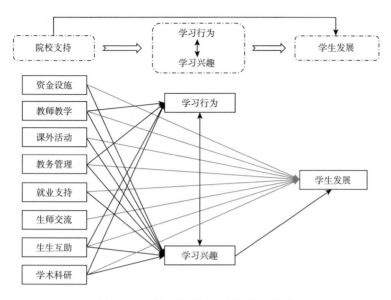

图 8-2 院校支持影响机制的修正模型

存在负的残差项，标准差均较小，标准化系数均小于 0.95 且 90% 置信区间均不大于 1。因而对模型的拟合情况进行评估，结果如表 8-2 所示，模型卡方值为 115132.577，拟合指数 CFI 和 TLI 均大于 0.9，SRMR 小于 0.08，RMSEA 及其 90% 置信区间上限均低于 0.08 且置信区间检验不显著。以上数据说明，院校支持影响机制的修正模型拟合情况良好，适合依据其情况研究讨论院校支持的影响机制，并可在此模型基础上对不同类型学生的院校支持影响机制进行探索分析。

表 8-2 院校支持影响机制修正模型拟合结果

标准/样本	χ^2	df	CFI	TLI	SRMR	RMSEA（90% CI）
标准	越小越好	≥0	> 0.90	> 0.90	< 0.08	< 0.08，p>0.05
全体样本	115132.577[*][a]	810	0.925	0.917	0.035	0.039（0.039，0.040）

说明：[*] 表示 $p<0.05$；[a] 表示该模型未经校正的卡方值为 98911.149，校正因子为 1.1640。

8.2.3 院校支持影响机制解析

由模型拟合结果可知，表征院校支持的八个变量对学生发展变量均有显著正向影响，表征学生学习行为和学习兴趣的变量对学生发展变量均有显著正向影响。表征院校支持的变量中教师教学、教务管理、生生互助和学术科研四个变量对学生学习行为变量具有显著正向影响，资金设施、教师教学、课外活动、教务管理、就业支持、生生互助和学术科研七个变量对学生学习兴趣具有显著正向影响，且学生学习行为变量和学习兴趣变量之间具有相互且显著正向影响。另外，教师教学、教务管理、生生互助和学术科研四个变量通过学习行为变量间接显著正向影响学生发展变量，资金设施、教师教学、课外活动、教务管理、就业支持、生生互助和学术科研七个变量通过学习兴趣变量间接显著正向影响学生发展变量。模型中各具体题项在所属因子变量上的载荷及各因子变量之间的路径系数整理在附录 E 中，在此不再赘述。

具体来说，在院校支持对学生学习行为、学习兴趣的影响方面（见表 8-3），对学生学习行为影响最大的院校支持变量为生生互助，其次是教师教学，再次为学术科研，最后是教务管理，其效应值依次为 0.621、0.191、0.118、0.069。对学生学习兴趣影响最大的院校支持变量是就业支持，第二为生生互助，第三是课外活动，第四为学术科研，第五是教师教学，第六为资金设施，最后是教务管理，其效应值依次为 0.210、0.163、0.125、0.120、0.108、0.071、0.067。院校支持对学生学习行为变异的解释程度较高（66.5%），而对学生学习兴趣变异的解释程度较低（33.3%）。

表 8-3　院校支持对学生学习行为、学习兴趣的影响（STDXY 标准化）

院校支持因子	学习行为 & 学习兴趣	直接效应	解释程度 R^2
教师教学		0.191	
教务管理	学习行为	0.069	0.665
生生互助		0.621	
学术科研		0.118	

续表

院校支持因子	学习行为 & 学习兴趣	直接效应	解释程度 R^2
资金设施		0.071	
教师教学		0.108	
课外活动		0.125	
教务管理	学习兴趣	0.067	0.333
就业支持		0.210	
生生互助		0.163	
学术科研		0.120	

在各个变量对学生发展的影响方面（见表 8-4），院校支持与学生学习行为、学习兴趣对学生发展的影响方式和效应大小都有所不同。总体来说，院校支持、学习行为、学习兴趣对学生发展的效应值占模型各变量对学生发展的效应值总和的 83.16%、2.89%、13.95%，院校支持产生的影响效应最大，其次是学习兴趣，最后是学习行为。在院校支持八个变量中，对学生发展影响效应最大的是就业支持，第二为生生互助，第三是生师交流，第四为课外活动，第五是教师教学，第六为教务管理，第七是学术科研，第八为资金设施，其中就业支持和生生互助的效应值分别占模型各变量效应值总和的 33.60% 和 14.68%，所占比例较大。而来自教师的院校支持（包括教师教学、生师交流）的效应值占模型各变量效应值总和的 14.11%，也对学生发展影响较大，不容小觑。

院校支持对学生发展的影响方式上，院校支持对学生发展具有直接正向影响，还通过学生学习行为和学习兴趣对学生发展产生间接正向影响。具体来说，如表 8-4 与表 8-5 所示，当资金设施支持提升 1 个单位，其会直接影响学生发展增加 0.030 个单位，并通过作用于学生学习兴趣间接影响学生发展增加 0.012 个单位；又如当教务管理提升 1 个单位，则它将直接使学生发展增加 0.055 个单位，并通过作用于学生学习行为和学习兴趣间接影响学生发展增加 0.014 个单位。院校支持对学生发展的直接效应值总和为 0.850，通过学习行为和学习兴趣对学生发展产生的间接效应值总和为 0.187，直接效应占比 81.97%，间接效应占比 18.03%。

表 8-4　各变量对学生发展的影响（STDXY 标准化）

单位：%

影响变量		直接效应	间接效应	总效应	占效应值总和之比
院校支持	资金设施	0.030	0.012	0.042	3.37
	教师教学	0.049	0.026	0.075	6.01
	课外活动	0.067	0.022	0.089	7.14
	教务管理	0.055	0.014	0.069	5.53
	就业支持	0.382	0.037	0.419	33.60
	生师交流	0.101	—	0.101	8.10
	生生互助	0.132	0.051	0.183	14.68
	学术科研	0.034	0.025	0.059	4.73
学习行为		0.036	—	0.036	2.89
学习兴趣		0.174	—	0.174	13.95

　　总的来说，由八个院校支持因子、学习行为变量和学习兴趣变量组成的 10 个学生发展影响因素中，对学生发展影响效应最大的前四个变量是就业支持、生生互助、学习兴趣和生师交流。另外，院校支持各变量对学生发展影响的直接效应均大于间接效应，但是间接效应也不容忽视，学习行为和学习兴趣在院校支持和学生发展之间发挥着重要的中介作用。如学术科研对学生发展产生的总效应中，42.37% 为间接效应。教师教学对学生发展产生的总效应中也有 34.67% 为间接效应。从间接效应值的大小来看，位于前四的分别为生生互助、就业支持、教师教学和学术科研。

表 8-5　影响模型中院校支持对学生发展的间接影响

单位：%

间接效应路径	间接效应	间接效应占比
资金设施→学习兴趣→学生发展	0.012	28.57
教师教学→学习行为→学生发展	0.007	9.33
教师教学→学习兴趣→学生发展	0.019	25.33
课外活动→学习兴趣→学生发展	0.022	24.72
教务管理→学习行为→学生发展	0.002	2.90

续表

间接效应路径	间接效应	间接效应占比
教务管理→学习兴趣→学生发展	0.012	17.39
就业支持→学习兴趣→学生发展	0.037	8.83
生生互助→学习行为→学生发展	0.022	12.02
生生互助→学习兴趣→学生发展	0.028	15.30
学术科研→学习行为→学生发展	0.004	6.78
学术科研→学习兴趣→学生发展	0.021	35.59

具体来看院校支持对学生发展的间接影响。由表 8-5 可知，院校支持通过学习行为对学生发展产生间接影响的路径共有四条，其中源自生生互助变量的间接效应值最大，其次是教师教学，再次为学术科研，最后是教务管理；院校支持通过学习兴趣对学生发展产生间接影响的路径更多，共有七条，其中源自就业支持变量的间接效应值最大，第二是生生互助，第三为课外活动，第四是学术科研，第五为教师教学，第六是资金设施，最后是教务管理。院校支持通过学习兴趣对学生发展产生间接影响的效应总量为 0.151，大于通过学习行为对学生发展产生间接影响的效应总量（0.035）。各路径中间接效应值与总效应值的比为间接效应占比，比例最高的为学术科研通过学习兴趣对学生发展的间接影响，其占了学术科研对学生发展影响总效应的 35.59%，其次是资金设施通过学习兴趣对学生发展的间接影响，间接效应占了其总效应的 28.57%，另外间接效应占比超过 20% 的路径还有教师教学通过学习兴趣对学生发展的间接影响、课外活动通过学习兴趣对学生发展的间接影响。

8.3　院校支持对高度匹配型学生的影响

接下来分学生类型来看院校支持的影响机制。首先使用高度匹配型学生样本数据，检验在高度匹配型学生中院校支持初始影响模型的路径假设是否成立，探索高度匹配型学生的院校支持影响机制。

8.3.1　模型拟合评价

初始模型的拟合数据显示，除生师交流因子对学生学习兴趣变量的影响因不显著而被删除外，其他路径假设的显著概率值 p 均小于 0.05，路径显著无须删去。接着检验修正后模型的拟合情况，结果显示，模型中不存在负的残差项，标准差均较小，标准化系数均小于 0.95 且 90% 置信区间均不大于 1。模型卡方值为 51456.854，拟合指数 CFI 和 TLI 均大于 0.9，SRMR 小于 0.08，RMSEA 及其 90% 置信区间上限均低于 0.08 且置信区间检验不显著。这些数据说明，修正后的院校支持影响机制模型拟合情况良好（见表 8-6）。

表 8-6　高度匹配型学生的院校支持影响机制修正模型拟合结果

标准/样本	χ^2	df	CFI	TLI	SRMR	RMSEA（90% CI）
标准	越小越好	≥0	> 0.90	> 0.90	< 0.08	< 0.08，$p>0.05$
高度匹配型学生样本	51456.854[*][a]	806	0.912	0.901	0.034	0.039（0.038, 0.039）

注：[*] 表示 $p<0.05$；[a] 表示该模型未经校正的卡方值为 44199.325，校正因子为 1.1642。

图 8-3 为高度匹配型学生的院校支持影响机制模型示意图。结果显示，模型可以解释学生发展变量变异的 46.6%，具有较强的解释力。模型中各具体题项在所属因子变量上的载荷及各因子变量之间的路径系数详见附录 E。

8.3.2　高度匹配型学生的院校支持影响机制解析

对于高度匹配型学生来说，表征院校支持的八个因子对学生发展变量均有显著正向影响，表征学生学习行为和学习兴趣的变量对学生发展变量均有显著正向影响（见图 8-3）。表征院校支持的八个因子中，除生师交流变量外的其他七个因子对学生学习行为变量具有显著正向影响，八个因子均对学生学习兴趣具有显著正向影响，且学生学习行为变量和学习兴趣变量相互之间具有显著正向影响。另外，教师教学、教务

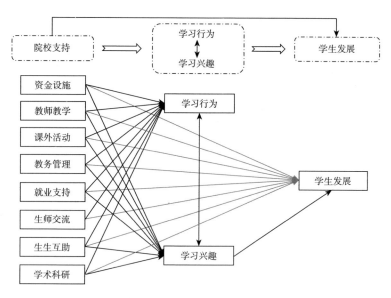

图 8-3　高度匹配型学生的院校支持影响机制

管理、就业支持、生师交流、生生互助和学术科研六个因子通过学习行为间接显著正向影响学生发展，资金设施、教师教学、课外活动、教务管理、就业支持、生生互助和学术科研七个因子通过学习兴趣变量对学生发展变量具有间接显著正向影响。

在院校支持对高度匹配型学生的学习行为、学习兴趣的影响方面（见表 8-7），对学习行为影响最大的院校支持因子为生生互助，第二是教师教学，第三为就业支持，第四是学术科研，第五为教务管理，第六是生师交流，第七为课外活动，最后是资金设施，其直接效应值依次为 0.639、0.187、0.084、0.083、0.069、0.060、0.025、0.020。对高度匹配型学生学习兴趣的影响最大的院校支持因子是就业支持，第二为生生互助，第三是教师教学，第四为学术科研，第五是教务管理，第六为课外活动，最后是资金设施，其效应值依次为 0.270、0.187、0.132、0.120、0.118、0.107、0.078。院校支持对高度匹配型学生学习行为变异的解释程度较高（62.0%），而对学生学习兴趣变异的解释程度较低（27.1%）。

表 8-7　院校支持对高度匹配型学生学习行为、学习兴趣的影响（STDXY 标准化）

单位:%

院校支持因子	学习行为 & 学习兴趣	直接效应	解释程度 R^2
资金设施		0.020	
教师教学		0.187	
课外活动		0.025	
教务管理	学习行为	0.069	0.620
就业支持		0.084	
生师交流		0.060	
生生互助		0.639	
学术科研		0.083	
资金设施		0.078	
教师教学		0.132	
课外活动		0.107	
教务管理	学习兴趣	0.118	0.271
就业支持		0.270	
生生互助		0.187	
学术科研		0.120	

再看高度匹配型学生中各个变量对学生发展的影响（见表 8-8），院校支持与学生学习行为、学习兴趣对其学生发展的影响方式和效应大小都有所不同。总体来说，院校支持、学习行为、学习兴趣对学生发展影响的效应值分别占模型各变量对学生发展影响的效应值总和的 84.81%、1.77%、13.42%，院校支持产生的影响效应最大，其次是学习兴趣，最后是学习行为。在院校支持八个因子中，对高度匹配型学生的学生发展影响效应最大的是就业支持，第二为生生互助，第三是课外活动，第四为教务管理，第五是生师交流，第六为教师教学，第七是学术科研，第八为资金设施，其中就业支持和生生互助的效应值分别占模型各变量效应值总和的 33.85% 和 12.09%，所占比例较大。而来自教师的院校支持（包括教师教学、生师交流）的效应值占模型各变量效应值总和的 14.09%，也对学生发展影响较大，不可忽视。

院校支持对高度匹配型学生的学生发展的影响方式上，除了直接正向影响，还通过学生学习行为和学习兴趣对其产生间接正向影响。具体来说，如表 8-8 与表 8-9 所示，如当教师教学提升 1 个单位，则其会直接影响学生发展增加 0.066 个单位，并通过作用于学生学习行为和学习兴趣间接影响学生发展增加 0.029 个单位；又如当生师交流提升 1 个单位，则它将直接使学生发展增加 0.095 个单位，并通过作用于学生学习兴趣间接影响学生发展增加 0.001 个单位。院校支持对其学生发展的直接效应值总和为 0.939，通过学习行为和学习兴趣对学生发展产生的间接效应值总和为 0.211，直接效应占比 81.65%，间接效应占比 18.35%。

表 8-8　各变量对高度匹配型学生的学生发展的影响（STDXY 标准化）

单位:%

影响变量		直接效应	间接效应	总效应	占效应值总和之比
院校支持	资金设施	0.039	0.014	0.053	3.91
	教师教学	0.066	0.029	0.095	7.01
	课外活动	0.088	0.020	0.108	7.96
	教务管理	0.075	0.023	0.098	7.23
	就业支持	0.408	0.051	0.459	33.85
	生师交流	0.095	0.001	0.096	7.08
	生生互助	0.115	0.049	0.164	12.09
	学术科研	0.053	0.024	0.077	5.68
学习行为		0.024	—	0.024	1.77
学习兴趣		0.182	—	0.182	13.42

整体来看，由八个院校支持因子、学习行为变量和学习兴趣变量组成的十个学生发展影响因素中，对高度匹配型学生的学生发展的影响效应最大的前四个因子是就业支持、学习兴趣、生生互助和课外活动。另外，院校支持各因子对学生发展影响的直接效应均大于间接效应，但是间接效应也不容忽视，学习行为和学习兴趣同样在院校支持和学生发展

之间发挥着重要的中介作用。如教师教学对学生发展产生的总效应中，29.47%为间接效应。生生互助对学生发展产生的总效应中也有29.88%为间接效应。从间接效应值大小来看，位于前四的分别为就业支持、生生互助、教师教学和学术科研。

表8-9 院校支持对高度匹配型学生的学生发展的间接影响

单位:%

间接效应路径	间接效应	间接效应占比
资金设施→学习兴趣→学生发展	0.014	26.42
教师教学→学习行为→学生发展	0.004	4.21
教师教学→学习兴趣→学生发展	0.024	25.26
课外活动→学习兴趣→学生发展	0.020	18.52
教务管理→学习行为→学生发展	0.002	2.04
教务管理→学习兴趣→学生发展	0.021	21.43
就业支持→学习行为→学生发展	0.002	0.44
就业支持→学习兴趣→学生发展	0.049	10.68
生师交流→学习行为→学生发展	0.001	1.04
生生互助→学习行为→学生发展	0.015	9.15
生生互助→学习兴趣→学生发展	0.034	20.73
学术科研→学习行为→学生发展	0.002	2.60
学术科研→学习兴趣→学生发展	0.022	28.57

具体分析院校支持对高度匹配型学生的学生发展的间接影响。由表8-9可知，院校支持通过学习行为对其学生发展产生间接影响的路径共有六条，其中源自生生互助因子的间接效应值最大，第二是教师教学，第三为教务管理，第四是就业支持，第五为学术科研，最后是生师交流；院校支持通过学习兴趣对其学生发展产生间接影响的路径更多，共有七条，其中源自就业支持因子的间接效应值最大，第二是生生互助，第三为教师教学，第四是学术科研，第五为教务管理，第六是课外活

动，最后是资金设施。院校支持通过学习兴趣对学生发展产生的间接影响效应总值为 0.184，大于通过学习行为对学生发展产生的间接影响效应总值（0.026）。间接效应占比最高的为学术科研通过学习兴趣对学生发展的间接影响，其占了学术科研对学生发展影响总效应的 28.57%，其次是资金设施通过学习兴趣对其学生发展的间接影响，间接效应占了其总效应的 26.42%，另外间接效应占比超过 20% 的路径还有教师教学通过学习兴趣对其学生发展的间接影响、教务管理通过学习兴趣对其学生发展的间接影响、生生互助通过学习兴趣对其学生发展的间接影响。

8.4　院校支持对独立型学生的影响

8.4.1　模型拟合评价

接下来使用独立型学生样本数据检验初始模型的路径假设是否成立。结果显示有多条路径假设的显著概率值 p 不显著，路径连接的两个变量之间不存在共变关系，故将其删去。接着检验修正后模型的拟合情况，结果显示，模型中不存在负的残差项，标准差均较小，标准化系数均小于 0.95 且 90% 置信区间均不大于 1。模型卡方值为 52210.608，SRMR 小于 0.08，RMSEA 及其 90% 置信区间上限均低于 0.08 且置信区间检验不显著，但模型拟合指数 CFI、TLI 两个拟合指标稍低于临界值 0.9（见表 8-10）。学者指出在实际研究中，指标达到如此高的水平（临界值 0.9）是非常不易的，将临界值作为"金标准"（God Rule）用于拒绝模型是非常危险的，应该综合各种拟合指数加以判断（王孟成，2014）。为此，综合考虑其他拟合指标都达到了比较好的标准，故认为修正后的模型是可以接受的，适合依据其情况研究讨论独立型学生的院校支持影响机制。

表 8-10　独立型学生院校支持影响机制修正模型拟合结果

标准/样本	χ^2	df	CFI	TLI	SRMR	RMSEA（90% CI）
标准	越小越好	$\geqslant 0$	> 0.90	> 0.90	< 0.08	< 0.08，$p > 0.05$
独立型学生样本	52210.608 [*a]	903	0.874	0.859	0.040	0.040（0.039，0.040）

说明：[*] 表示 $p < 0.05$；[a] 表示该模型未经校正的卡方值为 46150.984，校正因子为 1.1313。

图 8-4 为独立型学生的院校支持影响机制模型。结果显示，模型可以解释学生发展变量变异的 33.0%，具有较强的解释力。模型中各个题项在所属因子上的载荷及各个因子之间的路径系数详见附录 E。

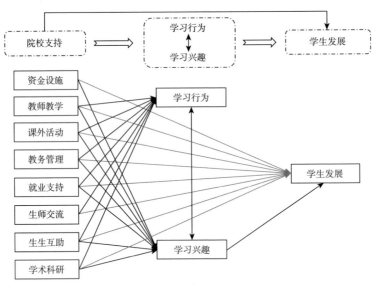

图 8-4　独立型学生的院校支持影响机制

8.4.2　独立型学生的院校支持影响机制解析

对于独立型学生来说，表征院校支持的八个因子对学生发展变量均有显著正向影响，表征学生学习兴趣的变量对学生发展变量有显著正向影响，而表征学习行为的变量对学生发展变量没有显著影响。表征院校支持的教师教学、课外活动、教务管理、就业支持、生师交流、生生互助和学术科研七个因子对学生学习行为变量具有显著正向影响，资金设施、教师教学、课外活动、教务管理、就业支持、生生互助和学术科研七个因子对学生学习兴趣具有显著正向影响，且学生学习行为变量和学习兴趣变量相互之间具有显著正向的影响。另外，资金设施、教师教学、课外活动、教务管理、就业支持、生生互助和学术科研七个因子通过学习兴趣变量对学生发展变量具有间接显著正向影响。

院校支持对独立型学生学习行为、学习兴趣的影响方面（见表8-11），对独立型学生学习行为影响最大的院校支持因子为生生互助，第二是教师教学，第三为学术科研，第四是就业支持，第五为教务管理，第六是课外活动，最后是生师交流，其效应值依次为 0.550、0.197、0.140、0.085、0.078、0.056、0.039。对独立型学生学习兴趣的影响最大的院校支持因子是学术科研，第二为就业支持，第三是课外活动，第四为生生互助，第五是教师教学，第六为资金设施，最后是教务管理，其效应值依次为 0.172、0.161、0.156、0.134、0.115、0.082、0.063。院校支持对独立型学生学习行为变异的解释程度较高（43.8%），而对学生学习兴趣变异的解释程度较低（16.2%）。

表 8-11　院校支持对独立型学生学习行为、学习兴趣的影响（STDXY 标准化）

院校支持因子	学习行为 & 学习兴趣	直接效应	解释程度 R^2
教师教学		0.197	
课外活动		0.056	
教务管理		0.078	
就业支持	学习行为	0.085	0.438
生师交流		0.039	
生生互助		0.550	
学术科研		0.140	

院校支持因子	学习行为 & 学习兴趣	直接效应	解释程度 R^2
资金设施		0.082	
教师教学		0.115	
课外活动		0.156	
教务管理	学习兴趣	0.063	0.162
就业支持		0.161	
生生互助		0.134	
学术科研		0.172	

随后分析独立型学生中各个变量对其学生发展的影响（见表 8-12）。院校支持与学生学习兴趣对学生发展的影响方式和效应大小都有所不同。总体来说，院校支持、学习兴趣对学生发展的效应值占模型各变量对学生发展的效应值总和的 86.03%、13.98%，院校支持产生的影响效应最大，其次是学习兴趣。在院校支持八个因子中，对独立型学生的学生发展影响效应最大的是就业支持，第二为生生互助，第三是生师交流，第四为课外活动，第五是教师教学，第六为学术科研，第七是教务管理，第八为资金设施，其中就业支持和生生互助的效应值分别占模型各变量效应值总和的 29.73% 和 14.36%，所占比例较大。而来自教师的院校支持（包括教师教学、生师交流）的效应值占模型各变量效应值总和的 18.92%，也对学生发展影响较大，不可忽视。

院校支持对独立型学生的学生发展的影响方式上，院校支持对其学生发展具有直接正向影响，还通过学生学习兴趣对其学生发展产生间接正向影响。具体来说，如表 8-12 所示，当课外活动提升 1 个单位，则其会直接影响学生发展增加 0.077 个单位，并通过作用于学生学习兴趣间接影响学生发展增加 0.028 个单位；又如当生师交流提升 1 个单位，则它将直接使学生发展增加 0.128 个单位，并通过作用于学生学习兴趣间接影响学生发展增加 0.024 个单位。院校支持对其学生发展的直接效应值总和为 0.955，通过学习兴趣对学生发展产生的间接效应值总和为 0.159，直接效应占比 85.73%，间接效应占比 14.27%。

表 8-12　各变量对独立型学生的学生发展的影响（STDXY 标准化）

单位：%

影响变量		直接效应	间接效应	总效应	占效应值总和之比
院校支持	资金设施	0.032	0.015	0.047	3.63
	教师教学	0.072	0.021	0.093	7.18
	课外活动	0.077	0.028	0.105	8.11
	教务管理	0.047	0.011	0.058	4.48
	就业支持	0.356	0.029	0.385	29.73
	生师交流	0.128	0.024	0.152	11.74
	生生互助	0.186	—	0.186	14.36
	学术科研	0.057	0.031	0.088	6.80
学习行为		—	—	—	—
学习兴趣		0.181	—	0.181	13.98

说明：因四舍五入，占比总和出现大于 100% 的情况。

　　总的来看，由八个院校支持因子和学习兴趣变量组成的九个学生发展影响因素中，对独立型学生的学生发展影响效应最大的前四个变量是就业支持、生生互助、学习兴趣和生师交流。另外，院校支持各因子对其学生发展影响的直接效应均大于间接效应，但是间接效应也不容忽视，学习兴趣在院校支持和学生发展之间同样发挥着重要的中介作用。例如课外活动对学生发展产生的总效应中，26.67% 为间接效应。学术科研对学生发展产生的总效应中更有 35.23% 为间接效应。从间接效应值大小来看，位于前四的分别为学术科研、就业支持、课外活动和生师交流。

表 8-13　院校支持对独立型学生的学生发展的间接影响

单位：%

间接效应路径	间接效应	间接效应占比
资金设施→学习兴趣→学生发展	0.015	31.91
教师教学→学习兴趣→学生发展	0.021	22.58
课外活动→学习兴趣→学生发展	0.028	26.67
教务管理→学习兴趣→学生发展	0.011	18.97
就业支持→学习兴趣→学生发展	0.029	7.53

间接效应路径	间接效应	间接效应占比
生生互助→学习兴趣→学生发展	0.024	15.79
学术科研→学习兴趣→学生发展	0.031	35.23

深入分析院校支持对独立型学生的学生发展的间接影响。由表 8-13 可知，院校支持通过学习兴趣对其学生发展产生间接影响的效应总量为 0.159，路径共有七条，其中源自学术科研变量的间接效应值最大，第二是就业支持，第三为课外活动，第四是生生互助，第五为教师教学，第六是资金设施，最后是教务管理。学术科研通过学习兴趣对学生发展的间接影响，间接效应占了学术科研对学生发展影响总效应的 35.23%，其次是资金设施通过学习兴趣对学生发展的间接影响，间接效应占了其总效应的 31.91%。另外，间接效应占比超过 20% 的路径还有课外活动、教师教学通过学习兴趣对学生发展的间接影响。

8.5 院校支持对被动顺应型学生的影响

8.5.1 模型拟合评价

随后使用被动顺应型学生样本数据检验初始模型的路径假设是否成立。结果显示有多条路径假设的显著概率值 p 不显著，路径连接的两个变量之间不存在共变关系，故将其删去。随后检验修正后的模型的拟合情况，结果显示，模型中不存在负的残差项，标准差均较小，标准化系数均小于 0.95 且 90% 置信区间均不大于 1。模型卡方值为 3897.292，拟合指数 CFI 大于 0.9，而 TLI 稍小于 0.9，SRMR 小于 0.08，RMSEA 及其 90% 置信区间上限均低于 0.08 且置信区间检验不显著（见表 8-14）。虽然 TLI 拟合指标稍低于 0.9，但综合考虑其他拟合指标都达到了比较好的标准（王孟成，2014），故仍认为修正后的模型是可以接受的，适合依据其情况研究讨论被动顺应型学生的院校支持影响机制。

表 8-14　被动顺应型学生院校支持影响机制修正模型拟合结果

标准/样本	χ^2	df	CFI	TLI	SRMR	RMSEA（90% CI）
标准	越小越好	≥0	> 0.90	> 0.90	< 0.08	< 0.08，p>0.05
被动顺应型学生样本	3897.292[*a]	809	0.906	0.895	0.039	0.040（0.039，0.041）

说明：[*] 表示 p<0.05；[a] 表示该模型未经校正的卡方值为 3361.183，校正因子为 1.1642。

　　图 8-5 为被动顺应型学生的院校支持影响机制模型。结果显示，模型可以解释学生发展变量变异的 44.4%，具有较强的解释力。模型中的各个题项在所属因子变量上的载荷及各个因子变量之间的路径系数详见附录 E。

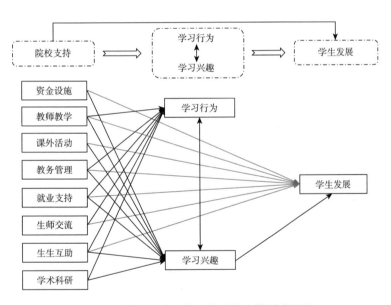

图 8-5　被动顺应型学生的院校支持影响机制

8.5.2　被动顺应型学生的院校支持影响机制解析

　　对于被动顺应型学生来说，表征院校支持的八个因子，除学术科研外，其他七个因子均对学生发展变量有显著正向影响，表征学生学习兴趣的变量对学生发展变量有显著正向影响，而表征学习行为的变量对学生发展变量没有显著影响。院校支持因子中教师教学、教务管理、就业支持、生师交流、生生互助和学术科研六个因子对学生学习行为变量具有显著正向影响，资金设施、教师教学、课外活动、教务管理、就业支持、生生互助和学术科研七个因子对学生学习兴趣变量具有显著正向影响，且学生学习行为变量和学习兴趣变量相互之间具有显著正向影响。另外资金设施、教师教学、课外活动、教务管理、就业支持、生生互助和学术科研七个因子通过学习兴趣间接显著正向影响学生发展变量。

院校支持对被动顺应型学生学习行为、学习兴趣的影响方面（见表 8-15），对被动顺应型学生学习行为的影响最大的院校支持因子为生生互助，第二是教师教学，第三为就业支持，第四是生师交流，第五为教务管理，最后是学术科研，其效应值依次为 0.648、0.222、0.096、0.092、0.068、0.062。对被动顺应型学生学习兴趣的影响最大的院校支持因子是就业支持，第二为生生互助，第三是教师教学，第四为学术科研，第五是课外活动，第六为教务管理，最后是资金设施，其效应值依次为 0.286、0.193、0.139、0.137、0.135、0.135、0.083。院校支持对被动顺应型学生学习行为变异的解释程度较高（59.8%），而对学生学习兴趣变异的解释程度较低（25.7%）。

表 8-15　院校支持对被动顺应型学生学习行为、学习兴趣的影响（STDXY 标准化）

院校支持因子	学习行为 & 学习兴趣	直接效应	解释程度 R^2
教师教学		0.222	
教务管理		0.068	
就业支持	学习行为	0.096	0.598
生师交流		0.092	
生生互助		0.648	
学术科研		0.062	
资金设施		0.083	
教师教学	学习兴趣	0.139	0.257
课外活动		0.135	

续表

院校支持因子	学习行为 & 学习兴趣	直接效应	解释程度 R^2
教务管理		0.135	
就业支持	学习兴趣	0.286	0.257
生生互助		0.193	
学术科研		0.137	

　　具体分析各个变量对被动顺应型学生的学生发展的影响（见表 8-16），院校支持与学生学习兴趣对学生发展的影响方式和效应大小都有所不同。总体来说，院校支持、学习兴趣对学生发展的效应值占模型各变量对学生发展的效应值总和的 88.69%、11.29%，院校支持产生的影响效应大于学习兴趣。在院校支持八个因子中，对被动顺应型学生的学生发展的影响效应最大的是就业支持，第二为生生互助，第三是生师交流，第四为课外活动，第五是教师教学，第六为教务管理，第七是资金设施，第八为学术科研，其中就业支持和生生互助的效应值分别占模型各变量效应值总和的 34.21% 和 17.64%，所占比例较大。而来自教师的院校支持（包括教师教学、生师交流）的效应值占模型各变量效应值总和的 16.71%，也对学生发展影响较大，不可忽视。

　　院校支持对被动顺应型学生的学生发展的影响方式上，院校支持对其学生发展具有直接正向影响，还通过学生学习兴趣对其学生发展产生间接正向影响。具体来说，如表 8-16 所示，当教务管理提升 1 个单位，则其会直接影响学生发展增加 0.061 个单位，并通过作用于学生学习兴趣间接影响学生发展增加 0.012 个单位；又如当生生互助提升 1 个单位，则它将直接使学生发展增加 0.209 个单位，并通过作用于学生学习兴趣间接影响学生发展增加 0.038 个单位。院校支持对其学生发展的直接效应值总和为 1.051，通过学习兴趣对学生发展产生的间接效应值总和为 0.191，直接效应占比 84.62%，间接效应占比 15.38%。

表 8-16　各变量对被动顺应型学生的学生发展的影响（STDXY 标准化）

单位：%

影响变量		直接效应	间接效应	总效应	占效应和之比
院校支持	资金设施	0.061	0.005	0.066	4.71
	教师教学	0.077	0.030	0.107	7.64
	课外活动	0.098	0.022	0.120	8.57
	教务管理	0.061	0.012	0.073	5.21
	就业支持	0.418	0.061	0.479	34.21
	生师交流	0.127	—	0.127	9.07
	生生互助	0.209	0.038	0.247	17.64
	学术科研	—	0.023	0.023	1.64
学习行为		—	—	—	—
学习兴趣		0.158	—	0.158	11.29

说明：因四舍五入，占比总和出现大于 100% 的情况。

　　总的来看，由八个院校支持因子和学习兴趣变量组成的九个学生发展影响因素中，对被动顺应型学生的学生发展影响效应最大的前四个变量是就业支持、生生互助、学习兴趣和生师交流。另外，院校支持各因子对其学生发展影响的直接效应均大于间接，但是间接效应也不容忽视，学习兴趣在院校支持和学生发展之间同样发挥着重要的中介作用。如教师教学对学生发展产生的总效应中，28.04% 为间接效应。学术科研对学生发展产生的总效应中更是 100% 为间接效应。从间接效应值大小来看，位于前四的分别为：就业支持、生生互助、教师教学和学术科研。

表 8-17　院校支持对被动顺应型学生的学生发展的间接影响

单位：%

间接效应路径	间接效应	间接效应占比
资金设施→学习兴趣→学生发展	0.005	7.58
教师教学→学习兴趣→学生发展	0.030	28.04
课外活动→学习兴趣→学生发展	0.022	18.33
教务管理→学习兴趣→学生发展	0.012	16.44
就业支持→学习兴趣→学生发展	0.061	12.73

间接效应路径	间接效应	间接效应占比
生生互助→学习兴趣→学生发展	0.038	15.38
学术科研→学习兴趣→学生发展	0.023	100.00

　　具体分析院校支持对被动顺应型学生的学生发展的间接影响。由表 8-17 可知，院校支持通过学习兴趣对其学生发展产生间接影响的效应总量为 0.191，路径共有七条，其中源自就业支持变量的间接效应值最大，第二是生生互助，第三为教师教学，第四是学术科研，第五为课外活动，第六是教务管理，最后是资金设施。间接效应占比最高的为学术科研通过学习兴趣对其学生发展的间接影响，其占了学术科研对学生发展影响总效应的 100%，其次是教师教学通过学习兴趣对其学生发展的间接影响，间接效应占了其总效应的 28.04%，其他路径间接效应占比在 7%~19% 之间。

8.6　院校支持对排斥型学生的影响

8.6.1　模型拟合评价

　　最后使用排斥型学生样本数据，检验初始模型的路径假设是否成立。结果数据显示有多条路径假设的显著概率值 p 不显著，路径连接的两个变量之间不存在共变关系，故将其删去。随后检验修正后的模型的拟合情况，结果显示，模型中不存在负的残差项，标准差均较小，标准化系数均小于 0.95 且 90% 置信区间均不大于 1。模型卡方值为 7192.659，拟合指数 CFI 和 TLI 稍小于 0.9，SRMR 小于 0.08，RMSEA 及其 90% 置信区间上限均低于 0.08 且置信区间检验不显著（见表 8-18）。虽然 CFI 和 TLI 拟合指标稍低于 0.9，但综合考虑其他拟合指标都达到了比较好的标准（王孟成，2014），故仍认为修正后的模型是可以接受的，适合依据其情况研究讨论排斥型学生的院校支持影响机制。

表 8-18　排斥型学生院校支持影响机制修正模型拟合结果

标准/样本	χ^2	df	CFI	TLI	SRMR	RMSEA（90% CI）
标准	越小越好	≥0	> 0.90	> 0.90	< 0.08	< 0.08，p>0.05
全体样本	7192.659[*][a]	808	0.888	0.874	0.042	0.041（0.040，0.041）

说明：[*] 表示 p<0.05；[a] 表示该模型未经校正的卡方值为 6301.059，校正因子为 1.1415。

　　图 8-6 为排斥型学生的院校支持影响机制模型的示意图。结果显示，模型可以解释学生发展变量变异的 39.6%，具有较强的解释力。模型中各个题项在所属因子变量上的载荷及各个因子变量之间的路径系数详见附录 E。

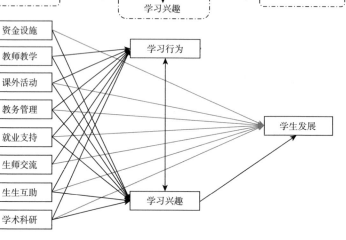

图 8-6　排斥型学生的院校支持影响机制

8.6.2　排斥型学生的院校支持影响机制解析

　　对于排斥型学生来说，表征院校支持的八个因子，除教师教学外，其他七个因子均对学生发展变量有显著正向的影响，表征学生学习兴趣的变量对学生发展变量有显著正向的影响，而表征学习行为的变量对学生发展变量没有显著影响。院校支持因子中教师教学、课外活动、教务管理、就业支持、生师交流、生生互助和学术科研七个因子对学生学习行为变量具有显著正向影响，资金设施、教师教学、课外活动、教务管理、就业支持、生生互助和学术科研七个因子对学生学习兴趣变量具有显著正向影响，且学生学习行为变量和学习兴趣变量相互之间具有显著正向影响。另外，资金设施、教师教学、课外活动、教务管理、就业支持、生生互助和学术科研七个因子通过学习兴趣间接显著正向影响学生发展变量。

在院校支持对排斥型学生学习行为、学习兴趣的影响方面（见表8-19），对排斥型学生学习行为影响最大的院校支持因子为生生互助，第二是教师教学，第三为学术科研，第四是就业支持，第五为课外活动，第六为教务管理，最后是生师交流，其效应值依次为 0.566、0.166、0.111、0.093、0.083、0.071、0.068。对排斥型学生学习兴趣影响最大的院校支持因子是就业支持，第二为学术科研，第三是生生互助，第四为课外活动，第五是教务管理，第六为资金设施，最后是教师教学，其效应值依次为 0.213、0.192、0.175、0.148、0.107、0.104、0.086。院校支持对排斥型学生学习行为变异的解释程度较高（49.6%），而对学生学习兴趣变异的解释程度较低（26.7%）。

表 8-19 院校支持对排斥型学生学习行为、学习兴趣的影响 （STDXY 标准化）

院校支持因子	学习行为 & 学习兴趣	直接效应	解释程度 R^2
教师教学		0.166	
课外活动		0.083	
教务管理		0.071	
就业支持	学习行为	0.093	0.496
生师交流		0.068	
生生互助		0.566	
学术科研		0.111	
资金设施		0.104	
教师教学	学习兴趣	0.086	0.267
课外活动		0.148	
教务管理		0.107	

续表

院校支持因子	学习行为 & 学习兴趣	直接效应	解释程度 R^2
就业支持		0.213	
生生互助	学习兴趣	0.175	0.267
学术科研		0.192	

具体分析各个变量对排斥型学生的学生发展的影响（见表 8-20），院校支持与学生学习兴趣对学生发展的影响方式和效应大小都有所不同。总体来说，院校支持、学习兴趣对学生发展的效应值占模型各变量对学生发展的效应值总和的 85.25%、14.75%，院校支持产生的影响效应大于学习兴趣。在院校支持八个因子中，对排斥型学生的学生发展影响效应最大的是就业支持，第二为生生互助，第三是教务管理，第四为生师交流，第五是课外活动，第六为学术科研，第七是资金设施，第八为教师教学，其中就业支持和生生互助的效应值分别占模型各变量效应值总和的 28.22% 和 18.79%，所占比例较大。而来自教师的院校支持（包括教师教学、生师交流）的效应值占模型各变量效应值总和的 9.73%，也对学生发展影响较大。

在院校支持对排斥型学生的学生发展的影响方式上，院校支持对学生发展具有直接正向影响，还通过学生学习兴趣对学生发展产生间接正向影响。具体来说，如表 8-20 所示，当资金设施提升 1 个单位，则其会直接影响学生发展增加 0.052 个单位，并通过作用于学生学习兴趣间接影响学生发展增加 0.021 个单位；又如当就业支持提升 1 个单位，则它将直接使学生发展增加 0.335 个单位，并通过作用于学生学习兴趣间接影响学生发展增加 0.042 个单位。院校支持对学生发展的直接效应值总和为 0.936，通过学习兴趣对学生发展产生的间接效应值总和为 0.203，直接效应占比 82.18%，间接效应占比 17.82%。

表 8-20 各变量对排斥型学生的学生发展的影响（STDXY 标准化）

单位:%

影响变量		直接效应	间接效应	总效应	占效应值总和之比
院校支持	资金设施	0.052	0.021	0.073	5.46
	教师教学	—	0.017	0.017	1.27
	课外活动	0.077	0.029	0.106	7.93
	教务管理	0.094	0.021	0.115	8.61
	就业支持	0.335	0.042	0.377	28.22
	生师交流	0.113	—	0.113	8.46
	生生互助	0.216	0.035	0.251	18.79
	学术科研	0.049	0.038	0.087	6.51
学习行为		—	—	—	—
学习兴趣		0.197	—	0.197	14.75

整体来看，由八个院校支持因子和学习兴趣变量组成的九个学生发展影响因素中，对排斥型学生的学生发展的影响效应最大的前四个变量是就业支持、生生互助、学习兴趣和教务管理。另外，院校支持各因子对学生发展影响的直接效应均大于间接效应，但是间接效应也不容忽视，学习兴趣在院校支持和学生发展之间同样发挥着重要的中介作用。如教师教学对学生发展产生的总效应中，100%为间接效应。学术科研对其学生发展产生的总效应中 43.68%为间接效应。从间接效应值大小来看，位于前四的分别为：就业支持、学术科研、生生互助、课外活动（见表 8-21）。

表 8-21 院校支持对排斥型学生的学生发展的间接影响

单位:%

间接效应路径	间接效应	间接效应占比
资金设施→学习兴趣→学生发展	0.021	28.77
教师教学→学习兴趣→学生发展	0.017	100.00
课外活动→学习兴趣→学生发展	0.029	27.36
教务管理→学习兴趣→学生发展	0.021	18.26
就业支持→学习兴趣→学生发展	0.042	11.14

间接效应路径	间接效应	间接效应占比
生生互助→学习兴趣→学生发展	0.035	13.94
学术科研→学习兴趣→学生发展	0.038	43.68

　　具体分析院校支持对排斥型学生的学生发展的间接影响。由表 8-21 可知，院校支持通过学习兴趣对学生发展产生间接影响的效应总量为 0.203，路径共有七条，其中源自就业支持因子的间接效应值最大，其次是学术科研，第三为生生互助，第四是课外活动，第五为资金设施、教务管理并列，最后是教师教学。间接效应占比最高的为教师教学通过学习兴趣对学生发展的间接影响，其占了教师教学对学生发展影响总效应的 100%，其次是学术科研通过学习兴趣对学生发展的间接影响，间接效应占了其总效应的 43.68%，另外间接效应占比超过 20% 的路径还有资金设施、课外活动通过学习兴趣对其学生发展的间接影响。

8.7　本章小结

　　通过以上对院校支持影响及影响机制的探索，研究明晰了我国本科教育中院校支持的影响及影响机制的同时，也对我国本科教育实践具有不少的启示。

8.7.1　院校支持的影响及影响机制

　　本研究发现，我国本科教育中的院校支持对学生的学习与发展具有重要的影响作用，并且其影响机制为：院校支持对学生的学习行为、学习兴趣和学生发展具有直接正向影响。同时，院校支持通过学生学习行为与学习兴趣间接正向影响学生发展。另外，学生的学习行为与学习兴趣相互影响促进，两者也对学生发展具有直接正向影响。具体来说，在院校支持对学生发展的直接影响方面，八个院校支持因子均对学生发展具有显著正向影响，其中就业支持和生生互助的效应值较大，来自教师的院校支持（包括教师教学、生师交流）对学生发展的影响也不可忽视。院校支持对学生发展的间接影响方面，教师教学、教务管理、生生互助和学术科研四个院校支持因子，通过学习行为对学生发展产生间接影响；资金设施、教师教学、课外活动、教务管理、就业支持、生生互助和学术科研七个院校支持因子，通过学习兴趣对学生发展产生间接影响。院校支持对学生发展的直接效应占总效应的八成有余，间接效应中通过学习兴趣对学生发展产生间接影响的路径更多，且效应更大。

特别的，高度匹配型学生的院校支持影响机制与整体学生相似，院校支持对学生的学习行为、学习兴趣和学生发展具有直接正向影响，同时通过学生学习行为与学习兴趣间接正向影响学生发展。但相比于整体学生，对高度匹配型学生的院校支持中，院校支持因子对其学习行为具有显著正向影响，院校支持影响其学生发展的间接路径更多。具体来说，八个院校支持因子均对学生学习行为具有显著正向影响，七个院校支持因子对学生学习兴趣具有显著正向影响。可见对于高度匹配型学生，对其的院校支持不仅水平高于院校平均值，更关键之处在于，更多方面的院校支持显著促进了学生的学习行为和学生发展，产生了积极的影响，达到了院校支持人才培养的根本目的，有效助力学生发展。

对于同样位于院校支持"射程"内的被动顺应型学生，院校支持影响机制与整体学生有所不同，院校支持对学生的学习行为、学习兴趣和学生发展具有直接正向影响，但学生的学习行为对学生发展并无显著影响，院校支持仅能通过学生学习兴趣间接正向影响学生发展。对于被动顺应型学生，对其的院校支持水平虽然高于院校平均值，且相比于整体学生的院校支持影响机制，更多的院校支持因子对学生学习行为具有显著正向影响，如就业支持、生师交流两个因子对学生学习行为具有显著正向影响，但院校支持因子引起的学习行为提升并没有显著影响学生发展，可见对于毕业后无明确计划的被动顺应型学生，存在低效的学习行为，其学习行为更多是停留于行为层面而未真正被固化和内化为发展层面。另外，院校支持中的学术科研因子对学生发展没有显著的直接影响，仅能通过学习兴趣间接显著正向影响学生发展，可见只有引起被动顺应型学生的学习兴趣，学校给予的学术科研支持才能有助于学生发展。

而对于院校支持"射程"外的独立型和排斥型学生，院校支持影响机制与整体学生也有所不同，院校支持对学生的学习行为、学习兴趣和学生发展具有直接正向影响，但学生的学习行为对学生发展并无显著影响，院校支持仅通过学生学习兴趣间接正向影响学生发展。对于独立型和排斥型学生，对其的院校支持水平低于院校平均值，但相比于整体学生的院校支持影响机制，更多的院校支持因子对学生学习行为具有显著正向影响，如课外活动、就业支持、生师交流三个因子对学生学习行为具有显著正向影响，但这些因子引起的学习行为提升并没有显著影响学生发展。可见对于院校支持较为匮乏的独立型和排斥型学生，给予其的院校支持多数情况下能显著提升学习行为，但这种学习行为是低效的，其学习行为更多是停留于学习行为本身而未真正被固化和内化为学生发展。特别的，对于排斥型学生，院校支持中的教师教学因子对学生发展没有显著的直接影响，仅能通过学习兴趣间接显著正向影响学生发展。可见仅有引起排斥型学生的学习兴趣，学校给予的教师教学支持才能有助于学生发展。

8.7.2　院校支持影响及影响机制给予的启示

首先，院校支持对学生发展具有重要影响，其中学生的学习行为和学习兴趣发挥着显著的中介作用。通过以上对我国本科教育中院校支持影响机制的研究，我们发现院校支持的八个因子均对学生发展具有显著正向影响，其中就业支持、生生互助和来自教师的院校支持（包括教师教学、生师交流）对学生发展的影响较大。院校支持还对学生学习行为和学习兴趣具有显著正向影响，并通过提升学生学习行为和学习兴趣间接正向影响学生发展，间接效应占总效应的一成有余，通过学习兴趣对学生发展产生间接影响的路径更多，且效应更大。可见在我国本科教育中，对于提升学生学习行为和学习兴趣、促进学生发展，院校支持起到了重要的作用。但由前文对我国本科教育中院校支持的情况分析可知，在对学生发展影响效应较大的就业支持、生生互助和来自教师的院校支持（包括教师教学、生师交流）中，就业支持、生生互助支持情况一般，而生师交流支持更是亟待提高。因此在认识到院校支持的重要意义，加强院校支持的同时，要更为关注以上三方面院校支持水平的提升，努力促进学生的发展与成长。

其次，对于不同类型学生院校支持的影响机制存在明显差异，学生学习兴趣对学生发展的影响相比学习行为更为稳定。高度匹配型学生的院校支持影响机制中，院校支持对学生学习行为、学习兴趣和学生发展具有显著影响的路径明显多于其他三类学生和整体学生。对于四种类型学生，院校支持均可以通过学习兴趣对学生发展产生显著正向影响，而仅对高度匹配型学生，院校支持才能通过学生学习行为间接显著影响学生发展。对各类型学生，院校支持均可显著提升学生学习行为，但不一定能通过学生学习行为显著影响学生发展，而院校支持如能显著提高学生的学习兴趣，则能通过学生学习兴趣显著促进学生发展。院校支持通过学习兴趣对学生发展产生间接影响的路径更多，且效应更大。另外，对于被动顺应型学生的学术科研支持和排斥型学生的教师教学支持，唯有通过学习兴趣变量，即引起学生的学习兴趣，才可以显著促进学生发展。可见相比于学习行为，学生学习兴趣对学生发展的影响更为坚实稳定。为此，高校在提供院校支持的过程中，应努力激起学生的学习兴趣，让学生带着兴趣学习，从而更为稳定有效地促进学生的成长。

最后，学习行为的增加并非必然伴有学生发展，非高度匹配型学生的学习行为并未显著影响学生发展。对不同类型学生的院校支持影响机制的研究发现，对于高度匹配型学生来说，学习行为对学生发展具有显著正向影响，院校支持可以直接或通过学生学习行为与学习兴趣间接对学生发展产生显著影响，而对于被动顺应型学生、独立型和排斥型学生，院校支持虽然显著正向影响学生的学习行为，但学习行为对学生发展并不存在显著影响。可见对于非高度匹配型学生，院校支持虽然显著提升了学生学习行为，但并不能显著促进学生发展，其学习行为更多是停留于学习行为本身而未真正被固化和内化为学生发展，学习行为表面化且十分低效，如前文发现非高度匹配型学生复习笔记的频率远低于课上做笔记的频率。也可以这么说，院校支持并未激发学生进一步的总结或思考，而无法转化为学生发展，如前文发现非高度匹配型学生总结课程所学方面表现较差。非高度匹配型学生学习行为的表面化应引起高校的高度重视，要加强对独立型和排斥型学生的院校支持，让其进入院校支持的"射程"；要加强对被动顺应型和排斥型学生的引导，让其树立计划与目标而非随波逐流。努力引导非高度匹配型学生向高度匹配型学生转变，促进其学习行为的深化和有效转化。

第 9 章
结　语

本章将总结本研究的结果与发现，回应本文研究问题，并基于研究结果与发现，提出关于我国本科教育中院校支持的发展建议，随后阐明本研究的创新与贡献，并指出本研究的局限与未来研究方向。

9.1　研究结果与发现

围绕研究问题，本研究有以下发现。

（1）我国本科教育中院校支持的具体内涵是什么？包含哪些构成因子？

目前学界对院校支持概念缺乏明确统一的定义，通过对院校支持概念的溯源和辨析可以发现，院校支持概念主要来源或得力于院校影响相关研究和社会支持相关研究。院校支持是院校影响最重要、最核心且最具有教育研究意义的组成部分，是由院校有意提供或营造的引导支持，具有明确的人才培养目的性和可调整改变性等特点。院校支持概念的提出，剔除了院校影响中对学生的非支持性因素，进一步聚焦了院校影响概念，更具有实践意义和理论价值。院校支持是社会支持在学校这一具体场景的衍化，但院校支持聚焦于校内学生且富有育人的目的，在教育学领域更为适切也更具有教育研究意义。另外，院校支持概念与学生支持服务概念在运用情景、主要对象、主要内容上均有不同，院校支持更为广泛地存在于目前的院校本科教学实践中，具有更为普遍的教育研究意义。总的来说，院校支持将院校作为学生学习发展的支持者，突出了大学生学习与发展的学生自主性、主体性，揭示了院校对学生的教育与管理的引导和服务属性，符合高等教育阶段学生成长的规律和高等教育的客观实践，契合院校人文管理理念，具有良好的理论及实践适切性。

通过对已有院校支持定义的分析总结，结合本研究的对象群体及关于院校支持的相关文献，从人才培养的角度，本研究将我国本科教育中的院校支持定义为：院校为促进本科生全面成长发展，实现自身人才培养职能，为学生营造并被学生体验的各方面支持。具体来说，我国本科教育中院校支持的主要对象为校内的本科生，院校给予学生的教学引导帮助、生活管理服务均属于院校支持的范畴。而院校的非支持因素，如院校的客观属性等与人才培养无直接关联或一般情况下不可改变的因素，以及对学生成长发展不具有支持作用甚至具有阻碍作用的、不具有积极意义的内容，则不是院校支持。另外，院校为学生营造的各方面资源或条件如未被学生体验，即没有被学生实际使用，也就对学生成长发展没有支持作用，则不属于院校支持。需要指出的是，本研究认为院校支持中的"院校"范围是相对于被支持学生个体而言的，指除被支持学生外的其他院校组成部分。院校的各类人员和不同层级机构对学生的支持均属于院校支持的范畴。

研究通过对来自我国不同地区和不同类型的 6 所院校的 36 位高年级大学生的深入访谈和对全国性本科生问卷调查数据的因子分析，质性研究与定量研究互为验证，将我国本科教育中院校支持的构成因子归纳为"资金设施"、"教师教学"、"课外活动"、"教务管理"、"就业支持"、"生师交流"、"生生互助"和"学术科研"八个因子，此八因子结构具有良好的信效度。

（2）我国大学对本科生的院校支持现状如何？具有哪些特点或问题？

整体上说，我国大学对本科生的院校支持现状有较好的方面，但也有不足的方面。院校支持的八个构成因子中，课外活动支持和教师教学支持水平较高，对学生的相应支持情况较为良好；教务管理支持和资金设施支持方面支持水平一般，对学生的相应支持情况尚可；生生互助支持、就业支持和学术科研支持方面支持水平较差，对学生的相应支持有待提高；而生师交流支持水平最差，对学生的生师交流支持亟待提高。另外，研究发现我国大学对本科生的院校支持中存在以下短板：对学生的资金设施支持中，生活硬件支持方面较差；教师教学支持中，激发学生学习兴趣方面相对较差；课外活动支持中，实习方面的支持相对来说稍差；教务管理支持中，行政管理人员表现相对较差；就业支持中，对就业信息的提供、就业的对接引导，特别是声誉支持方面情况较差；生师交流支持中，人生观、价值观方面的交流支持较差；生生互助支持中，帮助其他同学理解课程内容、课后和同学讨论课程内容方面情况较差；学术科研支持中，向期刊/会议等投稿方面的引导支持较差。此外研究发现，人口变量和高等教育变量不能有效区分对学生的院校支持情况。

另外，通过对学生访谈资料的整理编码，进一步挖掘我国本科教育中院校支持存在的具体不足，研究发现对学生的资金设施支持存在着许多不足，特别是在医食住行和教室场地方面，具体如宿舍条件差、人员多、距离校区远，自习场地少、开放时间短，仪器老旧，贫困补助名额少，图书、网络资源不足等；教务管理支持存在效率低、服务差的情况；教师教学支持存在教学作用不明显且导论课程缺乏、对学生兴趣激发弱、教学能力水平低的问题；课外活动支持存在形式化、活动少、缺乏管理的问题；就业支持存在对学生就业引导不足的情况；学术科研支持存在信息公开程度不够、机会不平等的问题。此外，西部地区院校有不少的学生样本指出学校的资金设施支持相比我国发达地区院校有不小差距。特别的是，学生指出相比于主校区，规模较小的分校区不受院校关注；而相较于旧校区，新校区硬件设施条件往往更好，院校校区之间的资源分布差异与不均衡问题凸显。

目前我国本科教育对学生的生师交流支持水平最差，应引起我们的关注。我国具有悠久的尊师重教传统，也不乏"诲人不倦""颜渊问仁""大鱼前导，小鱼尾随，是从游也"等示范与美谈。目前对学生的生师交流支持水平最差，可能与大学扩招带来的交流条件和环境资源不够有关，也可能与学生或老师交流意愿和氛围不足有关。如文献综述及本研究发现，生师交流水平对学生学习与发展具有积极的影响，为此，院校应该积极作为，提高对学生的生师交流支持水平。另外，院校支持各因子之间紧密相关，水平较低因子势必会影响院校支持整体的积极效果，因此对学生支持水平较差的生生互助支持、就业支持和学术科研支持应成为院校提高支持水平的着力点。对于通过题项数据详细分析和对学生访谈整理编码发现的院校支持各因子中相对薄弱的地方和存在的具体不足，院校也应意识到相应问题，积极采取对策措施，努力提升相应方面的支持水平。

（3）院校支持对学生学习和发展有何影响？影响机制又是怎样？

研究发现，我国本科教育中的院校支持对学生的学习与发展具有重要的影响作用。数据分析显示，我国本科教育中的院校支持对学生的学习行为、学习兴趣和学生发展具有直接正向影响。同时，院校支持通过学生学习行为与学习兴趣间接正向影响学生发展。另外，学生的学习行为与学习兴趣相互影响促进，两者也对学生发展具有直接正向影响。具体来说，院校支持对学生发展的直接影响方面，八个院校支持因子均对学生发展具有显著正向影响。其中就业支持和生生互助的效应值较大，来自教师的院校支持（包括教师教学、生师交流）对学生发展的影响也不容忽视；院校支持对学生发展的间接影响方面，教师教学、教务管理、生生互助和学术科研四个院校支持因子通过学习行为对学生发展产生显著影响；资金设施、教师教学、课外活动、教务管理、就业支持、生生互助和学术科研七个院校支持因子通过学习兴趣对学生发展产生显著影响。院校支持对学生发展的直接效应占总效应的八成有余，间接效应中通过学习兴趣对学生发展产生显著影响的路径更多，且效应更大。

分学生类型来看，相比于整体学生，在对高度匹配型学生的院校支持中，大比例的院校支持因子对其学习行为具有显著正向影响，院校支持影响学生发展的间接路径亦很多。院校支持因子对高度匹配型学生的学习行为和学生发展产生了积极的影响效应。而对于被动顺应型、独立型和排斥型学生，相比于整体学生的院校支持影响机制，虽然不少的院校支持因子对学生的学习行为具有显著正向影响，但学生的学习行为对学生发展并无显著影响，院校支持仅能直接或通过学生学习兴趣间接正向影响学生发展。可见对于非高度匹配型学生，院校支持可以引起学生学习行为的增加，但其学习行为并没有显著影响学生发展，学习行为对于促进学生发展非常低效，其学习行为更多的是停留于行为层面而未真正被固化和内化为学生发展。另外，对于被动顺应型学生，院校支持中的学术科研因子对学生发展没有直接显著影响，仅能通过学习兴趣显著影响学生发展，即仅在引起被动顺应型学生的学习兴趣时，对其的学术科研支持才能转化为学生发展。而对于排斥型学生，院校支持中的教师教学因子对学生发展没有显著影响，仅能通过学习兴趣显著正向影响学生发展，即仅有引起排斥型学生的学习兴趣，对其的教师教学支持才能转化为学生发展。

由院校支持的影响及影响机制可见，我国本科教育中的院校支持对于促进学生发展起到了重要的促进作用，特别是其中的就业支持、生生互助和来自教师的院校支持（包括教师教学、生师交流）对学生发展的影响效应值最大。但由前文对我国本科教育中院校支持的现况分析可知，就业支持、生生互助支持情况一般，而生师交流支持更是亟待提高。因此在认识到院校支持的重要意义、加强院校支持的同时，要更加关注这些方面院校支持水平的提升。另外，相比于学习行为，院校支持通过学习兴趣对学生发展产生间接影响的路径更多，且效应更大。但根据现状分析可知，我国院校给予本科生的教师教学支持在激发学生的学习兴趣上相对较差。为此，在教学培养过程中院校应努力激发学生的学习兴趣，让学生带着兴趣学习，让院校支持更为稳定有效地促进学生发展。对于非高度匹配型学生，通过院校支持显著提升的学习行为并不能显著促进学生发展。高校对此应高度重视，促进其学习行为的深化和转化，努力引导非高度匹配型学生向高度匹配型学生转变。

9.2 关于我国本科教育中院校支持的建议

基于以上对我国本科教育中院校支持的构成与影响的研究结果及发现，面向我国高等院校，为助力我国本科教育的发展与质量提升，本书提出如下建议。

第一，补齐院校支持短板，助力学生学习发展。通过对我国本科教育中院校支持现状的分析，我们发现院校支持的八个构成因子中对学生的课外活动支持和教师教学支持情况较为良好，教务管理支持和资金设施支持方面较为一般，生生互助支持、就业支持和学术科研支持方面水平较差，而生师交流支持水平最低，亟待提高。院校支持各因子之间紧密相关，某一方面的支持出现问题时势必会直接影响整体院校支持的积极效果，补齐支持水平最低的院校支持短板意义重大。另外，院校支持各因子中存在相对薄弱而需要进一步提高的地方，学生访谈中也发现各因子中也存在着一些具体不足，详见上文，在此不再展开。

为此，在生师交流支持方面，院校一是应该鼓励、引导学生和老师多交流，特别是人生观、价值观方面的交流，二是要创造更多的机会和更好的环境，让老师与学生能够进行更多的交流，如设立老师"开放交流时间"，建立生师交流预约系统等，让老师与学生的交流更为便捷；在生生互助方面，院校应鼓励同学之间互帮互助、相互学习，通过结对子、建立学习小组等形式，引导学生之间相互支持；在就业支持方面，院校应该加强自身宣传，努力为学生提供良好的声誉支持，另外及时提供有关就业信息，并积极辅助做好沟通对接工作，在学生与就业单位间建立起沟通联系的桥梁；在学术科研支持方面，院校应积极向学生提供参与学术科研的机会，开展学术科研经验与论文写作交流分享活动，鼓励学生参与学术论坛和会议等；在资金设施支持方面，院校在优先保障学习设施条件合理完善的情况下，应积极加强对学生的生活设施改造升级；在教务管理支持方面，院校应明确行政管理人员职责，加强对行政管理人员的培训，从而使其服务意识有所提升；在课外活动支持方面，院校要关注对学生实习的支持，实习前加强规划与动员，实习中帮助学生解决困难问题，实习后引导学生总结提升，做好组织管理工作；在教师教学支持方面，院校应努力提升教学内容与教学方式的趣味性，引导学生进行探索发现，激发学生学习兴趣。

对于受访谈学生指出的目前院校支持存在的具体不足，院校应加强对学生的资金设施支持，特别是其中的医食住行和教室场地方面的支持；在教务管理支持中做好管理规划，进一步提高效率，更好地为学生服务，助力学生学习发展；教师教学支持上，着力提升老师指导水平；课外活动支持应求实效、不务虚名，加强交流交换活动的开展，强化完善对实习实践的管理；就业支持应积极引导学生做好职业规划；学术科研支持要进一步完善学生参与机制。此外，西部地区院校应积极争取政府、社会等各方的支持与帮助，努力提升对学生的资金设施支持；最后，面对分校区与主校区、新校区与旧校区间存在的资源分布差异，相应院校要努力加强对规模较小的分校区的关注和推进旧校区的升级改建，让校内的学生享受到较为均衡的院校支持。

第二，抓好院校支持关键，让学生发展更有保障。研究发现我国本科教育的院校支持各因子中，就业支持、生生互助和来自教师的院校支持（包括教师教学、生师交流）对学生发展的影响效应值较大，占院校支持影响机制模型总效应值的 60%左右。具体来说，对于整体学生，其效应值占模型总效应的 62.39%；对于高度匹配型学生，占比为60.03%；对于独立型学生，占比为 63.01%；对于顺应型学生，占比为68.57%；对于排斥型学生，占比为 56.74%。抓好对学生的就业支持、生生互助、教师教学、生师交流四方面的院校支持十分关键。

其中，就业支持是学生就业的重要保证。院校应提供良好的就业支持，让学生掌握就业所需的知识技能、解决现实问题的能力，以学校优良的专业声誉辅助学生，并让学生了解就业单位情况，帮助学生与用人单位建立联系。目前我国本科生就业形势严峻，对学生提供良好的就业支持有助于学生更顺利地找到合适的工作，更可以让学生在校期间依据工作需求有的放矢地训练培养自己，从而促进学生发展；生生互助是学生学习发展的有力支持。大学阶段同伴之间的互帮互助常常比老师等其他群体来得更为频繁而及时。生生互助在促进学生学习提升的同时，更是有利于提高学生的沟通交流能力和团队合作能力，学校应该有意识的引导、促进学生之间的互助，营造积极向上的学习互助氛围，助力学生全面健康成长；而来自教师的教师教学和生师交流是学生学习发展的土壤根基。"所谓大学者，非谓有大楼之谓也，有大师之谓也"，对学生的教师教学支持直接决定了学校的教学质量和教育水平，对学生发展成才具有重要影响。我国高校教师除了合理安排教学内容、在完成课程任务过程中给予指导、给作业/测验提供及时的反馈外，目前更需加强的是激发学生的学习兴趣。另外，大学教育并不仅仅有知识传授的职责，还有职业生涯的引导、人生观及价值观培养的职责，院校要促进学生与老师之间的交流，通过生师交流引导学生适时做出适合自己的人生规划，培养学生树立健康的人生观、价值观，为学生发展成才奠定坚实的基石。

第三，激发学生学习兴趣，促进院校支持转化为学生发展。通过对我国本科教育中院校支持影响机制的研究，我们发现学习兴趣对学生发展有着稳定的直接影响，并且是院校支持间接影响学生发展的重要中介。院校支持对于学生发展的总效应中，一成以上是通过学习兴趣间接影响的学生发展，学习兴趣是院校支持影响学生发展的重要桥梁。对于各类型学生，学习兴趣均对其学生发展具有显著正向影响，且对院校支持间接影响学生发展起着重要中介作用。对于不同类型学生，院校支持均可显著提升学生的学习行为，但不一定能通过学生学习行为显著影响学生发展，但院校支持如能显著调动学生的学习兴趣，则能通过学生学习兴趣显著促进学生发展。为此，激发培养学生学习兴趣对于学生发展具有重要意义。

而通过对我国高校给予学生的教师教学支持情况的分析，我们发现给予学生的教师教学支持在激发学生学习兴趣方面表现较差。为此，高校应关注学生学习兴趣的激发培养，提高教学内容、形式的趣味性和多样性，努力提升学生学习兴趣，确保院校支持间接影响路径的稳固，构建院校支持转化的坚实桥梁，助力学生成长。

第四，关注学生低效学习行为，强化学习行为与学生发展的联系。通过对不同类型学生的院校支持影响机制的研究，发现对于被动顺应型学生、独立型和排斥型学生，我国本科教育中的院校支持虽然对其学习行为具有显著正向影响，但其学习行为对学生发展并不存在显著影响，院校支持仅能直接或通过学生学习兴趣显著影响学生发展。对于被动顺应型学生、独立型和排斥型学生，院校支持显著提升的学生学习行为并不能显著促进学生发展，其学习行为更多的仅仅停留于学习行为本身而未真正被固化和内化为学生发展，学习行为表面化并十分低效。

这种未能显著促进学生发展的低效学习行为或是敷衍、虚假的学习行为，或是未进一步总结或思考的表面化的学习行为。对于被动顺应型学生、独立型和排斥型学生的低效学习行为，高校应该高度重视。低效的学习行为不仅会浪费院校给予的支持，更是占用了学生的时间精力且无法有效促进学生发展。因此，高校首先要加强对独立型和排斥型学生的院校支持，让其进入院校支持的"射程"；其次要加强对被动顺应型学生的引导，让其树立目标与计划而非随波逐流；最后也是最重要的一点是，应深入研究非高度匹配型学生学习行为低效的原因，并建立或完善相应的应对机制。总之，院校应高度关注学生低效学习行为，努力促进非高度匹配型学生学习行为的深化和转化，消除低效的学习行为，构建学习行为与学生发展的稳固联系，确保学生成长。

最后，引导学生转变，并依据学生需求调整院校支持，全力促进学生发展。我国高校对不同性别、家庭经济地位、年级、学科、院校类型、院校地区本科生群体提供的院校支持之间大多不存在具有实际意义的差异，但学生中存在的高度匹配型、独立型、被动顺应型和排斥型学生在学习行为、学习兴趣和学生发展上存在中等效果标准以上的差异，且高度匹配型学生各方面情况均最为良好。另外，高度匹配型学生的院校支持影响机制中，院校支持对该类学生学习行为、学习兴趣和学生发展产生显著影响的路径明显多于其他三类学生和整体学生，院校支持对高度匹配型学生学习和发展的影响更为积极有效。可见，为了促进学生发展，在提升院校支持的同时，我们也应积极引导学生发生转变，消除排斥型学生，减少独立型学生，引导被动顺应型学生，让学生了解、接受和主动利用院校给予的支持，让学生树立未来就业目标乃至人生目标，汲取院校支持为己所用，更有效地利用院校支持，助力自身学习发展。

同时，高校也要积极转变，倾听学生的需求和意见。在引导学生转变的同时，高校也应积极调整给予学生的院校支持，了解学生的实际需求，有的放矢地提供相应的院校支持；接受学生的意见，积极改善已有院校支持的不足；提高服务意识，避免学生的被动顺应和排斥。让学生需求与院校支持达到高度的匹配，让学生进入院校支持的"射程"，让院校支持全力促进学生发展。

9.3　研究的创新与贡献

本研究的创新之处主要可以归纳为以下几点。

首先，基于学生体验视角，探索分析我国本科教育中院校支持的构成因子。本科生是我国本科教育中院校支持的实际体验者，对院校支持构成与影响最具有发言权。目前已有研究提出的院校支持构成因子多是基于研究者个人经验的概括总结，缺乏学生的声音，忽略了学生的主观体验。本研究从学生实际体验出发，结合质性学生访谈和定量学生调查数据因子分析，探索分析我国本科教育中院校支持的构成，更为严谨的同时具有一定的创新性。本研究基于学生体验视角，厘清我国本科教育中院校支持的构成因子，为研究院校支持的构成提供了另一视角与途径，对之后相关研究具有一定的启发意义。研究有助于深入和全面理解我国本科教育中院校支持的同时，为其评估的操作化、指标化打下了坚实基础。

其次，揭示我国本科教育中院校支持的影响机制，并依据不同的学生类型进行深入分析。目前对院校支持影响机制的相关研究或未聚焦于院校支持，或未对其构成因子加以区分辨别，对院校支持的影响机制缺乏深入的研究。国内相关研究更仅停留在对院校支持影响的程度和显著性进行探索分析阶段。本研究使用结构方程模型对我国本科教育中院校支持的影响机制进行了深入的探索，聚焦院校支持各构成因子对学生学习行为、学习兴趣和学生发展的影响，并进行了系统的分析。对院校支持影响机制的研究不只关注教育产出，而更关注院校支持对学生学习兴趣、学习行为的影响，做到了关注点从"果"到"因"，从"教育产出"到"教育过程"的改变。另外，进一步基于大学教育力理论将学生进行分类，进而探讨院校支持对不同类型学生的影响机制，使院校支持影响机制的研究结果具有更为准确的指导意义和实际的运用价值。本研究站在促进学生发展和服务院校的角度揭示院校支持的影响及影响机制，进一步丰富了院校影响理论，同时丰富了学生发展理论，并为高教评价体系提供了新的视角。

本研究的贡献还包括以下两个方面。

第一，深入分析我国本科教育中院校支持的现状，为进一步优化院校支持提供可靠参考。基于对我国本科教育中院校支持的定义及构成因子的研究，本研究进一步通过全国性问卷调查数据分析及学生访谈资料整理，考察我国本科教育中院校支持的具体情况。基于问卷调查数据，分析了我国本科教育中院校支持的整体概况，揭示其中亟须提高的方面，并对各方面的院校支持现状进行了深入探讨。另外编码整理学生访谈资料，归纳目前院校支持存在的具体不足，分析院校支持对学生的具体影响。本研究通过定量研究结合质性研究对院校支持现状进行分析，有助于全面和深入地了解我国本科教育中院校支持的情况，同时为我国院校进一步优化院校支持提供了准确、可靠的支持，指引我国高校更好地推进人才培养工作，助力我国本科教育的发展与质量提升，具有一定的现实意义。

　　第二，基于研究发现提出政策建议，助力我国本科教育质量提高。通过对我国本科教育中院校支持现状的分析，研究发现目前院校支持存在需要补齐的短板，院校支持构成因子中存在对学生学习行为、学习兴趣和学生发展影响较大的关键因子。为此，研究提出补齐院校支持短板和抓好关键的建议，并提出了具体措施。另外，研究发现不同类型学生的院校支持影响机制存在差异，学生学习兴趣对学生发展具有重要且稳定的促进作用，非高度匹配型学生的学习行为对其学生发展并没有显著影响。对此，研究指出高校应激发学生学习兴趣，关注非高度匹配型学生的低效学习行为，积极调整给予学生的院校支持，并提出关注学生学习兴趣的培养，引导促进非高度匹配型学生向高度匹配型学生转化，倾听学生的需求和学生的意见，提高服务意识，让学生需求与院校支持达到高度匹配等具体措施。基于研究发现提出的建议具有明确的针对性，对我国高校进一步优化提升对本科生的院校支持，提高我国本科教育质量具有现实指导意义。

9.4　研究的局限与未来研究方向

　　本研究的局限首先在于无论是学生访谈及问卷调查数据，都是学生个体对院校支持情况的主观体验。相比于客观数据，对院校支持的主观体验因加入个人的主观意志而使数据的准确性会有所降低。虽然问卷调查中使用了间接测量来了解客观事实，一定程度上减少了主观因素的影响，并有严格的有效样本选取和统计检验以保证数据分析的可靠性，但是客观数据的客观、精确性是主观数据无法替代的。为此，未来相关研究可以尝试使用客观数据进一步探索和验证院校支持的构成与影响，例如用图书馆的客观借阅数据代表给予学生的图书资源支持，用奖助学金金额代表给予学生的经济支持等，从而获得更为准确的分析判断。

另外，在对我国本科教育中院校支持情况的研究中，以估算相应院校学生样本的平均情况或差异为基础得出的结论，有可能会掩盖院校及学生个体的差异性和特殊性。为此，未来相关研究可以通过更为深入的田野调查和个案研究，深入挖掘我国个别高校具有特色的院校支持措施和其影响，进一步丰富院校支持的构成与拓展院校支持的影响。

未来研究方向方面，本研究聚焦于我国本科教育中院校支持的构成与影响，研究发现的院校支持的构成与影响在研究生阶段教育中是否适用？是我国特有的情况，还是可以推广到国外高校，对国外的院校支持也具有适切性？这些问题值得进一步研究。通过比较不同阶段、不同国家院校支持的构成与影响，探讨各阶段、各国高等教育院校支持的异同点、发展规律及其总的趋势，可以激发不同阶段、不同国家的高等教育系统相互之间的交流，以推动院校支持研究发展并提升本国的高等教育质量。

另外，随着时代的快速发展和新挑战的不断出现，高校对学生的院校支持必将会有相应的变化调整。例如网络的发展逐渐改变学生的学习和生活习惯，这将使高校给予学生的网络资源支持的重要性日渐突出，进而从各类院校支持中独立出来，形成新的研究热点；又如随着社会竞争压力增大，大学生就业形势严峻，本科生心理出现问题的情况将增多，学校对于学生的心理健康支持将格外重要，进而演变为关键院校支持因子，成为新的研究方向。总之，院校支持是有重要现实意义的研究内容，随着时代、社会的变化，其内容会不断地丰富，形成新的构成因子和研究方向。未来对院校支持构成和影响的研究应关注院校支持的变化调整，抓住时代热点，进一步探索和完善院校支持构成与影响，指引院校人才培养工作的完善与改革，助力高等教育的发展与质量提升。

参考文献

中文参考文献：

鲍威：《未完成的转型——普及化阶段首都高等教育的人才培养与学生发展》，《北京大学教育评论》2010 年第 8 期。

鲍威：《未完成的转型：高等教育影响力与学生发展》，教育科学出版社，2014。

曹燕玲：《高原期教师职业生涯发展的学校支持策略研究》，华东师范大学，2012。

陈成文：《社会弱者论》，时事出版社，2000。

陈成文、潘泽泉：《论社会支持的社会学意义》，《湖南师范大学社会科学学报》2000 年第 6 期。

陈德明、张革华：《关注贫困大学生就业 构建学校支持体系》，《前沿》2004 年第 10 期。

陈桂生：《"班级民主管理"意见提纲》，《江西教育科研》2002 年第 11 期。

陈桂生：《关于试行班级民主管理的建议》，《现代中小学教育》2003 年第 2 期。

陈娴、叶信治：《〈大学如何影响学生：一项研究的第三个十年〉述评》，《教育与考试》2012 年第 3 期。

陈向明：《质的研究方法与社会科学研究》，教育科学出版社，2000。

陈学军、章倩：《学校支持感和心理资本对大学生职业决策困难的影响》，《第五届（2010）中国管理学年会——组织行为与人力资源管理分会场论文集》，中国管理现代化研究会，2010。

谌晓芹：《构建学习支持体系 提高地方本科院校教学质量》，《教育与职业》2008 年第 11 期。

杜鹏、顾昕：《中国高等教育生均教育经费：低水平、慢增长、不均衡》，《中国高教研究》2016 年第 5 期。

杜时忠：《人文教育论》，江苏教育出版社，1999。

范津砚、叶斌、章震宇、刘宝霞：《探索性因素分析——最近 10 年的评述》，《心理科学进展》2003 年第 5 期。

葛晓宇：《控制点、家庭支持、学校支持与职业决策自我效能的关系研究》，吉林大学，2011。

管向梅：《青少年犯罪原因剖析——以社会支持理论为分析视角》《社会工作》2006 年第 10 期。

郭继东、牛睿欣：《英语学习中的师生支持及其与学习成绩的关系研究》，《外语与翻译》2017 年第 1 期。

国家中长期教育改革和发展规划纲要工作小组办公室：《国家中长期教育改革和发展规划纲要（2010-2020 年）》，http：//old. moe. gov. cn/publicfiles/business/htmlfiles/moe/info_ list/201407/xxgk_ 171904. html。

侯杰泰：《结构方程模型及其应用》，教育科学出版社，2004。

胡竹菁、戴海琦：《方差分析的统计检验力和效果大小的常用方法比较》，《心理学探新》2011 年第 3 期。

黄济、王策三：《现代教育论》，人民教育出版社，1996。

焦璨、黄泽娟、张敏强等：《心理研究中统计方法应用的元分析——以〈心理学报〉〈心理科学〉（1998-2008）统计方法应用为例》，《心理科学》2010 年第 1 期。

教育部：《教育部关于印发〈关于加强高等学校本科教学工作提高教学质量的若干意见〉的通知》，http：//www. moe. gov. cn/s78/A08/

gjs_ left/s5664/moe_ 1623/201001/t20100129_ 88633. html。

教育部：《教育部关于印发〈关于进一步加强高等学校本科教学工作的若干意见〉的通知》，http：//old. moe. gov. cn/publicfiles/business/htmlfiles/moe/moe_ 734/200 507/8296. html。

教育部：《清华大学坚守本科教育底色 建设中国特色世界一流大学》，http：//www. moe. gov. cn/jyb_ xwfb/s6192/s133/s136/201809/t20180929_ 350401. html。

教育部：《2018 年全国各类高等教育在学总规模达 3833 万人》，http：//www. moe. gov. cn/fbh/live/2019/50340/mtbd/201902/t20190227_ 371430. html。

教育部：《关于深化本科教育教学改革 全面提高人才培养质量的意见》，http：//www. moe. gov. cn/srcsite/A08/s7056/201910/t20191011_ 402759. html。

教育部：《2019 年全国教育事业发展统计公报》，http：//www. moe. gov. cn/jyb_ sjzl/sjzl_ fztjgb/202005/t20200520_ 456751. html。

金卫东：《"新一代独生子女"家庭教育的学校支持研究》，华东师范大学，2010。

金子元久：《大学教育力》，徐国兴等译，浙江教育出版社，2009。

靳敬坤、于松梅：《全纳教育理念下对随班就读学校支持的再思考》，《毕节学院学报》2012 年第 30 期。

孔明、卞冉、张厚粲：《平行分析在探索性因素分析中的应用》，《心理科学》2007 年第 4 期。

李宁宁、苗国：《社会支持理论视野下的社会管理创新：从刚性管理向柔性支持范式的转变》，《江海学刊》年第 6 期。

李小平、郭江澜：《学习态度与学习行为的相关性研究》，《心理与行为研究》2005 年第 4 期。

李亚婉：《开放远程教育学生支持服务的理念与实践——中英开放远程教育学生支持服务的比较研究》，《中国远程教育》2005 年第 9 期。

李彦群：《残疾人高等教育学校支持体系的建构》，《宝鸡文理学院学报（社会科学版）》2013年第6期。

李一飞：《本科教育中的生师互动机制研究》，清华大学，2014。

李一卓：《教师心理健康的学校支持系统研究》，华东师范大学，2009。

厉爱民：《学生管理：从科学取向到人文取向》，南京师范大学，2004。

林顺利、孟亚男：《国内弱势群体社会支持研究述评》，《甘肃社会科学》2010年第1期。

刘世闵、曾世丰、钟明伦：《Nvivo 11与网路质性研究方法论》，五南图书出版股份有限公司，2017。

刘献君：《论"以学生为中心"》，《高等教育研究》2012年第8期。

卢谢峰、唐源鸿、曾凡梅：《效应量：估计、报告和解释》，《心理学探新》2011年第3期。

罗乐、向友余：《脑瘫学生学校适应与学校支持系统的相关研究》，《中国特殊教育》2011年第7期。

孟万金、官群：《中国大学生积极心理品质量表编制报告》，《中国特殊教育》2009年第8期。

倪赤丹：《社会支持理论：社会工作研究的新"范式"》，《广东工业大学学报（社会科学版）》2013年第3期。

帕特里克·T. 特伦兹尼、鲍威、黄月：《只见树木，不见森林：什么在影响美国大学生的学习》，《北京大学教育评论》2018年第1期。

裴娣娜：《教育研究方法导论》，安徽教育出版社，2012。

邱皓政、林碧芳：《结构方程模型的原理与应用》，中国轻工业出版社，2009。

权朝鲁：《效果量的意义及测定方法》，《心理学探新》2003年第2期。

施建锋、马剑虹：《社会支持研究有关问题探讨》，《人类工效学》2003 年第 1 期。

石磊：《大学生的学校层面的社会支持对学校归属感的影响研究》，华中科技大学，2013。

石卫林：《大学生成长变化的院校影响理论述评》，《教育学术月刊》2011 年第 7 期。

史静寰、赵琳、王鹏、文雯、张羽：《本科教育怎么样?》，《光明日报》2012 年 6 月 19 日。

王道俊、郭文安：《教育学》，人民教育出版社，2009。

王晶：《视障大学生对学校支持性服务满意度调查》，《长春教育学院学报》2010 年第 4 期。

王孟成、戴晓阳、万娟：《创伤后应激障碍的因子结构：对地震灾区青少年 PCL 数据的分析》，《中国临床心理学杂志》2009 年第 4 期。

王孟成：《潜变量建模与 Mplus 应用·基础篇》，重庆大学出版社，2014。

王文：《中国大学生学习投入的内涵变化和测量改进——来自"中国大学生学习与发展追踪调查"（CCSS）的探索》，《中国高教研究》2018 年第 12 期。

魏湘云：《人文取向与素质教育》，《江西社会科学》年第 6 期。

温忠麟、侯杰泰、马什赫伯特：《结构方程模型检验：拟合指数与卡方准则》，《心理学报》2004 年第 2 期。

吴明隆：《结构方程模型：AMOS 的操作与应用》，重庆大学出版社，2009。

吴明隆：《问卷统计分析实务——SPSS 操作与应用》，重庆大学出版社，2010。

武丽志、丁新：《学生支持服务：大卫·西沃特的理论与实践》，《中国远程教育》2008 年第 1 期。

项楚瑶：《学校支持对工科生学习效果的影响研究》，华中科技大学，2016。

谢维和：《论班级活动中的管理主义倾向——兼答吴康宁教授的商榷文章》，《教育研究》2000年第6期。

新华网：《南开大学发布提升一流本科教育质量40条行动计划》，http：//www.xinhuanet.com/2019-05/22/c_1210140959.htm。

杨钋、许申：《本专科学生能力发展的对比研究——基于"2008年首都高校学生发展状况调查"相关数据的分析》，《教育发展研究》2010年第5期。

应金柱：《学校支持对本科生学校归属感的影响研究》，华中科技大学，2016。

余江民：《四川省免费师范生学习投入的学校支持研究》，四川师范大学，2016。

余应鸿：《高校人文社会科学研究人文管理范式研究》，西南大学，2014。

张俊超、任丽辉：《大学教育力视角下大学生类型的分布变化及其影响因素——基于H大学本科生学习与发展调查的追踪研究》，《高等教育研究》2018年第12期。

张平、王培、杜玉春、陈红敏：《负性生活事件、社会支持与大学新生适应的关系——以某工科院校为例》，《北京邮电大学学报（社会科学版）》2016年第6期。

张文彤：《SPSS统计分析基础教程》（第三版），高等教育出版社，2017。

张文彤、董伟：《SPSS统计分析高级教程》（第三版），高等教育出版社，2018。

张永忠：《论泰勒制中的现代管理理念——〈科学管理原理〉的重新认识》，《经济界》2004年第4期。

张优良、刘腾飞：《院校支持和个体参与对不同类型学生发展的实证研究——基于首都高校大学生发展状况的调查》，《教育学术月刊》

2015 年第 9 期。

章倩、陈学军：《学校支持感、心理资本对职业决策困难的影响分析》，《第十二届全国心理学学术大会论文摘要集》，中国心理学会，2009。

赵凤：《社会支持与健康：一个系统性回顾》，《西北人口》2018 年第 5 期。

中国科学技术大学教务处：《2019 一流本科教育质量提升年》，https：//www. teach. ustc. edu. cn/special/top2019。

周林刚、冯建华：《社会支持理论——一个文献的回顾》，《广西师范学院学报》2005 年第 3 期。

周廷勇、周作宇：《关于大学师生交往状况的实证研究》，《高等教育研究》2005 年第 3 期。

周廷勇、周作宇：《高校学生发展影响因素的探索性研究》，《复旦教育论坛》2012 年第 3 期。

朱红：《高校学生参与度及其成长的影响机制——十年首都大学生发展数据分析》，《清华大学教育研究》2010 年第 6 期。

邹国振：《学校支持体系之构建——以促进贫困大学生心理健康发展为中心》，《教育评论》2005 年第 1 期。

邹杰梅、徐优：《校园环境支持度研究——以西南大学为例》，《兰州教育学院学报》2012 年第 28 期。

外文参考文献：

Astin，A. W. The Methodology of Research on College Impact，Part One. *Sociology of Education*，1970a，43（3）：223-254.

Astin，A. W. The Methodology of Research on College Impact，Part Two. *Sociology of Education*，1970b，43（3）：437-450.

Astin，A. W. Student Involvement：A Developmental Theory for Higher Education. *Journal of College Student Development*，1984，40（4）：297-308.

Astin, A. W . An Empirical Typology of College Students. *Journal of College Student Development*, 1993a, 34 (1): 36-46.

Astin, A. W. *What Matters in College: Four Critical Years Revisited*. San Francisco: Jossey-Bass, 1993b.

Axelson, R. D, Flick, A. Defining Student Engagement. *Change: The Magazine of Higher Learning*, 2010, 43 (1): 38-43.

Balzer, Carr B. , London, R. A. The Role of Learning Support Services in University Students' Educational Outcomes. *Journal of College Student Retention: Research, Theory & Practice*, 2019, 21 (1): 78-104.

Beauducel, A. , Wittmann, W. W. Simulation Study on Fit Indexes in CFA Based on Data with Slightly Distorted Simple Structure. *Structural Equation Modeling*, 2005, 12 (1): 41-75.

Bentler, P. M. Multivariate Analysis with Latent Variables: Causal Modeling. *Annual Review of Psychology*, 1980, 31 (1): 419-456.

Berger, J. B, Milem, J. F. Organizational Behavior in Higher Education and Student Outcomes. Smart, J. C. *Higher Education: Handbook of Theory and Research*. New York: Agathon Press, 2000.

Bernard, H. R. The Problem of Informant Accuracy: The Validity of Retrospective Data. *Annual Review of Anthropology*, 1984, 13: 495-517.

Bettinger, E. How Financial Aid Affects Persistence. *College choices: The Economics of Where to Go, When to Go, and How to Pay for It*. University of Chicago Press, 2004.

Bound, J. , Lovenheim, M. F. , Turner, S. Why Have College Completion Rates Declined? An Analysis of Changing Student Preparation and Collegiate Resources. *Nber Working Papers*, 2010, 2 (3): 2.3.129.

Bray, G. B. , Pascarella, E. T. , Pierson, C. T. Postsecondary Education and Some Dimensions of Literacy Development: An exploration of Longitudinal Evidence. *Reading Research Quarterly*, 2004, 39 (3): 306-330.

Brown, T. A. , Moore, M. T. Confirmatory Factor Analysis. *Handbook of Structural Equation Modeling*, 2012: 361–379.

Browne, M. W. An Overview of Analytic Rotation in Exploratory Factor Analysis. *Multivariate Behavioral Research*, 2001, 36 (1): 111–150.

Cliff, N. The Eigenvalues-greater-than-one Rule and The Reliability of Components. *Psychological Bulletin*, 1988, 103 (2): 276.

Cobb, S. Social Support as a Moderator of Life Stress. *Psychosomatic Medicine*, 1976, 38 (5): 300–314.

Cullen, F. T. Social Support as An Organizing Concept for Criminology: Presidential Address to The Academy of Criminal Justice Sciences. *Justice Quarterly*, 1994, 11 (4): 527–559.

Curran, P. J. , West, S. G. , Finch, J. F. The Robustness of Test Statistics to Non-normality and Specification Error in Confirmatory Factor Analysis, Psychological Methods. *Psychological Methods*, 1996, 1 (1): 16–29.

Dhillon, J. , Mcgowan, M. , Wang, H. What Do We Mean by Student Support? Staff and Students' Perspectives of The Provision and Effectiveness of Support for Students. *International Journal of Geriatric Psychiatry*, 2006, 21 (7): 626–632.

DiStefano, C. , Hess, B. Using Confirmatory Factor Analysis for Construct Validation: An Empirical Review. *Journal of Psychoeducational Assessment*, 2005, 23 (3): 225–241.

Dowd, A. C. , Coury, T. The Effect of Loans on the Persistence and Attainment of Community College Students. *Research in Higher Education*, 2006, 47 (1): 33–62.

Fabrigar, L. R. , Wegener, D. T. , MacCallum, R. C. , Strahan, E. J. Evaluating the Use of Exploratory Factor Analysis in Psychological Research. *Psychological Methods*, 1999, 4 (3): 272–299.

Fan, X., Sivo, S. A. Sensitivity of Fit Indexes to Misspecified Structural or Measurement Model Components: Rationale of Two-index Strategy Revisited. *Structural Equation Modeling*, 2005, 12 (3): 343-367.

Feldman, K. A., Newcomb, T. M. *The Impact of College on Students: An Analysis of Four Decades of Research*. San Francisco: Jossey-Bass, 1969.

Flowers, L. A. Examining the Effects of Student Involvement on African American College Student Development. *Journal of College Student Development*, 2004, 45 (6): 633-654.

Fredricks, J. A., Eccles, J. S. Extracurricular Involvement and Adolescent Adjustment: Impact of Duration, Number of Activities, and Breadth of Participation. *Applied Developmental Science*, 2006, 10 (3): 132-146.

Furrer, C., Skinner, E. Sense of Relatedness as a Factor in Children's Academic Engagement and Performance. *Journal of Educational Psychology*, 2003, 95 (1): 148-162.

Gansemertopf, A. M., Schuh, J. H. Institutional Grants: Investing in Student Retention and Graduation. *Journal of Student Financial Aid*, 2005, 35: 5-20.

Gerbing, D. W., Hamilton, J. G. Viability of Exploratory Factor Analysis as a Precursor to Confirmatory Factor Analysis. *Social Science Electronic Publishing*, 1996, 3 (1): 62-72.

Goodman, M., Finnegan, R., Mohadjer, L., et al. Literacy, Numeracy, and Problem Solving in Technology-Rich Environments among U. S. Adults: Results from the Program for the International Assessment of Adult Competencies 2012. First Look. NCES 2014 - 008. *National Center for Education Statistics*, 2013: 15-18.

Heller, D. E. Rising Public Tuition Prices and Enrollment in Community Colleges and Four-Year Institutions. ASHE Annual Meeting

Paper. Access to Education, 1996, 21（2）: 43.

Horn, J. L., McArdle, J. J. A Practical and Theoretical Guide to Measurement Invariance in Aging Research. *Experimental aging research*, 1992, 18（3）: 117-144.

Henson, R. K., Roberts, J. K., Use of Exploratory Factor Analysis in Published Research: Common Errors and Some Comment on Improved Practice. *Educational and Psychological Measurement*, 2006, 66（3）: 393-416.

House, J. S. *Work stress and social support.* New Jersey: Addison-Wesley Publishing Company, 1981.

Hu, L., Bentler, P. M. Cutoff Criteria for Fit Indexes in Covariance Structure Analysis: Conventional Criteria Versus New Alternatives. *Structural Equation Modeling: a Multidisciplinary Journal*, 1999, 6（1）: 1-55.

Hu, S., Kuh, G. D. Maximizing What Students Get Out of College: Testing a Learning Productivity Model. *Journal of College Student Development*, 2003, 44（2）: 185-203.

Hu, S., Kuh, G. D. Diversity Experiences and College Student Learning and Personal Development. *Journal of College Student Development*, 2003, 44（3）: 320-334.

Hu, L., Bentler, P. M, Kano, Y. Can Test Statistics in Covariance Structure Analysis Be Trusted? *Psychological Bulletin*, 1992, 112（2）: 351-362.

Jackson, D. L., Gillaspy Jr J. A., Purc-Stephenson R. Reporting Practices in Confirmatory Factor Analysis: An Overview and Some Recommendations. *Psychological Methods*, 2009, 14（1）: 6-23.

John, E. P. S. Price Response in Enrollment Decisions: An Analysis of The High School and Beyond Sophomore Cohort. *Research in Higher Education*, 1990, 31（2）: 161-176.

Johnson, D. R., Creech, J. C. Ordinal Measures in Multiple Indicator

Models: A Simulation Study of Categorization Error. *American Sociological Review*, 1983, 48 (3): 398-407.

Kaiser, H. F. The Application of Electronic Computers to Factor Analysis. *Psychological Assessment*, 1960, 20 (1): 141-151.

Kuh, G. D. , Kinzie, J. , Buckley, J. A. , et al. *What Matters to Student Success: A Review of Literature*. National Postsecondary Education Cooperative (NPEC) Commissioned Paper, 2006: 31.

Lakin, J. M. , Elliott, D. C. , Liu, O. L. Investigating ESL Students' Performance on Outcomes Assessments in Higher Education. *Educational & Psychological Measurement*, 2012, 72 (72): 734-753.

Lam, S. F. , Cheng, W. Y. , Choy, H. C. School Support and Teacher Motivation to Implement Project-based Learning. *Learning & Instruction*, 2010, 20 (6): 487-497.

Lawson, M. A. , Lawson, H. A. New Conceptual Frameworks for Student Engagement Research, Policy, and Practice. *Review of Educational Research*, 2013, 83 (3): 432-479.

Lea, S. J. , Farbus L. Students Support: Educational Necessity or Mawkish Indulgence? *Psychology Teaching Review*, 2000, 9 (1): 16-25.

Little, T. D. Mean and Covariance Structures (MACS) Analyses of Cross-Cultural Data: Practical and Theoretical Issues. *Multivariate Behavioral Research*, 1997, 32 (1): 53-76.

Liu, O. L. , Roohr, K. C. Investigating Ten-year Trends of Learning Outcomes at Community Colleges. *Ets Research Report*, 2013 (2): i-45.

Marsh, H. W. , Wen, Z. , Hau, K. T. Structural Equation Models of Latent Interactions: Evaluation of Alternative Estimation Strategies and Indicator Construction. *Psychological Methods*, 2004, 9 (3): 275.

Marsh, H. W. , Muthén, B. , Asparouhov, T. , et al. Exploratory Structural Equation Modeling, Integrating CFA and EFA: Application to

Students' Evaluations of University Teaching. *Structural Equation Modeling*: *A Multidisciplinary Journal*, 2009, 16 (3): 439-476.

Mayhew, M. J. , Rockenbach, A. N. , Bowman, N. A. , et al. *How College Affects Students*: *21st Century Evidence That Higher Education Works*. Newark, UNITED STATES: John Wiley & Sons, Incorporated, 2016.

McDonald, R. P. , Ho, M. H. R. Principles and Practice in Reporting Structural Equation Analyses. *Psychological Methods*, 2002, 7 (1): 64-82.

McInnis, C. , James, R. , Hartley, R. *Trends in The First Year Experience in Australian*. Melbourne: University of Melbourne, 2000: 50.

Meade, A. W. , Lautenschlager, G. J. A Monte-Carlo Study of Confirmatory Factor Analytic Tests of Measurement Equivalence/ Invariance. *Structural Equation Modeling*, 2004, 11 (1): 60-72.

Meade, A. W. , Johnson, E. C. , Braddy, P W. Power and Sensitivity of Alternative Fit Indices in Tests of Measurement Invariance. *Journal of Applied Psychology*, 2008, 93 (3): 568-592.

Meredith, W. Measurement Invariance, Factor anAlysis and Factorial Invariance. *Psychometrika*, 1993, 58 (4): 525-543.

Michinov, E. L'influence des Relations Entre éLèves. *Sciences Humaines*. Hors Série, 2004 (45): 52-55.

Morley, K. R. *Exploring Integration and Systems Change in a Model of Integrated Student Supports Implemented in Schools Serving Students with Complex Needs*. Canada. Edmonton: University of Alberta, 2018.

Moustaki, I. , Jöreskog, K. G. , Mavridis, D. Factor Models for Ordinal Variables With Covariate Effects on The Manifest and Latent Variables: A Comparison of LISREL and IRT Approaches. *Structural Equation Modeling*, 2004, 11 (4): 487-513.

Pace, C. R. *Measuring the Outcomes of College*: *Fifty Years of Findings and*

Recommendations for the Future. San Francisco：Jossey-Bass，1979.

Pascarella，E. T. *College Environmental Influences on Learning and Cognitive Development. Higher Education：Handbook of Theory and Research*（Vol1）. New York：Agathon Press，1985.

Pascarella，E. T.，Terenzini，P. T. *How College Affects Students：Findings and Insights from Twenty Years of Research.* San Francisco：Jossey-Bass，1991.

Pascarella，E. T.，Terenzini，P. T. *How College Affects Students：A Third Decade of Research. Volume* 2. San Francisco：Jossey-Bass，2005.

Pascarella，E. T. How College Affects Students：Ten Directions for Future Research. *Journal of College Student Development*，2006，47（5）：508-520.

Paulsen，M. B.，John，E. P. S. Social Class and College Costs：Examining the Financial Nexus between College Choice and Persistence. *Journal of Higher Education*，2002，73（2）：189-236.

Perna，L. W.，Thomas，S. L. *A Framework for Reducing the College Success Gap and Promoting Success for All.* Washington D C：National Postsecondary Education Cooperative，2006.

Pierce，G. R.，Sarason，I. G . Handbook of Social Support and the Family. *Journal of Marriage & Family*，1996，59（3）：774.

Preacher，K. J.，MacCallum，R. C. Repairing Tom Swift's Electric Factor Analysis Machine. *Understanding Statistics*，2003，2（1）：13-43.

Prendergast，D. L. Influences of College Environments and The Development of Critical Thinking Skills in College Students. *Dissertation Abstracts International*，1998，59.

Reise，S. P.，Waller，N. G.，Comrey，A. L. Factor Analysis and Scale Revision. *Psychological Assessment*，2000，12（3）：287-297.

Rodríguez，A. C. R.，Noriega，J. A. V.，Cuervo，A. A. V. Teaching

Practices, School Support and Bullying. *World Journal of Education*, 2017, 7 (4): 50-59.

Sakiz, G., Pape, S. J., Hoy, A. W. Does Perceived Teacher Affective Support Matter for Middle School Students in Mathematics Classrooms? *J Sch Psychol*, 2012, 50 (2): 0-255.

Sanford, N. *Where Colleges Fail: A Study of The Student as a Person*. Jossey-Bass, 1967.

Sarason, I. G., Levine, H. M., Basham, R. B., et al. Assessing Social Support: The Social Support Questionnaire. *Journal of Personality and Social Psychology*, 1983, 44 (1): 127-139.

Sari, I., Çeliköz, N., Ünal, S. The Effect of Peer Support on University Level Students' English Language Achievements. *Journal of Education and Practice*, 2017, 8 (1): 76-81.

Satorra, A., Bentler, P. M. Corrections to Test Statistics and Standard Errors in Covariance Structure Analysis. Eye, A. v., Clogg, C. C. *Latent Variables Analysis: Applications for Developmental Research*. CA: Sage, 1994: 399-419.

Sax, L. J., Bryant, A. N. The Impact of College on Sex-atypical Career Choices of Men and Women. *Journal of Vocational Behavior*, 2006, 68 (1): 52-63.

Sewart, D. *Continuity of Concern for Students in a System of Learning at a Distance*. Hagen: Zentrales Institut fur Fernstudienforschung, 1978.

Sewart, D. Student Support Systems in Distance Education. *Open Learning: The Journal of Open and Distance Learning*, 1993, 8 (3): 3-12.

Spearman, C. General Intelligence, Objectively Determined and Measured. *American Journal Psychology*, 1904, 15: 88-101.

Stark, S., Chernyshenko, O. S., Drasgow, F. Detecting Differential Item Functioning with Confirmatory Factor Analysis and Item Response

Theory: Toward a Unified strategy. *Journal of Applied Psychology*, 2006, 91 (6): 1292-1306.

Tabachnick, B. G., Fidell, L. S., Ullman, J. B. *Using Multivariate Statistics*. Boston, MA: Pearson, 2007.

Tello, A. *Perceptions and Behaviors of Deans and Directors of Social Media in University Support Services*. New York: Fordham University, 2018.

Tinto, V. Dropout from Higher Education: A Theoretical Synthesis of Recent Research. *Review of Educational Research*, 1975, 45 (1): 89-125.

Tinto, V., Pusser, B. *Moving from Theory to Action: Building A Model of Institutional Action for Student Success*. National Postsecondary Education Cooperative, 2006: 1-51.

Tinto, V. Completing College: Rethinking Institutional Action. Chicago: University of Chicago Press, 2012.

Torsheim, T., Wold, B. School-Related Stress, School Support, and Somatic Complaints: A General Population Study. *Journal of Adolescent Research*, 2001, 16 (3): 293-303.

Vrieze, S. I. Model Selection and Psychological Theory: A Discussion of the Differences Between the Akaike Information Criterion (AIC) and the Bayesian Information Criterion (BIC). *Psychological Methods*, 2012, 17 (2): 228.

Wang, M., Elhai, J. D., Dai, X., et al. Longitudinal Invariance of Posttraumatic Stress Disorder Symptoms in Adolescent Earthquake Survivors. *Journal of Anxiety Disorders*, 2012, 26 (2): 263-270.

Weidman, J. C. *Undergraduate Socialization*. ASHE Annual Meeting, November 1987: 4-57.

Whitt, E. J, Edison, M., Pascarella, E. T. Interactions with Peers and Objective and Self-reported Cognitive Outcomes Across Three Years of College. *Journal of College Student Development*, 1999, 40 (1): 61-78.

Yan Luo, Meng Xie, Zhixin Lian. Emotional Engagement and Student Satisfaction: A Study of Chinese College Students Based on a Nationally Representative Sample. *The Asia-Pacific Education Researcher*, 2019, 28 (4): 283-292.

Yuan, K. H. Fit Indices Versus Test Statistics. *Multivariate behavioral Research*, 2005, 40 (1): 115-148.

附录 A
样本基本情况

表 A-1　访谈学生样本基本情况

编号	性别	年级	院校类型	专业	学科
A01	男	大四	华东地区公办地方本科	计算机科学与技术	工学
A02	男	大三		通信工程	工学
A03	男	大三		视觉传达设计	艺术学
A04	女	大三		金融学	经济学
A05	女	大三		视觉传达设计	艺术学
A06	女	大三		学前教育	教育学
B01	男	大四	西南地区985院校	管理科学	管理学
B02	男	大三		食品科学与工程	工学
B03	男	大四		机械设计制造及其自动化	工学
B04	女	大三		历史学	历史学
B05	女	大三		高分子材料与工程	工学
B06	女	大三		新闻传播学类	文学
C01	男	大三	华南地区211院校	护理学	医学
C02	男	大三		包装工程	工学
C03	男	大四		会展经济与管理	管理学
C04	女	大三		会计学	管理学
C05	女	大四		翻译	文学
C06	女	大四		护理学	医学

续表

编号	性别	年级	院校类型	专业	学科
D01	男	大四	西南地区 211 院校	化学类	理学
D02	男	大四		安全工程	工学
D03	男	大三		材料类	工学
D04	女	大三		政治学类	法学
D05	女	大三		体育学类	教育学
D06	女	大三		水文与水资源工程	工学
E01	男	大四	华东地区 211 院校	物联网工程	工学
E02	男	大三		机械设计制造及其自动化	工学
E03	男	大三		能源与动力工程	工学
E04	女	大四		工程管理	管理学
E05	女	大三		制药工程	工学
E06	女	大三		环境设计	艺术学
F01	男	大四	西北地区 民办地方本科	数字媒体艺术	艺术学
F02	男	大三		视觉传达设计	艺术学
F03	男	大四		网络与新媒体	文学
F04	女	大四		会计学	管理学
F05	女	大三		学前教育	教育学
F06	女	大三		环境设计	艺术学

表 A-2　问卷调查学生样本基本情况

单位：人，%

样本类型		人数	占比	样本类型		人数	占比
性别	男	39492	50.73	年级	大一	16128	20.72
	女	38358	49.27		大二	22259	28.59
户口类型	农业	39377	50.58		大三	22185	28.50
	非农业	37899	48.68		大四	17278	22.19
社会经济 地位	低地位组	14981	19.24	学科	人文类	10325	13.26
	中低地位组	14962	19.22		社科类	17611	22.62
	中高地位组	14966	19.22		理学类	12401	15.93
	高地位组	14910	19.15		工学类	37095	47.65
院校地区	东部	36073	46.34	院校类型	985 院校	5902	7.58
	中部及东北	20489	26.32		211 院校	25993	33.39
	西部	21288	27.34		普通本 科院校	45955	59.03

说明：户口类型、社会经济地位及学科变量存在少量数据缺失，不计入"占比"计算。

附录 B
访谈邀请信

主题：访谈邀请

正文：

尊敬的×××同学您好！

    不知您是否还记得去年填答过的"中国大学生学习与发展追踪研究调查"（CCSS）问卷？感谢您对调查的支持和认真的填答。我们从填答的学生中随机选择了几位，计划对其进行访谈，以更深入地了解我国本科教育中学校对学生的支持情况及影响，很高兴您是其中一位。您的回答将有助于向学校反馈学生意见，促进学校有针对性地进行教学改革和人才培养。

    访谈主要包括以下 4 个问题，大概会占用您 15 ~ 30 分钟，具体如下。

    1. 归纳起来，您觉得学校对您的支持可以分为哪些方面？

    2. 大学期间，学校的这些支持对您有何影响，能具体举个例子吗？

    3. 回想起来，学校的这些支持对您产生影响的过程中，有哪些关键的中间或者相关因素？

    4. 就个人来看，您觉得学校对学生的支持还存在哪些不足或者需要改进之处？

    我们会根据您填答问卷时留的手机号，在您方便时通过电话联系您。您也可以直接通过邮件回复以上问题。您的回答我们将严格保密，只用于学术研究分析。之后分析中如有引用您的回答，我们也将匿名处理您的姓名和您的学校名称。

不知您是否有时间？具体什么时候方便？访谈结束后，我们将邮寄一枚清华大学纪念钥匙扣予您，以表示感谢。

请在 10 月×日前回复您是否接受访谈，以便我们安排准备。

期待您的回复，谢谢！

CCSS 项目组：连志鑫

2019 年 9 月×日

附录 C
学习行为、学习兴趣与学生发展量表补充图表

表 C-1　学习行为量表项目池

因子	项目编号	项目内容	选项及计分
学习行为		本学年，你进行以下活动的频率如何？	1 = 从未 2 = 有时 3 = 经常 4 = 很经常
	b1	课前完成作业	
	b2	课上听老师的讲解	
	b3	课上做笔记	
	b4	课后复习课堂笔记	
	b5	总结课程中所学到的东西	

表 C-2　学习行为量表项目分析

项目	临界比	项总相关	一致性检验
b1	233.385 ***	0.707 ***	0.798
b2	245.433 ***	0.836 ***	0.754
b3	277.066 ***	0.813 ***	0.758
b4	293.336 ***	0.844 ***	0.743
b5	282.967 ***	0.838 ***	0.746

说明：*** 表示 $p<0.001$。

表 C-3　学习行为量表项目统计

项目	N	均值	标准差	偏态值	峰度值
b1	77850	2.98	0.81	−0.240 ***	2.199 ***
b2	77850	3.04	0.69	−0.206 ***	2.576 ***
b3	77850	2.90	0.80	−0.199 ***	2.357 ***
b4	77850	2.65	0.78	0.119 ***	2.421 ***
b5	77850	2.74	0.75	0.082 ***	2.378 ***

说明：*** 表示 $p<0.001$。

表 C-4　学习行为量表因子分析-KMO 与 Bartlett 检验

Kaiser-Meyer-Olkin		0.780
Bartlett 球形度检验	近似卡方分布	123048.773
	自由度	10
	显著性	0.000

说明：KMO 值达到适中（Middling，KMO = 0.6）的程度并接近良好（Meritorious，KMO = 0.8），Bartlett 球形度检验达到显著水平，适合进行因子分析。

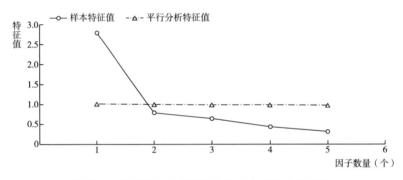

图 C-1　学习行为量表因子分析（含平行分析结果）

表 C-5　学习行为量表信度检验

单位：题

因子	题项数量	组合信度	α 系数
学习行为	5	0.799 ***	0.799

说明：*** 表示 $p < 0.001$。

表 C-6　学习行为量表因子负荷及因子得分计算公式

因子	题项	因子负荷	权重	因子得分计算公式
学习行为	b1	0.631	0.169	$y = 0.169 \times b1 + 0.204 \times b2 + 0.202 \times b3 + 0.213 \times b4 + 0.211 \times b5$
	b2	0.762	0.204	
	b3	0.754	0.202	
	b4	0.795	0.213	
	b5	0.787	0.211	

说明：因子提取方法为主成分分析法，因子解释方差总量为 55.97%。

表 C-7　学习兴趣量表项目池

因子	项目编号	项目内容	选项及计分
学习兴趣		你是否同意以下关于学习的描述？	1 = 非常不同意
	c1	我专心致志学习时内心充满了快乐	2 = 不太同意
	c2	我愿意学习因为它使我不断成长	3 = 同意
	c3	学习遇到困难时我总会想尽办法克服	4 = 非常同意

表 C-8　学习兴趣量表项目分析

项目	临界比	项总相关	一致性检验
c1	267.149 ***	0.957 ***	0.761
c2	232.101 ***	0.978 ***	0.690
c3	204.918 ***	0.948 ***	0.768

说明：*** 表示 $p < 0.001$。

表 C-9　学习兴趣量表项目统计

项目	N	均值	标准差	偏态值	峰度值
c1	77850	3.02	0.65	-0.338 ***	3.409 ***
c2	77850	3.14	0.60	-0.305 ***	3.725 ***
c3	77850	3.13	0.57	-0.206 ***	3.766 ***

说明：*** 表示 $p < 0.001$。

表 C-10　学习兴趣量表因子分析——KMO 与 Bartlett 检验

Kaiser-Meyer-Olkin	0.705	
Bartlett 球形度检验	近似卡方分布	80141.326
	自由度	3
	显著性	0.000

说明：KMO 值达到适中（Middling，KMO = 0.6）的程度，Bartlett 球形度检验达到显著水平，适合进行因子分析。

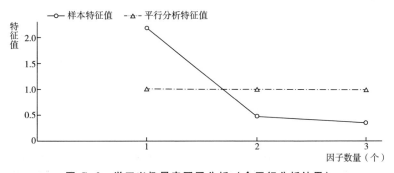

图 C-2　学习兴趣量表因子分析（含平行分析结果）

表 C-11　学习兴趣量表信度检验

单位：题

因子	题项数量	组合信度	α 系数
学习兴趣	3	0.813 ***	0.811

说明：*** 表示 $p<0.001$。

表 C-12　学习兴趣量表因子负荷及因子得分计算公式

因子	题项	因子负荷	权重	因子得分计算公式
学习兴趣	c1	0.841	0.329	
	c2	0.880	0.344	$y = 0.329 \times c1 + 0.344 \times c2 + 0.327 \times c3$
	c3	0.836	0.327	

说明：因子提取方法为主成分分析法，因子解释方差总量为 72.72%。

表 C-13　学生发展量表项目池

因子	项目编号	项目内容	选项及计分
		大学的学习生活是否使你在以下方面得到提高？	
学生发展	d1	涉猎各个知识领域	1＝没有提高
	d2	专业知识与技能	2＝有点提高
	d3	运用信息技术的能力	3＝较大提高
	d4	与他人有效合作的能力	4＝极大提高
	d5	组织领导能力	
	d6	确立/明晰人生观/价值观	

表 C-14　学生发展量表项目分析

项目	临界比	项总相关	一致性检验
d1	285.391 ***	0.843 ***	0.865
d2	269.648 ***	0.840 ***	0.866
d3	298.130 ***	0.871 ***	0.860
d4	305.039 ***	0.896 ***	0.856
d5	289.803 ***	0.843 ***	0.865
d6	264.821 ***	0.829 ***	0.868

说明：*** 表示 $p<0.001$。

表 C-15　学生发展量表项目统计

项目	N	均值	标准差	偏态值	峰度值
d1	77850	2.83	0.76	0.003	2.303 ***
d2	77850	2.79	0.74	0.005	2.430 ***
d3	77850	2.80	0.75	−0.030 ***	2.459 ***
d4	77850	2.94	0.72	−0.187 ***	2.610 ***
d5	77850	2.73	0.80	−0.052 ***	2.410 ***
d6	77850	2.93	0.76	−0.252 ***	2.584 ***

说明：*** 表示 $p < 0.001$。

表 C-16　学生发展量表因子分析——KMO 与 Bartlett 检验

Kaiser-Meyer-Olkin		0.894
Bartlett 球形度检验	近似卡方分布	224468.669
	自由度	15
	显著性	0.000

说明：KMO 值达到良好（Meritorious，KMO = 0.8）并接近优秀（Marvelous，KMO = 0.9）的程度，Bartlett 球形度检验达到显著水平，适合进行因子分析。

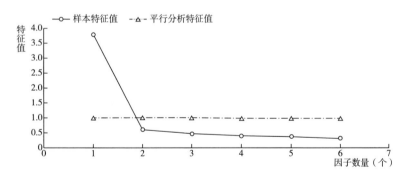

图 C-3　学生发展量表因子分析（含平行分析结果）

表 C-17　学生发展量表信度检验

单位：题

因子	题项数量	组合信度	α 系数
学生发展	6	0.884 ***	0.884

说明：*** 表示 $p < 0.001$。

表 C-18 学生发展量表因子负荷及因子得分计算公式

因子	题项	因子负荷	权重	因子得分计算公式
学生发展	d1	0.785	0.164	
	d2	0.782	0.164	
	d3	0.815	0.171	$y = 0.164 \times d1 + 0.164 \times d2 + 0.171 \times d3 +$
	d4	0.831	0.174	$0.174 \times d4 + 0.166 \times d5 + 0.161 \times d6$
	d5	0.790	0.166	
	d6	0.770	0.161	

说明：因子提取方法为主成分分析法，因子解释方差总量为 63.34%。

附录 D
院校支持情况补充表格[*]

表 D-1　不同类别变量下的资金设施支持（学习硬件）情况

变量		N	M	SD	显著性检验	效果量
性别 a	男	39492	63.70	26.86	78.365 ***	−0.02
	女	38358	64.66	25.81		
户口类型 a	农业	39377	64.37	25.89	76.967 ***	0.01
	非农业	37899	63.99	26.81		
社会经济地位 a	低地位组	14981	64.83	25.33	12.247 ***	0.00
	中低地位组	14962	64.19	25.87		
	中高地位组	14966	64.02	26.93		
	高地位组	14910	63.00	27.61		
年级 a	大一	16128	64.45	25.68	12.603 ***	0.00
	大二	22259	64.32	26.02		
	大三	22185	63.30	26.64		
	大四	17278	64.83	27.00		
学科 a	人文类	10325	64.65	26.65	18.466 ***	0.00
	社科类	17611	64.71	25.97		
	理学类	12401	62.58	26.26		
	工学类	37095	64.06	26.41		

---

[*]　说明：附录 D 各表中"性别"与"户口类型"变量的"显著性检验"列数值为 t 值，a 表示违反方差齐性假设（$p < 0.05$），使用方差不齐性对应的 t 值；其他分组变量的"显著性检验"列数值为 F 值，a 表示对应分组违反方差齐性假设（$p < 0.05$），使用校正的 Tamhane's T2 法进行事后检验；*** 表示 $p < 0.001$。

续表

变量		N	M	SD	显著性检验	效果量
院校类型 a	985 院校	5902	68.73	25.16	121.116***	0.00
	211 院校	25993	62.87	26.70		
	普通本科院校	45955	64.32	26.23		
院校地区 a	东部	36073	63.34	26.44	712.567***	0.02
	中部及东北	20489	69.69	25.19		
	西部	21288	60.27	26.43		

表 D-2 不同类别变量下的资金设施支持（生活硬件）情况

变量		N	M	SD	显著性检验	效果量
性别 a	男	39492	58.15	27.11	37.602***	-0.02
	女	38358	59.03	26.40		
户口类型 a	农业	39377	58.92	26.17	110.987***	0.01
	非农业	37899	58.28	27.37		
社会经济地位 a	低地位组	14981	59.45	25.64	11.394***	0.00
	中低地位组	14962	58.74	26.19		
	中高地位组	14966	58.57	27.11		
	高地位组	14910	57.65	28.16		
年级 a	大一	16128	57.42	26.43	29.926***	0.00
	大二	22259	58.69	26.29		
	大三	22185	58.16	26.98		
	大四	17278	60.07	27.34		
学科 a	人文类	10325	60.05	26.95	56.143***	0.00
	社科类	17611	59.67	26.26		
	理学类	12401	56.13	27.07		
	工学类	37095	58.29	26.77		
院校类型 a	985 院校	5902	63.55	26.67	240.633***	0.01
	211 院校	25993	56.04	26.99		
	普通本科院校	45955	59.38	26.51		

变量		N	M	SD	显著性检验	效果量
院校地区 a	东部	36073	56.18	27.06	1391.767 ***	0.03
	中部及东北	20489	66.84	24.96		
	西部	21288	54.71	26.27		

表 D-3 不同类别变量下的资金设施支持（奖助学金和助学贷款）情况

变量		N	M	SD	显著性检验	效果量
性别 a	男	39492	64.14	25.44	194.003 ***	-0.04
	女	38358	66.08	24.08		
户口类型 a	农业	39377	65.79	24.68	21.656 ***	0.03
	非农业	37899	64.38	24.91		
社会经济地位 a	低地位组	14981	66.91	24.22	51.683 ***	0.00
	中低地位组	14962	64.41	24.45		
	中高地位组	14966	63.86	24.95		
	高地位组	14910	63.85	25.52		
年级 a	大一	16128	66.03	23.70	18.306 ***	0.00
	大二	22259	65.11	24.70		
	大三	22185	64.19	25.09		
	大四	17278	65.38	25.49		
学科 a	人文类	10325	64.73	25.38	10.548 ***	0.00
	社科类	17611	65.06	24.47		
	理学类	12401	66.15	24.29		
	工学类	37095	64.75	24.93		
院校类型 a	985 院校	5902	74.01	21.63	431.550 ***	0.01
	211 院校	25993	65.02	24.75		
	普通本科院校	45955	64.00	24.97		
院校地区 a	东部	36073	65.41	24.48	55.813 ***	0.00
	中部及东北	20489	66.07	24.74		
	西部	21288	63.63	25.31		

表 D-4　不同类别变量下的教师教学支持（合理安排教学内容）情况

变量		N	M	SD	显著性检验	效果量
性别 a	男	39492	76.98	21.58	43.322 ***	-0.05
	女	38358	79.27	20.11		
户口类型 a	农业	39377	78.16	20.63	21.334 ***	0.00
	非农业	37899	78.09	21.15		
社会经济地位 a	低地位组	14981	78.03	20.35	1.569	0.00
	中低地位组	14962	77.79	20.74		
	中高地位组	14966	77.95	21.20		
	高地位组	14910	78.30	21.42		
年级 a	大一	16128	79.96	20.26	67.662 ***	0.00
	大二	22259	78.32	20.64		
	大三	22185	77.04	21.20		
	大四	17278	77.49	21.30		
学科 a	人文类	10325	78.37	21.08	4.406	0.00
	社科类	17611	77.95	20.58		
	理学类	12401	78.64	20.71		
	工学类	37095	77.94	21.06		
院校类型	985 院校	5902	80.91	19.83	60.448 ***	0.00
	211 院校	25993	77.63	20.94		
	普通本科院校	45955	78.02	20.98		
院校地区	东部	36073	78.11	20.82	16.146 ***	0.00
	中部及东北	20489	78.71	20.72		
	西部	21288	77.54	21.19		

表 D-5　不同类别变量下的教师教学支持（课程任务过程中给予指导）情况

变量		N	M	SD	显著性检验	效果量
性别	男	39492	72.01	24.95	0.957	-0.03
	女	38358	73.25	24.45		
户口类型 a	农业	39377	72.26	24.37	79.074 ***	-0.02
	非农业	37899	73.04	25.05		

续表

变量		N	M	SD	显著性检验	效果量
社会经济地位 a	低地位组	14981	71.81	24.44	12.905***	0.00
	中低地位组	14962	72.32	24.37		
	中高地位组	14966	73.16	24.58		
	高地位组	14910	73.36	25.40		
年级 a	大一	16128	70.87	25.67	171.731***	0.01
	大二	22259	71.56	24.76		
	大三	22185	72.11	24.70		
	大四	17278	76.29	23.36		
学科 a	人文类	10325	75.44	23.89	71.231***	0.00
	社科类	17611	72.63	24.46		
	理学类	12401	70.66	25.31		
	工学类	37095	72.53	24.76		
院校类型 a	985 院校	5902	72.70	25.24	21.663***	0.00
	211 院校	25993	71.81	24.97		
	普通本科院校	45955	73.07	24.49		
院校地区	东部	36073	72.32	24.77	29.215***	0.00
	中部及东北	20489	73.74	24.27		
	西部	21288	72.07	25.01		

表 D-6　不同类别变量下的教师教学支持（给作业/测验提供及时反馈）情况

变量		N	M	SD	显著性检验	效果量
性别 a	男	39492	72.95	24.13	6.558	-0.03
	女	38358	74.43	23.76		
户口类型 a	农业	39377	73.27	23.65	82.590***	-0.02
	非农业	37899	74.13	24.25		
社会经济地位 a	低地位组	14981	72.69	23.63	21.020***	0.00
	中低地位组	14962	73.35	23.82		
	中高地位组	14966	74.41	23.86		
	高地位组	14910	74.59	24.56		

续表

变量		N	M	SD	显著性检验	效果量
年级 a	大一	16128	74.09	24.16	31.779***	0.00
	大二	22259	74.30	23.58		
	大三	22185	72.36	24.42		
	大四	17278	74.20	23.60		
学科 a	人文类	10325	75.69	23.51	51.046***	0.00
	社科类	17611	73.27	23.88		
	理学类	12401	71.88	24.76		
	工学类	37095	73.96	23.78		
院校类型 a	985院校	5902	74.81	24.33	7.750***	0.00
	211院校	25993	73.45	24.12		
	普通本科院校	45955	73.67	23.82		
院校地区 a	东部	36073	73.96	23.97	48.999***	0.00
	中部及东北	20489	74.57	23.50		
	西部	21288	72.36	24.32		

表 D-7 不同类别变量下的教师教学支持（激发学生的学习兴趣）情况

变量		N	M	SD	显著性检验	效果量
性别 a	男	39492	63.92	26.97	180.082***	-0.02
	女	38358	65.11	25.66		
户口类型 a	农业	39377	64.24	25.76	70.302***	-0.01
	非农业	37899	64.80	26.92		
社会经济地位 a	低地位组	14981	63.54	25.49	28.338***	0.00
	中低地位组	14962	63.71	26.09		
	中高地位组	14966	65.38	26.52		
	高地位组	14910	65.79	27.26		
年级 a	大一	16128	63.19	27.06	69.633***	0.00
	大二	22259	64.06	26.22		
	大三	22185	63.98	26.29		
	大四	17278	66.98	25.71		

变量		N	M	SD	显著性检验	效果量
学科 a	人文类	10325	67.38	26.23	52.250***	0.00
	社科类	17611	64.50	26.10		
	理学类	12401	64.60	25.69		
	工学类	37095	63.71	26.63		
院校类型 a	985 院校	5902	65.81	26.07	29.335***	0.00
	211 院校	25993	63.54	26.66		
	普通本科院校	45955	64.89	26.18		
院校地区 a	东部	36073	63.71	26.70	32.229***	0.00
	中部及东北	20489	65.41	25.87		
	西部	21288	64.99	26.14		

表 D-8 不同类别变量下的课外活动支持（社会实践或调查）情况

变量		N	M	SD	显著性检验	效果量
性别 a	男	39492	78.23	30.25	147.897***	-0.08
	女	38358	82.57	26.89		
户口类型 a	农业	39377	80.72	28.17	39.167***	0.01
	非农业	37899	80.11	29.24		
社会经济地位 a	低地位组	14981	81.41	27.82	6.708***	0.00
	中低地位组	14962	80.45	28.39		
	中高地位组	14966	80.06	29.17		
	高地位组	14910	80.21	29.30		
年级 a	大一	16128	75.22	24.42	225.892***	0.01
	大二	22259	82.18	26.13		
	大三	22185	81.04	30.62		
	大四	17278	81.98	32.34		
学科 a	人文类	10325	80.69	28.05	112.179***	0.00
	社科类	17611	83.60	25.62		
	理学类	12401	78.13	29.85		
	工学类	37095	79.46	29.80		

续表

变量		N	M	SD	显著性检验	效果量
院校类型 a	985 院校	5902	82.98	26.47	26.313 ***	0.00
	211 院校	25993	80.16	30.15		
	普通本科院校	45955	80.16	28.16		
院校地区 a	东部	36073	81.46	29.02	130.504 ***	0.00
	中部及东北	20489	81.26	28.32		
	西部	21288	77.67	28.44		

表 D-9　不同类别变量下的课外活动支持（社区服务或志愿者）情况

变量		N	M	SD	显著性检验	效果量
性别 a	男	39492	76.16	32.29	430.461 ***	-0.11
	女	38358	82.87	27.02		
户口类型 a	农业	39377	79.66	29.39	61.695 ***	0.01
	非农业	37899	79.36	30.57		
社会经济地位 a	低地位组	14981	79.65	29.67	1.073	0.00
	中低地位组	14962	79.21	30.17		
	中高地位组	14966	79.14	30.53		
	高地位组	14910	79.57	30.45		
年级 a	大一	16128	79.75	25.34	42.628 ***	0.00
	大二	22259	81.20	27.77		
	大三	22185	78.39	32.25		
	大四	17278	78.36	33.47		
学科 a	人文类	10325	78.88	29.73	33.508 ***	0.00
	社科类	17611	81.48	28.37		
	理学类	12401	79.07	30.13		
	工学类	37095	78.87	30.69		
院校类型 a	985 院校	5902	85.17	26.98	184.837 ***	0.00
	211 院校	25993	80.74	30.00		
	普通本科院校	45955	78.02	30.25		

变量		N	M	SD	显著性检验	效果量
院校地区 a	东部	36073	81.82	29.46	209.223 ***	0.01
	中部及东北	20489	77.19	30.93		
	西部	21288	77.68	29.70		

表 D-10　不同类别变量下的课外活动支持（实习）情况

变量		N	M	SD	显著性检验	效果量
性别 a	男	39492	75.46	26.33	82.351 ***	-0.04
	女	38358	77.37	23.30		
户口类型 a	农业	39377	77.25	23.85	39.953 ***	0.03
	非农业	37899	75.54	25.92		
社会经济地位 a	低地位组	14981	78.32	23.18	45.949 ***	0.00
	中低地位组	14962	76.55	24.40		
	中高地位组	14966	75.87	25.73		
	高地位组	14910	75.07	26.48		
年级 a	大一	16128	72.22	20.24	737.724 ***	0.03
	大二	22259	74.44	22.06		
	大三	22185	75.63	26.56		
	大四	17278	83.83	28.31		
学科	人文类	10325	78.49	23.25	104.641 ***	0.00
	社科类	17611	78.49	22.81		
	理学类	12401	76.21	24.77		
	工学类	37095	75.02	26.09		
院校类型 a	985 院校	5902	74.36	24.50	120.382 ***	0.00
	211 院校	25993	74.84	26.15		
	普通本科院校	45955	77.55	24.15		
院校地区 a	东部	36073	74.64	25.88	172.346 ***	0.00
	中部及东北	20489	77.68	24.63		
	西部	21288	78.18	23.21		

表 D-11　不同类别变量下的教务管理支持（学生系统工作人员）情况

变量		N	M	SD	显著性检验	效果量
性别	男	39492	68.61	25.31	3.073	−0.01
	女	38358	68.93	25.05		
户口类型 a	农业	39377	68.17	24.83	58.617 ***	−0.03
	非农业	37899	69.43	25.51		
社会经济 地位 a	低地位组	14981	67.74	24.81	39.808 ***	0.00
	中低地位组	14962	68.02	24.89		
	中高地位组	14966	69.47	25.27		
	高地位组	14910	70.52	25.70		
年级 a	大一	16128	68.66	24.72	94.191 ***	0.00
	大二	22259	68.25	25.08		
	大三	22185	67.28	25.70		
	大四	17278	71.44	24.88		
学科 a	人文类	10325	68.77	25.87	5.676 ***	0.00
	社科类	17611	68.43	25.01		
	理学类	12401	68.23	25.21		
	工学类	37095	69.14	25.04		
院校类型 a	985 院校	5902	71.53	25.08	66.278 ***	0.00
	211 院校	25993	69.47	25.26		
	普通本科 院校	45955	68.01	25.12		
院校地区 a	东部	36073	69.52	25.26	36.382 ***	0.00
	中部及东北	20489	68.57	24.97		
	西部	21288	67.69	25.21		

表 D-12　不同类别变量下的教务管理支持（行政管理人员）情况

变量		N	M	SD	显著性检验	效果量
性别 a	男	39492	60.54	27.41	22.162 ***	−0.02
	女	38358	61.68	26.79		
户口类型 a	农业	39377	60.91	26.67	48.085 ***	−0.01
	非农业	37899	61.33	27.55		

续表

变量		N	M	SD	显著性检验	效果量
社会经济 地位 a	低地位组	14981	60.03	26.63	22.353***	0.00
	中低地位组	14962	60.69	26.83		
	中高地位组	14966	62.15	27.18		
	高地位组	14910	62.08	27.99		
年级 a	大一	16128	60.93	26.54	81.649***	0.00
	大二	22259	60.66	26.88		
	大三	22185	59.58	27.66		
	大四	17278	63.78	27.05		
学科 a	人文类	10325	62.57	27.44	18.641***	0.00
	社科类	17611	61.44	26.75		
	理学类	12401	59.94	27.19		
	工学类	37095	61.01	27.12		
院校类型 a	985 院校	5902	62.25	27.15	19.108***	0.00
	211 院校	25993	60.31	27.46		
	普通本科 院校	45955	61.40	26.90		
院校地区 a	东部	36073	60.67	27.44	49.292***	0.00
	中部及东北	20489	62.69	26.57		
	西部	21288	60.29	27.02		

表 D-13　不同类别变量下的教务管理支持（任课教师）情况

变量		N	M	SD	显著性检验	效果量
性别 a	男	39492	67.60	24.41	20.885***	-0.05
	女	38358	69.94	23.32		
户口类型 a	农业	39377	68.50	23.71	26.570***	-0.01
	非农业	37899	69.04	24.10		
社会经济 地位 a	低地位组	14981	67.87	23.79	20.317***	0.00
	中低地位组	14962	68.28	23.66		
	中高地位组	14966	69.15	23.91		
	高地位组	14910	69.84	24.24		

续表

变量		N	M	SD	显著性检验	效果量
年级 a	大一	16128	67.06	24.14	127.182***	0.00
	大二	22259	67.96	23.79		
	大三	22185	68.45	23.95		
	大四	17278	71.75	23.53		
学科 a	人文类	10325	71.92	23.39	79.824***	0.00
	社科类	17611	68.91	23.51		
	理学类	12401	68.57	23.78		
	工学类	37095	67.83	24.20		
院校类型	985 院校	5902	71.43	23.18	73.483***	0.00
	211 院校	25993	67.57	24.35		
	普通本科院校	45955	69.08	23.71		
院校地区 a	东部	36073	68.35	24.19	33.729***	0.00
	中部及东北	20489	69.93	23.27		
	西部	21288	68.31	23.99		

表 D-14 不同类别变量下的就业支持（让具备就业所需知识和技能）情况

变量		N	M	SD	显著性检验	效果量
性别 a	男	39492	64.98	22.51	7.416	0.03
	女	38358	63.61	21.39		
户口类型 a	农业	39377	63.50	21.59	6.385	-0.04
	非农业	37899	65.13	22.34		
社会经济地位 a	低地位组	14981	62.85	21.44	71.764***	0.00
	中低地位组	14962	63.84	21.43		
	中高地位组	14966	65.45	22.05		
	高地位组	14910	66.21	22.93		
年级 a	大一	16128	65.57	21.24	38.820***	0.00
	大二	22259	64.21	21.52		
	大三	22185	63.19	22.42		
	大四	17278	64.68	22.59		

续表

变量		N	M	SD	显著性检验	效果量
学科 a	人文类	10325	63.79	22.06	66.296***	0.00
	社科类	17611	62.45	21.69		
	理学类	12401	65.54	22.44		
	工学类	37095	64.91	21.87		
院校类型 a	985 院校	5902	68.23	22.30	169.658***	0.00
	211 院校	25993	65.24	21.85		
	普通本科院校	45955	63.27	21.93		
院校地区 a	东部	36073	65.07	22.03	45.348***	0.00
	中部及东北	20489	63.32	21.90		
	西部	21288	63.95	21.93		

表 D-15　不同类别变量下的就业支持（专业课强调现实问题解决能力）情况

变量		N	M	SD	显著性检验	效果量
性别 a	男	39492	62.42	24.16	119.529***	0.06
	女	38358	59.58	23.96		
户口类型	农业	39377	60.26	23.73	0.706	-0.03
	非农业	37899	61.82	24.45		
社会经济地位 a	低地位组	14981	59.34	23.86	68.594***	0.00
	中低地位组	14962	60.59	23.52		
	中高地位组	14966	62.12	24.25		
	高地位组	14910	63.03	24.92		
年级 a	大一	16128	61.86	23.74	12.328***	0.00
	大二	22259	61.00	23.64		
	大三	22185	60.35	24.33		
	大四	17278	61.11	24.69		
学科 a	人文类	10325	56.42	25.15	229.924***	0.01
	社科类	17611	59.34	23.71		
	理学类	12401	62.02	25.43		
	工学类	37095	62.79	23.27		

续表

变量		N	M	SD	显著性检验	效果量
院校类型 a	985 院校	5902	64.63	25.07	110.718 ***	0.00
	211 院校	25993	61.77	24.10		
	普通本科院校	45955	60.13	23.92		
院校地区 a	东部	36073	61.76	24.18	44.827 ***	0.00
	中部及东北	20489	59.77	23.93		
	西部	21288	60.97	24.08		

表 D-16　不同类别变量下的就业支持（学校在所学专业领域很牛）情况

变量		N	M	SD	显著性检验	效果量
性别 a	男	39492	51.38	28.24	111.180 ***	0.11
	女	38358	45.27	27.57		
户口类型 a	农业	39377	46.56	27.27	245.617 ***	-0.07
	非农业	37899	50.23	28.80		
社会经济地位 a	低地位组	14981	45.15	27.12	213.703 ***	0.01
	中低地位组	14962	47.48	27.46		
	中高地位组	14966	50.47	28.15		
	高地位组	14910	52.80	29.40		
年级 a	大一	16128	48.63	28.30	46.969 ***	0.00
	大二	22259	47.71	27.56		
	大三	22185	47.26	28.13		
	大四	17278	50.42	28.36		
学科 a	人文类	10325	44.03	28.16	801.753 ***	0.03
	社科类	17611	41.32	26.48		
	理学类	12401	48.32	28.99		
	工学类	37095	52.93	27.61		
院校类型 a	985 院校	5902	52.21	29.12	380.016 ***	0.01
	211 院校	25993	51.56	28.93		
	普通本科院校	45955	46.08	27.21		

变量		N	M	SD	显著性检验	效果量
院校地区 a	东部	36073	51.03	28.68	304.711***	0.01
	中部及东北	20489	45.88	27.24		
	西部	21288	46.26	27.44		

表 D-17　不同类别变量下的就业支持（对未来就业情况有清晰认识）情况

变量		N	M	SD	显著性检验	效果量
性别	男	39492	55.73	25.32	0.448	0.08
	女	38358	51.86	24.62		
户口类型 a	农业	39377	52.33	24.58	5.911	-0.06
	非农业	37899	55.35	25.44		
社会经济地位	低地位组	14981	50.86	24.36	232.460***	0.01
	中低地位组	14962	52.88	24.45		
	中高地位组	14966	55.88	25.05		
	高地位组	14910	57.86	25.86		
年级 a	大一	16128	50.60	25.24	362.733***	0.01
	大二	22259	52.16	24.76		
	大三	22185	53.88	24.96		
	大四	17278	58.89	24.60		
学科 a	人文类	10325	54.27	25.39	14.802***	0.00
	社科类	17611	52.80	24.44		
	理学类	12401	53.67	25.54		
	工学类	37095	54.26	25.05		
院校类型 a	985 院校	5902	52.79	26.23	5.514	0.00
	211 院校	25993	53.85	25.38		
	普通本科院校	45955	53.94	24.70		
院校地区 a	东部	36073	53.88	25.34	1.614	0.00
	中部及东北	20489	53.56	24.83		
	西部	21288	53.97	24.77		

表 D-18　不同类别变量下的就业支持（已与就业领域人员建立关系）情况

变量		N	M	SD	显著性检验	效果量
性别 a	男	39492	52.89	26.75	44.908 ***	0.11
	女	38358	46.77	26.09		
户口类型 a	农业	39377	48.56	26.07	80.902 ***	−0.05
	非农业	37899	51.23	27.08		
社会经济地位 a	低地位组	14981	46.77	25.90	210.487 ***	0.01
	中低地位组	14962	49.13	25.84		
	中高地位组	14966	51.66	26.78		
	高地位组	14910	54.05	27.59		
年级 a	大一	16128	46.53	26.95	362.230 ***	0.01
	大二	22259	48.31	26.23		
	大三	22185	49.59	26.48		
	大四	17278	55.37	26.09		
学科 a	人文类	10325	50.62	26.58	41.182 ***	0.00
	社科类	17611	48.81	26.02		
	理学类	12401	48.27	27.00		
	工学类	37095	50.77	26.68		
院校类型 a	985 院校	5902	46.57	28.03	65.228 ***	0.00
	211 院校	25993	49.40	27.06		
	普通本科院校	45955	50.56	26.12		
院校地区 a	东部	36073	49.46	27.04	8.354 ***	0.00
	中部及东北	20489	50.31	26.36		
	西部	21288	50.15	26.07		

表 D-19　不同类别变量下的生师交流支持（和教师讨论职业想法）情况

变量		N	M	SD	显著性检验	效果量
性别 a	男	39492	39.85	28.36	297.671 ***	0.06
	女	38358	36.45	27.58		
户口类型 a	农业	39377	38.09	27.16	181.773 ***	0.00
	非农业	37899	38.28	28.90		

续表

变量		N	M	SD	显著性检验	效果量
社会经济地位 a	低地位组	14981	37.07	26.77	51.430 ***	0.00
	中低地位组	14962	37.08	27.33		
	中高地位组	14966	39.75	28.63		
	高地位组	14910	40.10	29.64		
年级 a	大一	16128	31.30	26.91	1265.134 ***	0.05
	大二	22259	34.55	26.93		
	大三	22185	38.92	27.52		
	大四	17278	48.31	28.15		
学科 a	人文类	10325	44.27	28.91	228.118 ***	0.01
	社科类	17611	38.37	27.02		
	理学类	12401	34.90	27.86		
	工学类	37095	37.51	28.04		
院校类型 a	985 院校	5902	31.03	28.88	499.969 ***	0.01
	211 院校	25993	35.44	28.09		
	普通本科院校	45955	40.64	27.58		
院校地区 a	东部	36073	35.71	28.26	262.298 ***	0.01
	中部及东北	20489	40.24	27.37		
	西部	21288	40.37	27.92		

表 D-20　不同类别变量下的生师交流支持（和辅导员讨论职业想法）情况

变量		N	M	SD	显著性检验	效果量
性别 a	男	39492	37.62	28.35	278.599 ***	0.09
	女	38358	32.41	27.46		
户口类型 a	农业	39377	34.08	27.38	215.279 ***	-0.04
	非农业	37899	36.09	28.65		
社会经济地位 a	低地位组	14981	32.66	27.10	137.919 ***	0.01
	中低地位组	14962	33.76	27.36		
	中高地位组	14966	37.41	28.71		
	高地位组	14910	38.15	29.04		

续表

变量		N	M	SD	显著性检验	效果量
年级 a	大一	16128	29.56	26.90	1059.182***	0.04
	大二	22259	31.63	27.10		
	大三	22185	34.85	27.73		
	大四	17278	44.83	28.17		
学科 a	人文类	10325	37.59	29.53	69.156***	0.00
	社科类	17611	34.86	27.52		
	理学类	12401	32.36	27.74		
	工学类	37095	35.45	27.88		
院校类型 a	985 院校	5902	29.73	27.56	179.045***	0.00
	211 院校	25993	33.93	27.68		
	普通本科院校	45955	36.37	28.19		
院校地区 a	东部	36073	34.22	27.79	29.751***	0.01
	中部及东北	20489	35.88	27.90		
	西部	21288	35.66	28.53		

表 D-21　不同类别变量下的生师交流支持（和教师讨论人生观等）情况

变量		N	M	SD	显著性检验	效果量
性别 a	男	39492	34.31	29.34	7.485	0.08
	女	38358	29.50	27.85		
户口类型 a	农业	39377	31.88	28.05	83.895***	0.00
	非农业	37899	32.03	29.40		
社会经济地位 a	低地位组	14981	30.45	27.70	52.224***	0.00
	中低地位组	14962	30.99	27.90		
	中高地位组	14966	33.69	29.50		
	高地位组	14910	33.59	30.21		
年级 a	大一	16128	26.10	27.06	833.306***	0.03
	大二	22259	28.98	27.69		
	大三	22185	32.54	28.61		
	大四	17278	40.43	29.65		

续表

变量		N	M	SD	显著性检验	效果量
学科 a	人文类	10325	37.90	29.80	203.592 ***	0.01
	社科类	17611	32.03	28.25		
	理学类	12401	28.83	27.94		
	工学类	37095	31.35	28.67		
院校类型 a	985 院校	5902	25.15	27.78	488.320 ***	0.01
	211 院校	25993	28.99	28.28		
	普通本科院校	45955	34.48	28.79		
院校地区 a	东部	36073	29.45	28.48	258.056 ***	0.01
	中部及东北	20489	33.75	28.54		
	西部	21288	34.42	28.96		

表 D-22　不同类别变量下的生师交流支持（和辅导员讨论人生观等）情况

变量		N	M	SD	显著性检验	效果量
性别 a	男	39492	35.09	29.31	8.438	0.11
	女	38358	28.96	27.75		
户口类型 a	农业	39377	31.46	28.02	28.945 ***	-0.02
	非农业	37899	32.76	29.40		
社会经济地位 a	低地位组	14981	29.71	27.63	109.880 ***	0.01
	中低地位组	14962	30.98	27.86		
	中高地位组	14966	34.20	29.45		
	高地位组	14910	34.80	30.09		
年级 a	大一	16128	27.27	27.26	713.951 ***	0.03
	大二	22259	29.40	27.70		
	大三	22185	31.80	28.69		
	大四	17278	40.36	29.61		
学科 a	人文类	10325	34.85	30.08	67.084 ***	0.00
	社科类	17611	31.59	28.25		
	理学类	12401	29.59	28.18		
	工学类	37095	32.48	28.66		

续表

变量		N	M	SD	显著性检验	效果量
院校类型 a	985 院校	5902	26.32	27.61	238.708 ***	0.01
	211 院校	25993	30.45	28.45		
	普通本科院校	45955	33.73	28.85		
院校地区 a	东部	36073	30.65	28.46	86.668 ***	0.00
	中部及东北	20489	32.93	28.67		
	西部	21288	33.67	29.07		

表 D-23　不同类别变量下的生生互助支持（与同学合作完成任务）情况

变量		N	M	SD	显著性检验	效果量
性别 a	男	39492	63.00	25.14	233.606 ***	-0.09
	女	38358	67.43	24.51		
户口类型	农业	39377	63.95	24.44	0.000	-0.05
	非农业	37899	66.46	25.35		
社会经济地位 a	低地位组	14981	62.91	24.18	107.444 ***	0.01
	中低地位组	14962	64.25	24.62		
	中高地位组	14966	66.64	25.18		
	高地位组	14910	67.49	25.68		
年级 a	大一	16128	63.46	25.04	71.829 ***	0.00
	大二	22259	64.79	24.75		
	大三	22185	67.09	24.90		
	大四	17278	64.85	24.95		
学科 a	人文类	10325	71.35	24.38	589.526 ***	0.02
	社科类	17611	69.23	24.17		
	理学类	12401	61.29	24.69		
	工学类	37095	62.83	24.90		
院校类型 a	985 院校	5902	65.48	24.80	31.592 ***	0.00
	211 院校	25993	64.18	25.34		
	普通本科院校	45955	65.71	24.70		

续表

变量		N	M	SD	显著性检验	效果量
院校地区 a	东部	36073	65.03	25.22	2.466	0.00
	中部及东北	20489	65.51	24.60		
	西部	21288	65.13	24.76		

表 D-24　不同类别变量下的生生互助支持（向其他同学请教）情况

变量		N	M	SD	显著性检验	效果量
性别 a	男	39492	62.73	25.35	41.147***	−0.01
	女	38358	63.23	24.63		
户口类型	农业	39377	61.65	24.37	2.827	−0.05
	非农业	37899	64.38	25.56		
社会经济地位 a	低地位组	14981	60.46	23.94	162.388***	0.01
	中低地位组	14962	61.58	24.66		
	中高地位组	14966	64.46	25.31		
	高地位组	14910	66.14	25.93		
年级 a	大一	16128	62.78	25.06	1.827	0.00
	大二	22259	62.89	24.84		
	大三	22185	62.91	25.16		
	大四	17278	63.36	24.95		
学科 a	人文类	10325	62.60	25.46	100.487***	0.00
	社科类	17611	61.42	24.96		
	理学类	12401	60.90	24.76		
	工学类	37095	64.53	24.85		
院校类型 a	985 院校	5902	62.21	25.30	8.232***	0.00
	211 院校	25993	63.44	25.44		
	普通本科院校	45955	62.81	24.71		
院校地区 a	东部	36073	63.44	25.44	21.833***	0.00
	中部及东北	20489	63.13	24.61		
	西部	21288	62.04	24.60		

表 D-25　不同类别变量下的生生互助支持（帮助同学理解课程内容）情况

变量		N	M	SD	显著性检验	效果量
性别 a	男	39492	53.87	26.23	120.191***	0.02
	女	38358	52.93	24.92		
户口类型 a	农业	39377	52.06	24.82	156.348***	-0.05
	非农业	37899	54.83	26.31		
社会经济地位 a	低地位组	14981	50.38	24.29	200.163***	0.01
	中低地位组	14962	52.28	24.94		
	中高地位组	14966	55.21	26.20		
	高地位组	14910	57.02	26.91		
年级 a	大一	16128	52.14	25.23	75.234***	0.00
	大二	22259	52.78	25.36		
	大三	22185	53.00	25.86		
	大四	17278	55.92	25.74		
学科 a	人文类	10325	55.50	26.07	107.355***	0.00
	社科类	17611	52.98	25.49		
	理学类	12401	50.03	24.75		
	工学类	37095	54.15	25.69		
院校类型 a	985 院校	5902	50.08	25.59	81.596***	0.00
	211 院校	25993	52.74	26.05		
	普通本科院校	45955	54.21	25.30		
院校地区 a	东部	36073	53.32	25.98	12.516***	0.00
	中部及东北	20489	54.12	25.45		
	西部	21288	52.88	25.07		

表 D-26　不同类别变量下的生生互助支持（课后和同学讨论课程内容）情况

变量		N	M	SD	显著性检验	效果量
性别 a	男	39492	54.09	26.09	58.228***	0.00
	女	38358	54.31	25.20		
户口类型 a	农业	39377	52.68	24.79	163.074***	-0.06
	非农业	37899	55.81	26.41		

续表

变量		N	M	SD	显著性检验	效果量
社会经济 地位 a	低地位组	14981	50.84	23.93	255.475 ***	0.01
	中低地位组	14962	52.86	25.17		
	中高地位组	14966	55.91	26.25		
	高地位组	14910	58.44	27.03		
年级	大一	16128	53.18	25.49	27.794 ***	0.00
	大二	22259	54.00	25.53		
	大三	22185	54.02	25.72		
	大四	17278	55.65	25.84		
学科 a	人文类	10325	56.41	26.17	76.922 ***	0.00
	社科类	17611	53.25	25.27		
	理学类	12401	51.82	24.99		
	工学类	37095	54.82	25.81		
院校类型 a	985 院校	5902	54.10	25.83	4.043	0.00
	211 院校	25993	54.57	26.00		
	普通本科 院校	45955	54.01	25.44		
院校地区 a	东部	36073	54.64	25.99	10.261 ***	0.00
	中部及东北	20489	53.93	25.49		
	西部	21288	53.72	25.23		

表 D-27　不同类别变量下的学术科研支持（和教师一起做科研）情况

变量		N	M	SD	显著性检验	效果量
性别	男	39492	57.80	35.57	1.108	0.00
	女	38358	57.75	35.28		
户口类型 a	农业	39377	56.81	35.40	21.781 ***	-0.03
	非农业	37899	58.86	35.41		
社会经济 地位 a	低地位组	14981	56.12	35.85	69.733 ***	0.00
	中低地位组	14962	57.07	35.37		
	中高地位组	14966	58.58	35.61		
	高地位组	14910	61.65	34.72		

续表

变量		N	M	SD	显著性检验	效果量
年级 a	大一	16128	57.21	30.97	27.952 ***	0.00
	大二	22259	59.53	33.39		
	大三	22185	57.44	37.10		
	大四	17278	56.47	39.36		
学科 a	人文类	10325	50.32	36.32	432.173 ***	0.02
	社科类	17611	52.63	36.22		
	理学类	12401	62.46	34.39		
	工学类	37095	60.57	34.54		
院校类型 a	985 院校	5902	65.91	32.92	249.612 ***	0.01
	211 院校	25993	59.32	35.02		
	普通本科院校	45955	55.86	35.77		
院校地区 a	东部	36073	60.44	35.08	196.098 ***	0.01
	中部及东北	20489	54.92	35.48		
	西部	21288	56.01	35.64		

表 D-28　不同类别变量下的学术科研支持（参加各类学术竞赛）情况

变量		N	M	SD	显著性检验	效果量
性别	男	39492	58.13	36.97	0.952	0.00
	女	38358	58.34	36.70		
户口类型	农业	39377	57.22	36.64	1.470	-0.03
	非农业	37899	59.35	37.00		
社会经济地位 a	低地位组	14981	55.92	36.93	59.491 ***	0.00
	中低地位组	14962	58.38	36.74		
	中高地位组	14966	59.51	36.77		
	高地位组	14910	61.48	36.65		
年级 a	大一	16128	61.24	31.90	179.509 ***	0.01
	大二	22259	61.15	34.70		
	大三	22185	56.50	38.95		
	大四	17278	53.90	40.29		

变量		N	M	SD	显著性检验	效果量
学科 a	人文类	10325	60.23	36.40	161.743***	0.01
	社科类	17611	55.93	37.89		
	理学类	12401	53.03	37.03		
	工学类	37095	60.47	36.16		
院校类型 a	985 院校	5902	58.76	37.19	26.370***	0.00
	211 院校	25993	59.50	36.70		
	普通本科院校	45955	57.45	36.85		
院校地区 a	东部	36073	58.86	37.07	25.311***	0.00
	中部及东北	20489	56.67	36.57		
	西部	21288	58.67	36.66		

表 D-29　不同类别变量下的学术科研支持（向期刊/会议等投稿）情况

变量		N	M	SD	显著性检验	效果量
性别 a	男	39492	47.01	36.08	196.504***	0.00
	女	38358	47.01	34.99		
户口类型	农业	39377	46.54	35.48	0.061	-0.01
	非农业	37899	47.53	35.60		
社会经济地位 a	低地位组	14981	44.58	35.52	96.082***	0.00
	中低地位组	14962	46.02	35.64		
	中高地位组	14966	48.37	35.72		
	高地位组	14910	51.09	35.33		
年级 a	大一	16128	48.99	32.81	71.261***	0.00
	大二	22259	48.72	33.88		
	大三	22185	44.67	36.43		
	大四	17278	45.96	38.59		
学科 a	人文类	10325	47.22	35.76	8.770***	0.00
	社科类	17611	45.87	35.81		
	理学类	12401	47.88	34.80		
	工学类	37095	47.14	35.62		

变量		N	M	SD	显著性检验	效果量
院校类型 a	985 院校	5902	48.14	34.48	3.836	0.00
	211 院校	25993	47.11	35.41		
	普通本科院校	45955	46.81	35.75		
院校地区	东部	36073	47.29	35.62	2.162	0.00
	中部及东北	20489	46.68	35.36		
	西部	21288	46.86	35.59		

附录 E
院校支持影响机制补充表格

表 E-1 院校支持影响机制模型中的路径系数（STDXY 标准化）

路径			模型				
			全体样本	高度匹配型	独立型	被动顺应型	排斥型
F1	dy	a1	0.883	0.904	0.860	0.917	0.873
		a2	0.841	0.849	0.796	0.849	0.801
		a3	0.669	0.702	0.549	0.728	0.601
F2	dy	a4	0.711	0.693	0.624	0.709	0.696
		a5	0.784	0.738	0.706	0.750	0.757
		a6	0.788	0.747	0.728	0.744	0.769
		a7	0.763	0.680	0.627	0.685	0.655
F3	dy	a8	0.739	0.768	0.724	0.771	0.735
		a9	0.662	0.546	0.640	0.563	0.644
		a10	0.449	0.381	0.400	0.408	0.455
F4	dy	a11	0.801	0.746	0.742	0.774	0.754
		a12	0.783	0.703	0.702	0.737	0.709
		a13	0.792	0.696	0.695	0.685	0.758
F5	dy	a14	0.694	0.686	0.587	0.636	0.578
		a15	0.690	0.682	0.574	0.629	0.595
		a16	0.574	0.543	0.460	0.522	0.528
		a17	0.764	0.729	0.648	0.757	0.735
		a18	0.723	0.667	0.592	0.719	0.687

路径			模型				
			全体样本	高度匹配型	独立型	被动顺应型	排斥型
F6	dy	a19	0.777	0.745	0.635	0.749	0.681
		a20	0.863	0.845	0.779	0.844	0.840
		a21	0.853	0.829	0.768	0.838	0.790
		a22	0.892	0.873	0.849	0.865	0.865
F7	dy	a23	0.574	0.565	0.456	0.570	0.478
		a24	0.724	0.699	0.670	0.723	0.673
		a25	0.755	0.728	0.645	0.754	0.633
		a26	0.747	0.704	0.606	0.674	0.640
F8	dy	a27	0.671	0.609	0.624	0.629	0.656
		a28	0.575	0.486	0.492	0.430	0.546
		a29	0.639	0.533	0.555	0.570	0.560
F9	dy	b1	0.529	0.519	0.428	0.479	0.446
		b2	0.673	0.646	0.598	0.610	0.602
		b3	0.655	0.629	0.591	0.610	0.606
		b4	0.741	0.697	0.662	0.694	0.661
		b5	0.752	0.706	0.652	0.733	0.647
F10	dy	c1	0.742	0.751	0.665	0.778	0.675
		c2	0.820	0.843	0.793	0.852	0.781
		c3	0.748	0.780	0.634	0.715	0.659
F11	dy	d1	0.729	0.714	0.619	0.715	0.675
		d2	0.740	0.717	0.605	0.734	0.673
		d3	0.769	0.755	0.684	0.766	0.705
		d4	0.790	0.770	0.725	0.764	0.743
		d5	0.745	0.713	0.637	0.734	0.677
		d6	0.717	0.700	0.613	0.716	0.631
F9	on	F1	—	0.020	—	—	—
		F2	0.191	0.187	0.197	0.222	0.166
		F3	—	0.025	0.056	—	0.083

续表

路径			模型				
			全体样本	高度匹配型	独立型	被动顺应型	排斥型
F9	on	F4	0.069	0.069	0.078	0.068	0.071
		F5	—	0.084	0.085	0.096	0.093
		F6	—	0.060	0.039	0.092	0.068
		F7	0.621	0.639	0.550	0.648	0.566
		F8	0.118	0.083	0.140	0.062	0.111
F10	on	F1	0.071	0.078	0.082	0.083	0.104
		F2	0.108	0.132	0.115	0.139	0.086
		F3	0.125	0.107	0.156	0.135	0.148
		F4	0.067	0.118	0.063	0.135	0.107
		F5	0.210	0.270	0.161	0.286	0.213
		F7	0.163	0.187	0.134	0.193	0.175
		F8	0.120	0.120	0.172	0.137	0.192
F11	on	F1	0.030	0.039	0.032	0.061	0.052
		F2	0.049	0.066	0.072	0.077	—
		F3	0.067	0.088	0.077	0.098	0.077
		F4	0.055	0.075	0.047	0.061	0.094
		F5	0.382	0.408	0.356	0.418	0.335
		F6	0.101	0.095	0.128	0.127	0.113
		F7	0.132	0.115	0.186	0.209	0.216
		F8	0.034	0.053	0.057	—	0.049
		F9	0.036	0.024	—	—	—
		F10	0.174	0.182	0.181	0.158	0.197
F9	with	F10	0.191	0.155	0.184	0.154	0.205

说明：以上路径均在 0.05 水平上显著；题项编号 a1～a29、b1～b5、c1～c3、d1～d6 与表 5-3、表 C-1、表 C-7、表 C-13 中一致；因子 F1＝资金设施，F2＝教师教学，F3＝课外活动，F4＝教务管理，F5＝就业支持，F6＝生师交流，F7＝生生互助，F8＝学术科研，F9＝学习行为，F10＝学习兴趣，F11＝学生发展；路径"by"表示题项在该因子的载荷系数，"on"表示其他因子作用在该因子的路径系数，"with"表示两个因子间的相关系数。

致　　谢

时光荏苒，蓦然回首已到了本书整理收尾的阶段。在本研究推进和撰写过程中，我获得了诸多专家老师、师兄师姐、同学朋友等的认真指导和大力支持。没有诸位的帮助和指引，我想我不敢，也不可能对我国本科教育中的院校支持进行深入系统的研究和分析。为此，在完成此研究之时，我想对诸位表示我最真挚的感谢和深深的敬意。

首先，我想感谢的是我的研究生导师史静寰教授。在本研究的开展推进过程中，导师为我提供了诸多资源，更提供了不少富有远见和智慧的指导。研究生6年期间的学习与成长，离不开老师的谆谆教诲和用心培养。是导师指引我进入高等教育研究领域，带领我们开展大学生学习与发展研究。在学术方面，老师是我学习的榜样，予我努力坚韧的品质，以学术为志业；在生活方面，老师是我强大的守护者，为我营造良好的学习环境，教导我处世为人，指引我做好人生规划。跟随导师学习时期，我过得充实而有意义，无论理论研究还是实践方面的能力都得到了充分的锻炼。

其次，感谢清华大学教育研究院这样一个温暖的大家庭给予我的教育与关爱。在院里求学的时光里，在研究撰写论文的过程中，王孙禺、谢维和、刘惠琴、李曼丽、叶赋桂、罗燕、文雯、赵琳、郭菲、张羽、钟周、王晓阳、乔伟峰、谢喆平、李锋亮、阎琨、王娟娟等老师都给了我诸多的教导和无私的帮助。特别是在本研究的开启、推进等过程中，北京大学的丁小浩、朱红等及清华大学教育研究院的石中英、李曼丽、叶赋桂、罗燕、钟周、郭菲老师，对研究提出了许多宝贵的建议，令我受益匪浅。

此外，必须感谢在清华大学"中国大学生学习与发展追踪研究调查"（CCSS）项目组一起学习奋斗过的老师和同学们。感谢邵秀娟、李杨晓丹、刘栋、多蓝等项目助理，感谢王文、黄雨恒、杜艳秋、马淑风、王朝霞、杨若环、芮敏、董华星、马迪、陆斌，以及孙琦、李靓、吕雨欣、刘派、谭思颖、周溪亭、高希、康逸飞、冯权、李政发等师姐、师兄和同学。我依然清晰记得老师、师姐、师兄们对我爱护关心的点点滴滴，同学之间的互帮互助也历历在目。感谢这个优秀而富有战斗力的团队对我的训练培养和鼎力支持，非常幸运能和各位一起学习和奋斗，与你们共处的这段经历是我人生中的一笔宝贵财富。

最后，我要感谢我的家人。在开展研究、撰写文稿的过程中，温暖的家庭是我不竭的动力源泉，更为我提供了安心休憩的港湾，助力我努力向前，使我的内心在探索未知、认识世界时充满力量。

图书在版编目（CIP）数据

本科教育中院校支持的构成与影响／连志鑫著. --

北京：社会科学文献出版社，2022.10

（清华工程教育）

ISBN 978-7-5228-0518-4

Ⅰ.①本… Ⅱ.①连… Ⅲ.①高等教育-教育研究

Ⅳ.①G642.0

中国版本图书馆 CIP 数据核字（2022）第 143111 号

·清华工程教育·

本科教育中院校支持的构成与影响

著　　者／连志鑫

出 版 人／王利民
责任编辑／范　迎
责任印制／王京美

出　　版／社会科学文献出版社·人文分社（010）59367215
　　　　　　地址：北京市北三环中路甲 29 号院华龙大厦　邮编：100029
　　　　　　网址：www.ssap.com.cn
发　　行／社会科学文献出版社（010）59367028
印　　装／三河市尚艺印装有限公司

规　　格／开 本：787mm×1092mm　1/16
　　　　　　印 张：18.5　字 数：265 千字
版　　次／2022 年 10 月第 1 版　2022 年 10 月第 1 次印刷
书　　号／ISBN 978-7-5228-0518-4
定　　价／158.00 元

读者服务电话：4008918866